南京师范大学教育社会学研究中心

教育与社会研究丛书

南京师范大学教育社会学研究中心

教育与社会研究丛书
丛书主编　程天君

跨越田野的希望
中国农村教育观念研究

余秀兰 / 著

南京师范大学出版社

图书在版编目(CIP)数据

跨越田野的希望：中国农村教育观念研究 / 余秀兰著. — 南京：南京师范大学出版社，2024.9
（教育与社会研究丛书 / 程天君主编）
ISBN 978-7-5651-6142-1

Ⅰ.①跨… Ⅱ.①余… Ⅲ.①乡村教育—研究—中国 Ⅳ.①G725

中国国家版本馆 CIP 数据核字(2024)第 032168 号

跨越田野的希望：中国农村教育观念研究
KUAYUE TIANYE DE XIWANG：ZHONGGUO NONGCUN JIAOYU GUANNIAN YANJIU

丛 书 名	教育与社会研究丛书
丛书主编	程天君
著　　者	余秀兰
责任编辑	涂晓明
出版发行	南京师范大学出版社
地　　址	江苏省南京市玄武区后宰门西村 9 号（邮编：210016）
电　　话	(025)83598919(总编办)　83598412(营销部)　83371351(编辑部)
网　　址	http://press.njnu.edu.cn
电子信箱	nspzbb@njnu.edu.cn
照　　排	南京开卷文化传媒有限公司
印　　刷	南京玉河印刷厂
开　　本	787 毫米×1000 毫米　1/16
印　　张	22
插　　页	4
字　　数	292 千
版　　次	2024 年 9 月第 1 版
印　　次	2024 年 9 月第 1 次印刷
书　　号	ISBN 978-7-5651-6142-1
定　　价	88.00 元

出 版 人　张　鹏

南京师大版图书若有印装问题请与销售商调换
版权所有　　侵犯必究

九九归一:教育与社会

——《教育与社会研究丛书》总序

光阴似箭,日月如梭,时间指向了2019年。

对于中国大陆教育社会学来说,"九"是个具有历史巧合意义的时间节点。无妨说,中国教育社会学,尤其是南京师范大学教育社会学,逢"九"值得记忆并纪念。

1949年之后的一段时期,由于众所周知的原因,中国大陆教育社会学未能接续此前"草创时期"而得到发展,甚至连生存权利也被彻底剥夺,教学与研究完全中断——整整30年[1]。

1979年起,一些学者开始译介国外教育社会学发展的著述,我们由此开启了教育社会学发展史上迄今闻所未闻的所谓"学科重建"。

1989年,在我国教育社会学发展史上是个特别的年份。在这一年,中国大陆第一个教育社会学学术团体——全国教育社会学专业委员会成立,其后每两年举办一次学术年会的惯例被沿用至今。也是在这一年,全国高等学校文科教学参考书《国外教育社会学基本文选》发行——巧合的是,2009年,该书修订版出版[2]。尤为值得一提的,还是

---

[1] 鲁洁,吴康宁.教育社会学丛书.总序[M].南京:南京师范大学出版社,1999.
[2] 张人杰.国外教育社会学基本文选[M].上海:华东师范大学出版社,1989;张人杰.国外教育社会学基本文选(修订版)[M].上海:华东师范大学出版社,2009.1990年,人民教育出版社出版"高校文科教材"《教育社会学》(鲁洁主编、吴康宁副主编,该书获江苏省哲学社会科学优秀成果一等奖、全国高校优秀教材一等奖)。

在这一年,南京师范大学、华东师范大学相继开始培养教育社会学方向的博士研究生,从而实现了我国教育社会学人才培养层次上的"三级跳"和教育社会学课程开设阶段上的本、硕、博"全覆盖"——从1982年南京师范大学在全国率先开设本科生的教育社会学课程,到1984年华东师范大学与南京师范大学以及北京师范大学、杭州大学等校陆续开始培养教育社会学方向的硕士研究生[①],再到1989年南京师范大学开始招收教育社会学方向的博士生乃至1999年南京师范大学开始招收教育社会学方向的博士后研究人员。

1999年亦是一个值得记忆的年头。《南京师范大学教育社会学沙龙文集》所收文稿起始于1999年[②]。同样在1999年,我国首套《教育

[①] 参见:吴康宁.教育社会学[M].北京:人民教育出版社,1998:49-50;张人杰.中国大陆教育社会学的二十年建设(1979—2000年)[J].华东师范大学学报(教育科学版),2001(2);吴康宁.我国教育社会学的三十年发展(1979—2008)[J].华东师范大学学报(教育科学版),2009(2)。关于教育社会学硕士研究生的培养,厉以贤提供了另一种说法:"稍后,北京师范大学(1983年,指导教师为厉以贤教授)和华东师范大学(1986年,指导教师为张人杰副教授)开始招收教育社会学的硕士研究生。"详见:厉以贤.中国大陆教育社会学的十年建设(1979—1988)[J].现代教育(台湾),1991(2)。

[②] 起初,南京师范大学的教育社会学学术活动是涵盖在鲁洁老师主持的"南京师范大学教育学原理沙龙"之中的。随着教育社会学研究的不断拓展与深化,以及教育学原理学科本身的不断充实与丰富,教育社会学学术活动便逐渐发展成一个相对独立、相对专门的学术事项。细算起来,南京师范大学教育社会学方向的教师与研究生以沙龙的形式开展学术研讨活动开始于1993年,当时主要是为了研讨"课堂教学的社会学研究"这一全国哲学社会科学"八五"规划青年基金课题而组织起来的,最初参加研讨的有吴康宁、程晓樵、吴永军、刘云杉等,只不过其时还不叫"沙龙"。正式称之为"沙龙",是在1997年;截至2007年4月11日,办了百期。2007年开始,为便于南京师范大学教育社会学沙龙成员翻查既往、检视当下、思索未来,在征求沙龙成员本人意愿的基础上,我们每年将各期沙龙的主题发言原稿汇编印刷成集——只可惜1999年之前的沙龙文稿已很难寻觅,故《南京师范大学教育社会学沙龙文集》所收文稿起始时间为1999年。自2008年始,"沙龙集萃"约每5年正式出版1—2本,详见:吴康宁主编《教育与社会:实践·反思·建构——博士沙龙百期集萃》,广西师范大学出版社2008年出版;贺晓星主编《教育与社会:学科·记忆·梦想——教育社会学学术沙龙集萃(2007—2012)》,南京师范大学出版社2016年出版;胡金平主编《教育社会学学术沙龙集萃:教育与社会:阅读·思考·对话——教育社会学学术沙龙集萃(2009—2012)》,南京师范大学出版社2016年出版;程天君主编《教育与社会:知识·文化·国家(2013—2018)》《教育与社会:视野·实践·主体(2013—2018)》,广西师范大学出版社2020年拟出(需说明的是,应出版社要求,也为简洁起见,这两本沙龙集萃书名有所简化)。自2014年开始,随着南京师范大学教育社会学方向博士生导师的增多(程天君、齐学红2014年开始招生)和沙龙成员的多元化(此前,沙龙成员主要是吴康宁老师的博士生、博士后、访问学者;此后,成员为教育社会学方向的博士生、博士后、访问学者),南京师范大学教育社会学沙龙被归列为南京师范大学教育社会学研究中心的一项学术事项继续开展,也开始增加了"来宾交流"活动,即每学期请两三位沙龙成员之外的来宾进行主讲。

社会学丛书》[1]（简称"第一套丛书"）出版。这套《教育社会学丛书》的出版，标志着[2]中国大陆教育社会学研究自恢复重建以来的第二次转型的完成，即从"以学科概论性研究为主、分支领域性研究为辅"阶段（20世纪70年代末至80年代中期），到"学科概论性研究与分支领域性研究齐头并进"阶段（20世纪80年代后期至90年代中期），再到"以分支领域性研究为主、学科概论性研究为辅"阶段（20世纪90年代后期至今）。继"第一套丛书"之后出版的第二套和第三套丛书，则在一定程度上使得中国大陆教育社会学研究之"以分支领域性研究为主、学科概论性研究为辅"阶段（20世纪90年代后期至今）"本身"又经历了第三次和第四次转型。第三次转型为在分支领域研究中实现从"以概论性研究为主、具体问题为辅"到"以具体问题研究为主、概论性研究为辅"的转换，2003年开始出版的《现代教育社会学研究丛书》[3]（简称"第二套丛书"）不失为显著标记。而随着这第三次转型——"从强分支领域到弱分支领域""从有分支领域到无分支领域"——的推进，实现了我国教育社会学研究的第四次转型，即出现了对我国具体教育问题的"跨分支领域的""融通的"社会学解释方面的研究

---

[1] 鲁洁、吴康宁主编：《教育社会学丛书》，南京师范大学出版社1999年出版，包括吴康宁等著《课堂教学社会学》、吴永军著《课程社会学》、刘云杉著《学校生活社会学》、缪建东著《家庭教育社会学》等4部专著。其中，《课堂教学社会学》获全国教育科学优秀成果一等奖。

[2] 张人杰.中国大陆教育社会学的二十年建设（1979—2000年）[J].华东师范大学学报（教育科学版），2001(2).

[3] 吴康宁主编：《现代教育社会学研究丛书》（含10部专著），包括张行涛著《必要的乌托邦：考选世界的社会学研究》、郭华著《静悄悄的革命：日常教学生活的社会构建》、张义兵著《逃出束缚："赛博教育"的社会学解读》、马维娜著《局外生存：相遇在学校场域》、王有升著《理想的限度：学校教育的现实建构》，北京师范大学出版社2003年版；楚江亭著《真理的终结：科学课程的社会学释义》、齐行红著《走在回家的路上：学校生活中的个人知识》、周润智著《力量就是知识：教师职业文化的生产与再生产》，北京师范大学出版社2005年版；刘云杉著《从启蒙者到专业人：中国现代化历程中教师角色演变》、马和民著《从"仁"到"人"：社会化危机及其出路》，北京师范大学出版社2006年版。其中，《逃出束缚："赛博教育"的社会学解读》《局外生存：相遇在学校场域》分别获江苏省哲学社会科学优秀成果二、三等奖，《理想的限度：学校教育的现实建构》获山东省社会科学优秀成果三等奖，《力量就是知识：教师职业文化的生产与再生产》获辽宁省哲学社会科学优秀成果二等奖，《从启蒙者到专业人：中国现代化历程中教师角色演变》获中国高校人文社会科学研究优秀成果三等奖。

成果，2005年开始出版的《社会学视野中的教育丛书》①（简称"第三套丛书"）或可视为其代表。

对于我国教育社会学学科来说，2009年亦有不少可圈可点之处。仅以南京师范大学教育社会学来说，在这一年就取得三项标志性进展：是年，南京师范大学为本科生开设的"教育社会学"课程被评为国家精品课程，这在全国当属首例。在这一年，以本科教学为主要任务的南京师范大学"教育社会学团队"被评为校级优秀教学团队，并于次年被评为江苏省优秀教学团队，这当是全国首家省级教育社会学教学团队。也是在2009年，成立于2006年的"南京师范大学教育社会学研究中心"被评审确定为首批"江苏省高校哲学社会科学重点研究基地"，这也是国内首家成为省级重点研究基地的教育社会学研究机构。

眼下的2019年，仍是南京师范大学在我国教育社会学学科发展和学术研究史上留下痕迹的一年。择要来说有四：一是南京师范大学教育社会学团队主持的教育部哲学社会科学研究重大课题攻关项目的最终成果《教育改革的社会支持》②出版；二是本团队主持的江苏高校哲学社会科学优秀创新团队项目的最终成果《新教育公平研究丛

---

① 吴康宁主编：《社会学视野中的教育丛书》（含11部专著），南京师范大学出版社2005年开始出版，包括胡金平著《学术与政治之间的角色困顿——大学教师的社会学研究》(2005)、杨跃著《匿名权威与文化焦虑——大众培训的社会学研究》(2006)、庄西真著《国家的限度——"制度化"学校的社会逻辑》(2006)、周宗伟著《高贵与卑贱的距离——学校文化的社会学研究》(2007)、闫旭蕾著《教育中的"肉"与"灵"——身体社会学研究》(2007)、高水红著《共用知识空间——新课程改革行动案例研究》(2008)、刘猛著《意识形态与中国教育学——走向一种教育学的社会学研究》(2008)、程天君著《"接班人"的诞生——学校中的政治仪式考察》(2008)、庄西真著《权力的滞聚与流散——地方政府教育治理模式变革的研究》(2008)、石艳著《我们的"异托邦"——学校空间社会学研究》(2009)、王晋著《一个称作单位的学校——基于对晋东M中学的实地调研》(2012)。其中，《高贵与卑贱的距离——学校文化的社会学研究》《"接班人"的诞生——学校中的政治仪式考察》获江苏省哲学社会科学优秀成果一等奖，《学术与政治之间的角色困顿——大学教师的社会学研究》获江苏省哲学社会科学优秀成果二等奖，《国家的限度——"制度化"学校的社会逻辑》《权力的滞聚与流散——地方政府教育治理模式变革的研究》获江苏省哲学社会科学优秀成果三等奖。

② 吴康宁，等.教育改革的社会支持[M].北京：人民出版社，2019.

书》^①出版;三是本团队成员的学术成果《教育改革的"中国问题"》[2]继此前获得第五届全国教育科学优秀成果一等奖(2016)、第七届吴玉章人文社会科学奖一等奖(2017)之后,于2019年获得第八届中国高校人文社会科学研究优秀成果奖一等奖[3];四是南京师范大学开始出版我国第四套教育社会学丛书——《教育与社会研究丛书》(简称"第四套丛书")。

从上述1949—2019年这个时间轴里,可观察和聚焦以下三点:

第一,上述四套特别是前三套教育社会学丛书的出版,在一定程度上带动了中国大陆教育社会学研究自学科恢复重建以来的四次转型。这四套教育社会学丛书诞生于我国教育社会学学科重建以来的进程之中,也见证了这一进程的发展。客观地说,这四套丛书既受益于教育社会学的学科发展,又促进了教育社会学的学科发展。而其中的一支主要生力军,当属教育社会学方向的博士生,这四套丛书中的大部分专著是基于作者的博士论文(不仅限于南京师范大学的博士)和少数博士后出站报告(不仅限于南京师范大学的博士后)修订出版的[4]。这也是我们继续主编出版"第四套丛书"《教育与社会研究丛书》并仍以博士论文为主的根由和动力所在。

第二,改革开放40多年来,我国教育社会学特别是南京师范大学

---

[1] 程天君主编:《新教育公平研究丛书》(含6部专著),南京师范大学出版社出版,包括程天君等著《新教育公平引论》、高水红著《新教育公平视野下的学校再生产》、杨跃著《新教育公平视野下的教师教育改革》、张义兵著《知识建构——新教育公平视野下教与学的变革》、雷晓庆著《课堂教学公平指标体系的建构与应用》、贺晓星等著《家长、社区与新教育公平》。

[2] 吴康宁.教育改革的"中国问题"[M].南京:南京师范大学出版社,2015.

[3] 2003年,南京师范大学教育社会学团队成员的成果《教育社会学》(吴康宁著,南京师范大学出版社1998年版)获第三届中国高校人文社会科学研究优秀成果一等奖。

[4] 这些由博士学位论文或博士后出站报告修订而出版的专著产生了广泛的影响,其中不少专著获得了国家和省部级优秀成果奖(详见总序第3页注[1][3]、第4页注[1]);亦有博士学位论文获奖,如程天君的博士学位论文《"接班人"的诞生——学校中的政治仪式考察》获"全国优秀博士学位论文",高水红的博士学位论文《改革精英——基础教育课程改革案例研究》获"江苏省优秀博士学位论文"。

的教育社会学研究经历了从注重"学校教育(内部)自身社会子系统"的研究[①],到注重"社会转型与教育变革"的关系研究[②],再到注重"教育改革和发展的(外部)社会支持"的研究[③]这样一种跃迁之轨迹。在这一跃迁的过程之中,我们既承担了相关科研项目,也产生了具有类型意义的代表性成果。

第三,无论是聚焦于学校教育内部,还是聚焦于社会转型与教育变革之间,抑或是聚焦于教育的外部,教育社会学研究终不脱"教育与社会"这一光谱,可谓万变不离其宗。

事实上,迄今为止的教育社会学,不管西方的还是中国的,无论传统的抑或新兴的,其主流的研究对象乃至学科性质界定便是"教育社会学就是研究教育与社会关系的学科"(简称"关系说"),"关系说"普遍存在于教育社会学相关的辞书、教材、专著以及冠以"教育社会学"之名的著述当中[④]。唯因不同学者关注"教育"的层面不同,便存在着"教育制

---

① 在这方面,南京师范大学教育社会学团队1987年开始承担全国教育科学规划重点课题,并于当年开始进行教育社会学的实证研究"课堂教学与班集体建设";其后,相继承担了"课堂教学的社会学研究""德育社会学研究"及"课程的社会学研究"等全国哲学社会科学规划研究项目及全国教育科学规划研究项目;在此过程之中和基础之上,出版了"第一套丛书"中的《课堂教学社会学》(吴康宁等著)、《课程社会学》(吴永军著)、《学校生活社会学》(刘云杉著)以及吴康宁主编的《课程社会学研究》(江苏教育出版社2004年版)等代表性成果。

② 在这方面,南京师范大学教育社会学团队承担了"信息社会的到来与中国教育的转型""中国教育改革的社会学研究"及"当代中国教育转型研究"等全国教育科学规划研究项目及国家"211工程"建设项目;在此过程之中和基础之上,出版了《教育改革的"中国问题"》(吴康宁著)、《中国教育改革的社会学研究丛书》[吴康宁主编,广西师大出版社2011年版,包括马维娜著《集体性知识:中国教育改革的社会学解释》(获江苏省哲学社会科学优秀成果一等奖)、王海英著《常识的颠覆:学前教育市场化改革的社会学研究》(获江苏省哲学社会科学优秀成果三等奖)、彭拥军著《精英的合法性危机:高等教育改革的社会学研究》、杨跃著《"教师教育"的诞生:教师培养权变迁的社会学研究》(获江苏省哲学社会科学优秀成果三等奖)、齐学红著《在生活化的旗帜下:学校道德教育改革的社会学研究》(获江苏省哲学社会科学优秀成果二等奖)、周元宽著《情境逻辑:底层视阈中的大学改革》]及《社会学视野下的中国教育改革》(高水红主编,教育科学出版社2016年版)等代表性成果。

③ 在这方面,南京师范大学教育社会学团队承担了教育部哲学社会科学研究重大课题攻关项目"我国教育改革和发展的社会支持系统研究"及江苏高校哲学社会科学优秀团队项目"新教育公平的理论建构与实践探索"等科研项目;在此过程之中和基础之上,出版了《教育改革的社会支持》(吴康宁等著)和《新教育公平研究丛书》(程天君主编,详见总序第5页注①)等代表性成果。

④ 程天君.教育社会学就是研究"教育与社会关系"的学科吗——从"教学要点"到"教学难点"[J].教育研究与实验,2010(4):21-26.

度与社会相互关系说""教育活动(过程)与社会相互关系说"及"教育与社会相互关系说"等几种有所区别的"关系说"①。就传统的教育社会学(educational sociology)和新兴的教育社会学(sociology of education)来看,"关系说"在新兴的教育社会学尤甚;就中和外来看,"关系说"在中国更浓。援引两例为证。譬如,一项统计显示,在 20 世纪 80 年代的英国《教育社会学期刊》和美国《教育社会学》这两份学术刊物中,主题为"教育与社会关系"(包括"社会化与教育""社会结构与教育""社会阶层化与教育""社会问题与教育""社会变迁与教育"等)的论文,占据前一刊物的近三分之一(29%)容量,占据后一刊物的大半江山(52.9%)②。又譬如,被认为标志着中国教育社会学起点的第一本中文教育社会学著作便是《社会与教育》③。以至我国当代教育社会学者谢维和直言:"与其他学科相比,教育社会学独特之处在于它是通过教育与社会的关系来研究教育活动和教育现象的。"④

说到底,教育社会学研究的要领,从反向来说就是,既不能"就教育谈教育",也不能"撇开教育谈其他(社会)"。从正向来说就是,教育社会学的特点在于其既姓"教",又姓"社",即教育社会学研究的是特殊的教育现象或教育问题,也就是具有社会学意味的教育现象或教育问题,或者说是教育现象或教育问题的"社会层面"⑤。即便是对于"关系说"的反思和超越这一尝试本身⑥终究也难以彻底脱离"关系说"来进行言说。

---

① 吴康宁.教育社会学[M].北京:人民教育出版社,1998:2-5.
② 李锦旭.20 世纪 80 年代英美教育社会学的发展趋势:两份教育社会学期刊的分析比较[J].现代教育,1991(2).
③ 陶孟和.社会与教育[M].上海:商务印书馆,1922.
④ 全国教育科学规划领导小组办公室.教育科研大家谈[M]北京:教育科学出版社,2007:162.
⑤ 吴康宁.教育社会学[M].北京:人民教育出版社,1998:1-20.需要说明的是,该著当时的界定是"社会学层面";在第 253 期南京师范大学教育社会学沙龙(2016 年 9 月 14 日)上,吴康宁老师提出,其实应该是"社会层面",而不是"社会学层面"。据此,这里正式修订为"社会层面"。
⑥ 程天君.从"教育/社会"学到"教育社会"学——教育社会学研究范式的转换[J].北京大学教育评论,2017(2):77-101.

这就是我们将第四套教育社会学丛书命名为"教育与社会研究丛书"的理据,因为"教育与社会"可谓教育社会学研究的肇端;这也是我们将《教育与社会研究丛书》总序命名为"九九归一:教育与社会"的原因,毕竟,"教育与社会"实乃教育社会学研究万变不离之宗;这还是我们在出版南京师范大学教育社会学沙龙集萃时将其主标题恒定为"教育与社会"[①]的原委,因为这是一份坚守。

程天君

2019 年岁末

---

① 详见总序第 2 页注②。

目 录

九九归一：教育与社会——《教育与社会研究丛书》总序………程天君

导　言……………………………………………………………… 001
　一、两个案例及研究问题 ……………………………………… 003
　二、问题提出的社会背景 ……………………………………… 006
　三、研究设计 …………………………………………………… 010

第一章　从结构决定到文化能动的理论视角 ……………………… 015
　第一节　农村教育观念及农村学生教育获得的相关研究 …… 017
　　一、农村/农民教育观念 ……………………………………… 017
　　二、农村学生的教育获得及其影响因素 …………………… 033
　　三、教育观念对农村学生教育获得的影响 ………………… 047
　第二节　文化社会学及教育获得的文化解释 ………………… 053
　　一、文化社会学的产生及观点 ……………………………… 053
　　二、教育获得的结构解释与文化解释 ……………………… 068
　本章小结　理解农村学生教育获得的文化能动视角 ………… 075

第二章　农村教育观念及其变迁 …… 079

第一节　教育价值观 …… 081
一、读书之有用与无用 …… 082
二、读书之何用 …… 087
三、教育价值观之变迁 …… 094
四、"读书改变命运"等教育价值观之辩 …… 100

第二节　教育期望 …… 107
一、教育期望的层次 …… 108
二、教育期望的变迁 …… 113
三、"成龙成凤"高教育期望之审 …… 116

第三节　教育投资观 …… 121
一、教育投资意愿 …… 121
二、教育投资收益下降情境下高投资意愿的原因 …… 126
三、教育投资观的变迁 …… 131
四、"砸锅卖铁供娃读书"强教育投资意愿之思 …… 135

本章小结　"强"教育观念 …… 137

第三章　农村教育观念群体性特征与差异 …… 141

第一节　教育观念的城乡差异 …… 143
一、教育价值观的城乡差异 …… 152
二、教育期望的城乡差异 …… 157

第二节　农村教育观念的内部差异 …… 165
一、农村教育价值观的差异 …… 170

二、农村教育投资意愿的差异 …………………………… 173
　　三、农村教育期望的差异 ………………………………… 176
第三节　教育观念与社会阶层之间的弱相关现象 …………… 180
　　一、农村教育观念是否具有区分性的群体性特征？ …… 180
　　二、教育观念是否与社会结构具有一致性？ …………… 183
　　三、我国地区教育观念是否存在"中部塌陷"？ ………… 186
本章小结　教育观念之"弱者非弱" ………………………… 192

第四章　教育观念对教育获得的影响 ……………………… 195

第一节　家庭背景因素对学习成绩影响的定量分析 ………… 197
　　一、影响学习成绩的家庭背景因素 ……………………… 198
　　二、家长教育水平影响孩子学习成绩的中介因素 ……… 199
第二节　教育获得影响因素的质性分析 ……………………… 202
　　一、学生个体："自觉"与"用功" ……………………… 202
　　二、家庭："创造好的条件"与"辅导不了" …………… 210
　　三、学校："责任心"与"好老师不愿意待在农村" …… 222
　　四、区域环境："手机诱惑"与"交的朋友" …………… 225
第三节　寒门出"贵子"的文化观念因素 …………………… 228
　　一、个人："往上走"的"生命力" ……………………… 229
　　二、家庭："好好学"与"路要自己走" ………………… 232
　　三、学校与环境："学习氛围比较浓" …………………… 234
　　四、寒门与非寒门学子的比较 …………………………… 235
　　五、寒门出"贵子"的路径 ……………………………… 236
第四节　农村学生教育获得的结构与文化因素 ……………… 240

一、农村经济与教育发展的相对落后 …………………… 240

二、受经济发展水平制约的文化因素 …………………… 242

三、具有能动作用的寒门情境的文化资本 ……………… 247

本章小结　结构限制下的文化能动 ………………………… 253

第五章　社会变迁中的农村学生教育获得 …………………… 255

第一节　教育获得变化状况 …………………………………… 258

一、"考上大学的比以前多了" …………………………… 258

二、"职业院校70%以上的学生来自农村" ……………… 261

第二节　影响教育获得的家庭资本及其变迁 ………………… 263

一、高/低教育获得者的家庭——个体特征及类型 ……… 263

二、经济资本的影响逐渐减弱 …………………………… 266

三、教育重视程度提升但贫寒情境激发的"底层"文化

资本趋于失效 ………………………………………… 269

第三节　宏观社会背景变迁及其对农村学生教育获得的影响

………………………………………………………………… 272

一、经济发展以及教育需求扩大 ………………………… 272

二、教育发展以及教育支持增加 ………………………… 274

三、市场化、现代化及社会转型 ………………………… 275

四、互联网技术的影响 …………………………………… 276

第四节　农村学生教育获得变化的内在逻辑与矛盾 ………… 277

一、个人努力还是家庭支持：农村家庭的劣势积累与补偿

缺失 …………………………………………………… 277

二、结构限制还是文化力量：文化资本的价值及局限

　　　　······ 280

　　三、现代化还是再生产：中国式现代化对抗再生产机制的

　　　　可能 ······ 281

　本章小结　社会变迁中的文化能动 ······ 282

结语：文化对于农村学生教育获得的意义与局限 ······ 287

　一、一个承认结构限制但强调文化能动的解释框架 ······ 289

　二、文化撬动结构的可能性与意义 ······ 291

　三、文化的局限性 ······ 294

　四、劣势与优势、结构与行动的权衡 ······ 297

　五、可能的理论对话 ······ 298

参考文献 ······ 302

附　录 ······ 320

　问卷一 ······ 320

　问卷二 ······ 325

　农民教育观念访谈提纲 ······ 332

后　记 ······ 334

导言

一、两个案例及研究问题

案例1，H5，A大学的学生，也是来自西部的贫困生。

"在我各个阶段，都会有一个老师起到那种画龙点睛的作用，然后就会激起你那种'我要好我要好'，我要不辜负他的期望的那种心。"

"我是来自××的，我当时住的那个地方也是城乡接合部的那种，非常小的那种，感觉这个东西应该是天生的，这种出身并不好的人就是很想往上走，他自身的那种好胜心，其实不叫好胜心，就那种生命力，想自己更好，想自己有一天能很有能力的那种，那种力量催促着你无论什么都不能放弃，可能就是这种（力量）比较大。"

"可能有时候一个人内心力量很强的话，他就会拼命地往上爬，很想在各个方面爆发出自己的这种能量，想往上走，即便我现在生活中一切都是混乱的，但我内心始终有一个类似于生命力的东西，它会一直拽着我往前，一直拖一直拖，不管什么都不放弃的感觉。"

"可能我们生活中看到的就是外部的因素，因为我生活条件不好，所以我想看到外部更广阔的世界，所有这些外部因素可能是由于我们长大以后再回过头来分析得到的。但在小时候你可能是完全没有过这些想法的，没有想说我要去看看外面的世界，没有一个小孩会说，我将来要去看更好的世界。小时候都很单纯，他的思想可能不是很健全，他的那种力可能就是没有办法说出来，在自己内心的一种力量。一般像这种来自底层的小孩，他的生活环境里面，周围都是工人，或者农民这些,生活是很苦的。在他小时候他的眼睛看到的世界带给他的更多的不像城市小孩的那种安逸舒适,可能带给他更多的是更加接近生活本质的这种负面的苦难啊,饥饿啊,是这些。所有的这些苦难饥饿带给他的是一种想走出这里,我不要再回到这里,再和我家里的四五个兄弟抢一碗饭吃。对,我就是这么想的。"

从案例1可以看到,H5同学贫寒的生活环境刺激她产生努力向上、逃离苦难的"生命力",正是这种生命力,加上老师的帮助与鼓励,使她能够克服各种困难,取得学业成功,进入了全国前十的名校A大学。

案例2,067F,40岁,农民,初中学历,常年外出务工。孩子初中未毕业即辍学外出务工。

孩子妈妈:"俺××(孩子的名字)小学时候各方面很好,拿了十几个奖状,你看,这不,在这里贴了这些,还有一些没有贴,在堂屋抽屉里还有呢。""在初中时,中间有几次因为学校打扫卫生的事,班主任一直让他去打扫卫生,他与班主任闹矛盾,我教育了他,我说,老师是对的,你们班的活得要有人干,多干点没什么。后来,好说歹说,孩子又去了学校。一段时间之后,他又不想上了。我说,你要想好,没有卖后悔药的,你不上,妈妈不强求你。过了几天,孩子从学校回来,还是说,妈妈,我不上了,我想好了,我要打工去。就这样不上了。"

妈妈补充:"××(孩子他爸)看着俺儿经常到他三大爷家去看电脑和手机,感觉孩子受屈,因此就买了。买之前,我就给他说,'××,不要买,不是好事。'你看应验了我的话了不?(指着孩子的爸爸)是不?买电脑、手机,我给你说了不?"

> 孩子爸爸沉默之后说:"我忙于打工,孩子放学后与咱这附近的几个小孩玩,我也不好意思说人家(家长),就这样跟那几个小孩混的,他们都不上了。"

从案例2可以看出,经济因素不再是限制读书的原因,但家庭文化资本欠缺,父母虽重视教育却不能提供陪伴和辅导,孩子也缺乏贫寒情境激发的动力,当遭遇学业挫折、手机网络诱惑、同伴不良影响时,家长不能与老师有效沟通,也未能及时干预与帮助。农民面临的困境可能是,不外出务工影响收入,不能为孩子教育提供经济支持;外出务工则缺席孩子的教育,不能提供陪伴、监督、帮助、干预等。在经济资本与文化资本很难兼得的情况下,农民大多选择了外出务工挣钱养家并为孩子赚取教育费用。

两个案例表明,在经济因素制约教育获得的情境中,贫寒情境激发的"教育改变命运"信念是寒门学子走进大学的主要动力;当农村不再贫困时,经济因素的限制及"教育改变命运"的激励同时减少,需要其他文化观念因素激发读书动力。所以,无论贫困与否,文化观念一直是影响农村学生教育获得的非常重要的因素。事实上,由于我国实施脱贫攻坚战略及教育支持政策,所以因没有钱而上不起学的情况已经越来越少,文化因素将成为影响学生教育获得的主要家庭因素。

本书希望探讨的主题即作为文化因素的教育观念,具体的问题是:我国农民有着怎样的教育观念?这种教育观念呈现了怎样的历史变迁趋势?教育观念是否具有阶层差异?教育观念及其变迁是如何影响其子女的教育获得的?特别地,"寒门才子"的家庭具有怎样的教育观念?这些教育观念如何帮助"寒门才子"突破结构限制而获得学业成功?

二、问题提出的社会背景

1. 解决城乡教育差距是我国党和政府长期努力的目标

我国的城乡教育差距如同城乡差距一样,是一个历史性问题。新中国成立以后,政府非常注重增加工农大众的受教育机会,实行向工农开门的教育方针,但是由于城乡二元结构以及当时整体的经济与教育水平都较低,农村学生实际的受教育水平并不高。改革开放以来,我国经济与教育的整体水平都得到很大提升,但城市优先、效率优先的非均衡发展政策,在一定程度上也加剧了城乡经济和教育的差距。从20世纪90年代末及21世纪初开始,随着贫富分化及城乡教育差距问题的显现,党和政府开始关注教育公平特别是农村教育发展问题。2002年党的十六大报告提出统筹城乡经济社会发展的概念,并强调要加大对农村教育的支持。2003年,国务院召开新中国成立以来的第一次全国农村教育工作会议,确立了农村教育在全面建设小康社会中的重要地位和农村教育作为教育工作的重中之重的地位。2007年党的十七大报告提出要形成城乡经济社会发展一体化新格局,指出教育公平是社会公平的基础,要促进义务教育的均衡发展。2012年党的十八大报告指出解决好农业农村农民问题是全党工作重中之重,要加大统筹城乡发展力度,推动城乡发展一体化。教育方面,要大力促进教育公平,合理配置教育资源,重点向农村、边远、贫困、民族地区倾斜,让每个孩子都能成为有用之才。2017年党的十九大报告指出中国特色社会主义进入新时代,我国社会主要矛盾已经转化为人民日益增长的美好生活需要和不平衡不充分的发展之间的矛盾。指出农业农村农民问题是关系国计民生的根本性问题,提出实施乡村振兴战略,坚持农业农村优先发展。提出要推动城乡义务教育一体化发展,努力让每个孩子都能享有公平而有质量的教育。2022年党的二十大报告提出要以中国式现代化全面推进中华民族伟大复兴,而全体人民共同富裕是中国式现代化的重要内容。指出现代化建设,最艰巨最繁重的任务仍然在农村,要全面推进乡村振兴。教育上,坚持以人民为中心发展教育,加快建设高质量教育体系,加快义务教育优质均衡发展和城乡一体化,促进教育公平。

由上可见,党和国家政策从过去效率优先和城市优先转向了注重公平和乡村振兴,促进农村和农村教育的发展,推进城乡发展的一体化,已经成为当前党和政府工作的重中之重。在党和政府积极发展农村教育政策的推动下,农村教育有了长足发展,教育质量得到显著改善。但是由于城乡差距是一个历史性痼疾,到目前为止城乡差距依然存在。从义务教育师资条件看,2020年全国农村小学阶段专科及以上学历教师比例为97.1%,初中阶段本科及以上学历教师比例为85.4%,分别比城市小学和初中少2.2和8.3个百分点。从义务教育办学条件看,义务教育阶段教学仪器设备配置水平,农村小学、初中生均为1652元和2541元,分别相当于城市小学和中学的80.4%和77.0%;农村小学、初中建立校园网学校比例为67.3%和74.1%,分别比城市学校低17.2和12.6个百分点[1]。从教育获得看,农村学生不仅在升入高中和高校的入学率上还存在量的劣势,更在升入重点高中和高水平大学的机会上存在质的差距[2]。所以,依然需要关注农村教育的发展,城乡一体化发展仍是还未实现的目标。

2. 社会发展给提升农村学生教育获得带来新的挑战

自改革开放以来,我国社会及农村都发生了重大变化,社会经济以及教育整体水平得到很大的提升。首先是在脱贫攻坚、共同富裕上取得了突破性成就。在庆祝中国共产党成立100周年大会上,习近平总

---

[1] 教育部.中国教育概况——2020年全国教育事业发展情况[EB/OL].http://www.moe.gov.cn/jyb_sjzl/s5990/202111/t20211115_579974.html.
[2] 余秀兰.农村学生的教育获得:基于城乡教育分化视角的分析[M]//杨东平.中国教育发展报告·2018(教育蓝皮书).北京:社会科学文献出版社,2018.

书记宣告:"经过全党全国各族人民持续奋斗,我们实现了第一个百年奋斗目标,在中华大地上全面建成了小康社会,历史性地解决了绝对贫困问题,正在意气风发向着全面建成社会主义现代化强国的第二个百年奋斗目标迈进。"其次,科技进步特别是互联网技术的发展极大地改变了人们的生活方式,也影响到学生的生活与学习。据 2018 年一项由中、美、日、韩四个国家多个青少年研究机构所做的《中美日韩网络时代亲子关系的对比研究报告》,中国中小学生智能手机拥有率(68.1%)仅次于四国中的韩国;中国学生触网率近八成,其中,学前触网率已经达到 13.8%,7—9 岁的小学低年级阶段达 45.2%,有触网年龄越来越提前、触网范围越来越大的趋势①。从教育发展成就看,2020 年中国小学学龄儿童净入学率 99.96%,初中阶段毛入学率 102.5%,九年义务教育巩固率 95.2%,高中阶段毛入学率 91.2%,高等教育毛入学率 54.4%,②高等教育已经进入普及化阶段。

  社会、科技及教育的发展,一方面有助于推动农村教育的发展,另一方面也为提高农村学生教育获得带来新的挑战,比如走出贫困农村、改变命运曾经是很多农村学生努力学习的最大动力,但当一些农村不再贫困、高等教育普及化发展弱化了教育改变命运的工具性功能、手机与网络成为极大诱惑时,农村学生将从何处寻求学习动力? 如何保障农村学生的教育获得? 在新的社会背景下,影响农村学生教育获得的因素发生了怎样的变化? 农村家庭在提升子女教育获得中遇到哪些新问题?

---

  ① 孙宏艳,张旭东.中国中小学生智能手机拥有率近七成　超过美日[N].中国青年报,2018-10-30(7).
  ② 教育部.2020 年全国教育事业发展统计公报[EB/OL].http://www.moe.gov.cn/jyb_sjzl/sjzl_fztjgb/202108/t20210827_555004.html.小学学龄儿童净入学率,是指小学教育在校学龄人口数占小学教育国家规定年龄组人口总数的百分比,是按各地不同入学年龄和学制分别计算的。毛入学率,是指某一级教育不分年龄的在校学生总数占该级教育国家规定年龄组人口数的百分比。由于包含非正规年龄组(低龄或超龄)学生,毛入学率可能会超过 100%。

3. 教育观念对农村学生教育获得的影响值得关注

一方面,中国自古以来都比较重视教育,如"至乐莫如读书,至要莫如教子""三更灯火五更鸡,正是男儿读书时""贫寒更须读书,富贵不忘稼穑",甚至以"书中自有黄金屋"来鼓励用功读书,希望通过读书改变命运。改革开放后,"学好数理化,走遍天下都不怕""鲤鱼跳农门"等激励无数农村学子通过教育,获取了比其父辈更高的社会地位和收入。在经济条件与教育条件相对较差的年代,"读书改变命运"的教育价值观以及由贫寒情境激发的具有"底层"性质的文化资本可以突破结构的限制,助力寒门学子的升迁性社会流动。有学者认为,1978 年至 1999 年是我国高等教育与社会流动关系最紧密的时期[①]。这些教育观念如何激发农村学生获得教育成功,值得探究。

另一方面,"读书无用/无望"等观念有可能导致农村学生教育上的自我放弃。随着教育扩招、大学生就业难、教育费用提升等,出现了一些令人困惑的现象:接受了高等教育,不一定能改变命运;接受同样的高等教育,命运也不同;欠缺高等教育,同样可以获得高的社会地位;教育致贫现象偶有发生。这使一部分农村人质疑教育,甚至产生"读书不如外出务工"等"读书无用论"的想法[②]。有学者对四川某村的调查发现,该村认为"读书无用"的农民占 34.5%,而且越是贫困的农户家庭,越认为读书无用;农户子女接受教育层次越高,家庭对"读书有用"的认同度反而越低[③]。此外,还有更多人由于对教育机会结构的理性认知而不敢有过高期望,因为感到上大学的希望渺茫,即读书无望而弃

---

① 向冠春,刘娜.我国高等教育与社会流动关系嬗变[J].现代教育管理,2011(1):4-7.
② 余秀兰.教育还能促进底层的升迁性社会流动吗[J].高等教育研究,2014,35(7):9-15.
③ 李涛,邬志辉."乡土中国"中的新"读书无用论"——基于社会分层视角下的雍村调查[J].探索与争鸣,2015(6):79-84.

学。①② "读书无用论""读书无望论"给农村学生提升教育获得乃至向上社会流动带来了风险。因为对于经济资本和社会资本都较欠缺的底层农民来说,教育几乎是促进其升迁性社会流动的唯一途径,放弃教育相当于放弃了向上流动的希望。孙立平教授曾言,"一个社会当中,仅仅是贫富差距大一点还不要紧,最怕的就是穷人失去向上流动的希望,一种绝望的感觉"③。这就是说,农民自身对教育的信念和对向上流动的希望是促使其重视教育的关键,也是产生行动重构其社会经济地位的关键。所以,要改变农民的生存现状和经济地位,在变革结构因素的同时,农民自身教育观念的改变也很重要。

综上,有必要关注农村教育观念对农村学子教育获得的影响,以更好地促进农民子弟向上的社会流动。

三、研究设计

(一)主要研究内容

1. 农村教育观念及其变迁

分析农民教育价值观、教育期望、教育投资观等教育观念的特点,理解教育对农民来说意味着什么,他们如何看待教育可能带来好的收入与职业的价值(工具价值)与教育的其他作用(如象征价值、本体价值);他们对子女有着怎样的教育期望;在教育投资方面,农民的投资观与投资意愿有何特点。此外,基于对不同年龄段(祖辈、父辈、孙辈)农民的调查,分析农村教育观念的变迁趋势。

2. 农村教育观念的群体性特点

在与城市群体的比较中,分析农村教育观念的特点,讨论有无明显

---

① 谢爱磊."读书无用"还是"读书无望"——对农村底层居民教育观念的再认识[J].北京大学教育评论,2017,15(3):92-108.
② 欧贤才,王凯.自愿性辍学:新时期农村初中教育的一个新问题[J].中国青年研究,2007(5):60-63.
③ 孙立平.绝望比贫穷更可怕[J].中国报道,2009(6):50.

的"阶层文化"特征或群体性特征,分析社会阶层因素对教育观念的影响。

3. 农村教育观念对农村学生教育获得的影响

分析农民的教育观念是如何影响教育获得的,特别关注"寒门才子"家庭教育观念的特征,讨论促进农民子女教育获得和升迁性社会流动的文化观念因素,从文化资本视角寻求阶层突破的可能与意义。

4. 社会变迁中的农村学生教育获得

基于对出生于不同年代农民的调查,分析社会变迁中影响农民子女教育获得的因素及其变迁,特别关注影响教育获得的家庭文化资本与经济资本的作用及变化,讨论社会变迁给提升农民子女教育获得带来的机遇与挑战。

(二) 研究方法

本研究运用定量与定性研究相结合的混合研究设计,主要收集资料的方法是访谈法和问卷调查。

1. 访谈法

前后进行了三组访谈。

第一组访谈,目的是编制教育价值观问卷。访谈时间为2017年上半年,采取目的性抽样方法,充分考虑性别、年龄、职业、受教育水平等方面的差异,访谈了26位各类人员,询问他们(或他们的子女)"接受教育是为了什么""(让子女)接受教育对他们来说有什么价值"等问题,然后归纳出人们对于教育价值的看法,再结合已有文献,编制教育价值观问卷。

第二组访谈,目的是了解农民的教育观念、观念变迁以及观念对教育获得的影响,既与问卷调查相互印证,也是更深入地了解问卷调查未能关注的问题。访谈时间为2019年下半年至2020年初,访谈了81位出生于农村的不同年龄阶段者。81位被访者中,分为祖辈、父辈、孙辈不同年代者;被访者的家庭中有考上大学的,也有家庭中没有出过大学生的;被访者既有来自发达地区的东部,也有来自欠发达地区的西部,以及教育资源竞争激烈的中部。此外,为进行对比,还访谈了10位城市居民的教育观念。

第三组访谈,目的是了解考上名牌大学的农村"寒门才子"的文化观念因素。访谈时间为2017年下半年,访谈了A大学(全国排名前十的名校)中17位贫困生以及7位非贫困生(作为对照组)。

2. 问卷调查

此调查有两种问卷。

一种是教育价值观的问卷,调查人们(主要是家长)对教育的重视程度、教育期望以及对教育的价值需求。调查时间为2017年底至2018年初,以网络形式发放问卷,同时辅以纸质调查问卷。有效样本1 267份。

另一种是农村教育观念的问卷,问卷内容在以上教育价值观问卷的基础上,精简了教育价值需求的题项,增加了教育投资意愿、家长辅导能力、学生成绩等内容。在2018年暑期,走进西部地区G省和中部地区H省农村的村庄,以访户及偶遇式方式获取样本,由调查员进行一对一提问、填问卷。获取有效样本312份。

(三)研究的思路

整个研究的思路是:首先,基于农村教育的历史、现状,提出研究问题。其次,通过文献综述,发现研究的已有基础及继续研究的空间,并寻找分析问题的理论视角。再次,关于教育价值观的探索性研究,访谈人们对于教育的价值需求,并基于访谈及前人研究文献编制调查问卷。然后,进行资料的收集与分析,研究内容包括农村教育观念特征、教育观念的差异、教育观念对教育获得的影响、教育获得影响因素的变迁四个方面的内容。资料收集方法包括问卷调查与访谈法,访谈既是与问卷调查的互证,更是对问卷调查的补充及相关问题的进一步探究,如农村教育观念的变迁、影响教育获得的因素变迁、寒门出"贵子"的文化解释。最后,对所收集的资料进行分析与讨论。

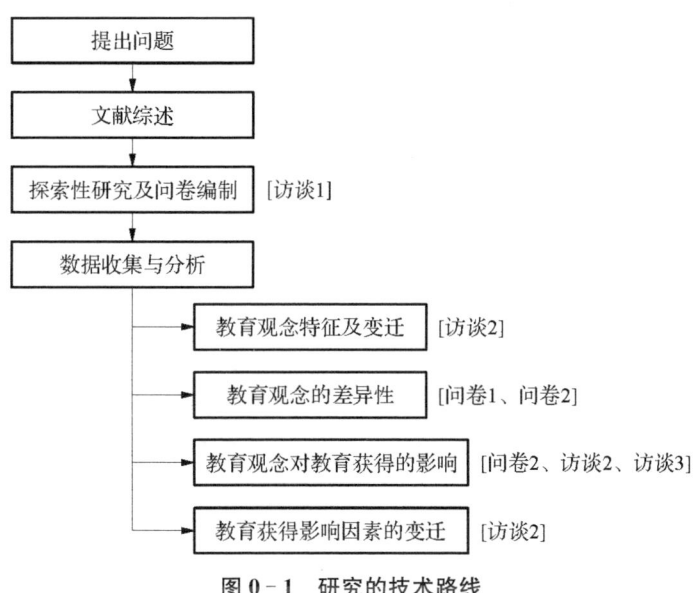

图 0-1 研究的技术路线

从结构决定到文化能动的理论视角

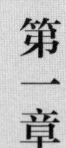

第一章

本章对相关研究文献进行综述，并阐述本研究的理论视角——文化社会学以及该视角对于解释农民子弟教育获得的意义。

第一节 农村教育观念及农村学生教育获得的相关研究

一、农村/农民教育观念

（一）教育观念

在英文文献中，很难找到与"观念"完全对应的词，相近的有 idea (ideology)、concept (conception)、thought、view、notion、perception、belief、mind、attitude 等等。一般根据不同主体对教育不同方面的具体认识或看法而有所侧重，不同学科视角的理解也有区别。如关于家长教育观，有学者从发展心理学和社会心理学视角对教育观念（ideas）研究进行了综述，认为"观念"（ideas）比"信念"（beliefs）等词更中性、适用更广，并梳理了包括父母教育观念变化或发展的可能性、观念来源（自我建构与文化脚本）、观念与行为、观念与情感、观念与发展结果等的相关研究。论文认为发展心理学关于家长教育观念（对孩子教育及孩童发展方面的观念）的研究很繁荣但理论性还不足够，需要借鉴社会心理学的成果。如早期学者关注的父母教育观念仅是教育态度、期望等，后来的研究强调父母作为一个成年人的认知特点，认为需要关注父母对自己及孩子的认识、看法，不能将父母作为没有思想的生物，因而需要借鉴社会心理学领域的研究。[①] 更多关于家长教育观的研究关注的是教育观念的具体类型，如教育期望、教育信念、成绩观、教育价值观、教育投资观等。

[①] GOODNOW J J. Parents' Ideas, Actions, and Feelings: Models and Methods from Developmental and Social Psychology[J]. Child Development, 1988, 59(2): 286-320.

我国学界对教育观念也无明确一致的界定。有学者曾经指出，虽然教育观念是人们耳熟能详的词，但"鲜见有对教育观念作出明确界说的"，"人们大多是在假定教育观念是什么已经有了明确一致的认识的前提下来展开各自的论述的"，但因此可能"词义相差甚殊"。[①] 学者们从不同角度理解教育观念。如将之称为"基于对教育的各种现象和各个方面的认识所形成的观念，以及系统化、理论化了的观念形态"。[②] 也有把教育观念界定为"不同的教育主体在一定的教育实践中对教育问题所形成的基本认识和看法"。[③] 或者更为具体的界定："指按一定时代的政治、经济、文化发展的要求，反映一定社会群体的意愿，对教育功能、教育对象、人才培养模式、教育体制、教育结构、教育内容、教育过程及方法等根本问题的认识和看法。"[④]

学者们对教育观念的类型进行了区分。首先，从教育观念的层次进行区分。如有学者将其区分为广义的教育观体系、狭义的教育观体系和由广义与狭义的教育观所共同组成的体系三种。广义的教育观包括了对教育的所有认识，包括静态角度的学前教育观、中等教育观、高等教育观、普通教育观、成人教育观、儿童教育观、特殊教育观、家庭教育观等等，以及动态角度的教育发展观、教育过程观、教育管理观；狭义的教育观认识的是整个教育或不同教育中的基本问题或共同问题，包括教育本质观、价值观、实践观、质量观；前者对教育的认识比较全面，后者对教育的认识比较深刻，两者合起来则构成一种比较理想的教育观体系。[⑤] 还有学者将教育观分为核心层面和表层层面，认为对教育本质、价值、功能、目的等问题的回答构成了教育的本质观、价值观、功

[①] 郑金洲.教育观念的世纪变革[J].国家教育行政学院学报,2005(9):63-71.
[②] 郑金洲.教育观念的世纪变革[J].集美大学学报(教育科学版),2003(3):21-29.
[③] 李召存.关于教育观念的理论思考[J].教育理论与实践,2002(6):6-10.
[④] 裴娣娜.对教育观念变革的理性思考[J].教育研究,2001(2):4-7.
[⑤] 孙绵涛.关于教育观的思考[J].教育理论与实践,1999(4):2-9.

能观等教育观念,这是教育观念的核心层面;对于如何看待学生、师生关系、分数、教学等问题构成的学生观、师生观、评价观、教学观,是教育观念的表层层面[①]。也有学者将教育观念分为三个层次:第一层次是教育价值观,是最根本的观念;第二层次是教育活动观,是教育价值观的表现形态,如教育实践的公平观念、学校活动的校本观念等;第三层次是教育要素观,包括课程观、教学观、学生观、教师观等。[②]

其次,从教育观念的持有主体进行分类。如将教育观念区分为三种不同形态:理论形态、制度形态、社会心理形态。理论形态的教育观念主要表现在专家学者的学说主张中,制度形态的教育观念体现在国家的教育方针政策等文件中,社会心理形态的教育观念体现在大众的教育实践中。[③] 更多学者从教师、家长等不同主体来区分教育观念的类型。如把教师的教育观分为三类:一是对抽象的教育因素或关系的看法,包括教育目的观、价值观、功能观、质量观、师生观等;二是对具体的教育客体的看法,包括课程观、教学内容观、教学方法观;三是对具体的教育主体的看法,包括学生观、学生发展观、人才观、对学生的期望、老师角色观、自我效能感等。[④] 有学者从心理学角度理解家长的教育观念,将家长的教育观念定义为"家长基于对儿童及其发展的认识而形成的对儿童教养的理解",家长教育观念分为家长的人才观、亲子观、儿童发展观和教子观等内容。[⑤] 有的研究偏重社会学方向,将家庭教育观念定义为"家长在子女抚养教育中持有的基本观念和具备的相应知识",区分为三个方面:家长对于子女学业成就的预期,家长对子女教育

[①] 李召存.关于教育观念的理论思考[J].教育理论与实践,2002(6):6-10.
[②] 郑金洲.改革开放30年教育观念的创新[J].人民教育,2008(21):2-6.
[③] 李召存.关于教育观念的理论思考[J].教育理论与实践,2002(6):6-10.
[④] 易凌云,庞丽娟.教师教育观念:内涵、结构与特征的思考[J].教师教育研究,2004(3):6-11.
[⑤] 俞国良,辛涛.社会认知视野中的家长教育观念研究[J].华东师范大学学报(教育科学版),1995(3):87-93.

选择的态度,家长关于子女家庭教育、学校教育和校外教育的知识水平。[①] 还有学者研究了公众教育观念,将其定义为"社会公众在当前教育实践中形成的一种以社会心理形态表现的意识形态",具体分为教育的本质观、功能观、改革观、质量观、师生观、人才观六个方面。[②] 或将公众教育观念区分为:教育方式、教育期望、教育态度、教育价值、教育认知和学习观。[③]

(二) 农村/农民教育观念

学界关于农民观念与行为的看法并不一致。早期的一些学者认为农民不符合追求经济利益最大化的"经济人"假设,他们是非理性的。如韦伯(Max Weber)认为传统主义下的农民只追求"够用"而非追求最大利益,"人并非'天生'希望多多挣钱,他只是希望像他已经习惯的那样生活"。[④] 美国学者斯科特(J. C. Scott)基于对东南亚农民的研究也认为,在"安全第一"的生存伦理下,农民追求的是较低风险和较高生活保障,而不是通过冒风险而获得收益最大化,"农民家庭对于传统的新古典主义经济学的收益最大化,几乎没有进行计算的机会","他的行为是不冒险的;他要尽量缩小最大损失的主观概率"[⑤]。生存伦理具有道德含义,它是农民行为选择——"生产活动与技术、交换与互惠等社会安排或者奋起反抗"——的根本依据,涉及"农民关于社会正义、权利与义务及互惠概念的问题",而非仅仅收入问题。[⑥] 但舒尔茨(J. W. Schultz)并不这样认为,他认为传统农业社会中的小农作为"经济人"

---

① 王平.转型期城市贫困家庭子女义务教育的比较研究[D].上海:复旦大学,2011:70.
② 蔡笑岳,于龙.我国公众教育观念研究[J].教育研究,2007(4):56-60.
③ 杨柳艳.社会公众的教育观念状况及影响因素的研究——广州地区社会样本分析[D].广州:广州大学,2010:21-23.
④ [德]马克斯·韦伯.新教伦理与资本主义精神[M].于晓,陈维纲,等译.北京:生活·读书·新知三联书店,1987:42.
⑤ [美]詹姆斯·C·斯科特.农民的道义经济学:东南亚的反叛与生存[M].程立显,等译.南京:译林出版社,2001:5-6.
⑥ 郭于华."道义经济"还是"理性小农"重读农民学经典论题[J].读书,2002(5):104-110.

也是追求利润的,传统农业需要增加新的生产要素(如人力资本投资)以激发农民积极性,"一旦有了投资机会和有效的刺激,农民将会点石成金"。① 承继舒尔茨的思想,波普金(S. L. Popkin)认为农民是理性的问题解决者,他们需要讨价还价以达到相互接受的结果。② "道义经济(the moral economy)"和"理性小农(the rational peasant)"之争,即人们所谓的"斯科特-波普金论题"。③ 黄宗智认为应该全面综合地分析农民行为,他基于对中国华北的小农经济和社会变迁的分析表明,中国的小农既是利润追求者,也是维持生计的生产者,还是受剥削的耕种者。④ 我国学者郭于华评析了"道义经济"和"理性小农"之争,认为二者都是理性,只不过是生存理性与经济理性的区别。农民的选择在很大程度上受制于其生存境遇与制度安排,处于生存危机中的农民不是不去计算,而是没有可能追求利益最大化,因而对农民的分析需要置于特定的具体情境与社会背景中。⑤ 还有一些学者具体分析了我国当代农民的理性特征,如基于对我国农民外出就业行为的分析,认为农民外出务工的行动遵循从生存理性选择(考虑生存需要)到经济理性选择(追求经济利益最大化)再到社会理性选择(追求社会及其他效益的最大化)的逻辑顺序。⑥ 在从农业社会向工商业社会转型的过程中,我国农民的生存理性经由与工商社会的优势结合得以扩张,造就了中国发展的奇迹。⑦

农民的观念与行为影响了农民的教育观念,即使在当前社会,交

---

① [美]西奥多·W·舒尔茨.改造传统农业[M].梁小民,译.北京:商务印书馆,2009:5.
② POPKIN S L. The Rational Peasant: The Political Economy of Rural Society in Vietnam[M]. Berkeley: University of California Press,1979.
③ 郭于华."道义经济"还是"理性小农":重读农民学经典论题[J].读书,2002(5):104-110.
④ [美]黄宗智.华北的小农经济与社会变迁[M].北京:中华书局,2000:5.
⑤ 郭于华."道义经济"还是"理性小农":重读农民学经典论题[J].读书,2002(5):104-110.
⑥ 文军.从生存理性到社会理性选择:当代中国农民外出就业动因的社会学分析[J].社会学研究,2001(6):19-30.
⑦ 徐勇.农民理性的扩张:"中国奇迹"的创造主体分析——对既有理论的挑战及新的分析进路的提出[J].中国社会科学,2010(1):103-118.

通、通信、媒体等的快速发展减少了城市与乡村的差异,但差异仍然存在。如美国有学者研究认为,乡村人口较少,更为传统,文化变迁更慢,表现在父母教育观念上,农村父母比城市父母较少重视孩子的社会发展,而更重视孩子的智力与情感发展。① 农村家庭成员的观念、态度影响着孩子是否上大学的决定,他们鼓励孩子上大学,但他们不喜欢孩子离家太远去上大学以及对费用的担心,也影响了孩子对于上大学的选择。②

关于我国农村/农民教育观的研究主要有两类:一是对于农村或农民教育观念变迁的梳理,主要阐述了农村教育观的整体变迁趋势,这方面的研究多指理论或制度形态的教育观念即关于农村/农民教育的观念,也有少数是对农民自身教育观念的梳理;二是探究农村或农民教育观的特点,这方面多是关于农民教育观的实证研究,主要是对农民教育观念的调查,一般是指社会心理形态的教育观念。

1. 我国农村/农民教育观念的变迁

(1) 教育观念变迁。有学者从理论与制度形态的教育观念角度,将我国关于农村的教育观念区分为三个时期:第一个时期(1921—1977年),"教育工具论"主导;第二个时期(1978年之后的20年),工具论受到挑战但仍未摆脱;第三个时期(跨世纪时期),向"主体论"回归。中国教育经历了从"阶级斗争的工具"到以提高人的素质和能力为目标的主体论的进步。③ 有学者把农民教育观定义为关于农民教育(作为成人教育)的观念,其变革包括:价值观上由"工具论"转向"人本论",方法观上由"阶段性教育"转向"终身教育",内容观上由"农业科技教育"转向

---

① COLEMAN M, GANONG L H, CLARK J M, MADSEN R. Parenting Perceptions in Rural and Urban Families: Is There a Difference? [J]. Journal of Marriage and Family, 1989, 51(2): 329 - 335.

② TURNER K. The Role of Family Members Influencing Rural Queensland Students' Higher Education Decisions[J]. Rural Society, 2018, 27(2):94 - 107.

③ 陈敬朴.中国农村教育观的变革[J].东北师大学报(哲学社会科学版),2001(4):99 - 106.

"综合教育"①。还有学者从现代性角度,分析了农村教育观念由传统到现代的过程,分为现代教育观念的乡村漂浮(1949—1978年)、乡村分化(1978—1998年)、乡村霸权(1998年之后)三个阶段。②

(2) 教育价值观变迁。教育价值观是农村/农民教育观念的核心内容,一些学者研究了农村/农民教育价值观的变迁。如有学者用思辨方法梳理了我国农民教育价值观的变迁,分为四个时期:一是农民教育价值观的沉睡期(改革开放以前),该期农民接受教育的积极性不高、大多安于现状;二是苏醒期(1979—1991年),对"知识改变命运"有所认识,但要求不迫切,持顺其自然态度;三是困惑期(1992—2002年),农民迫切希望通过教育改变贫穷状态,但教育成本超出支付能力;四是理性期(2002年以后),对教育的认识趋于理性,教育成为农民改善生活状况、向上流动的有效途径。③ 有学者在此分类基础上对21世纪后的阶段又有细分:调整阶段(2001—2011年),高等教育大众化发展,农民教育价值观多样化发展;恢复发展阶段(2012年以后),十八大之后城乡一体化发展战略,教育不再是单一促进社会流动,农民对教育的认识逐步理性。④

"离农"还是"为农"一直是学者们讨论农村教育价值取向的关注点。有学者基于对文献的梳理,认为从1979年到2007年,农村教育在价值取向上并不完全以"育人"为目标,而是以推动农村经济发展为主要功能。尽管"离农""为农"之争早在20世纪30年代就存在,但2007年以来城乡一体化的社会发展目标促使学者们深层次追问农村教育的"离农""为农"价值取向。⑤ 另有学者认为改革开放30多年来,农村教

---

① 陈俊峰,朱启臻.论农民教育观的变革[J].高等农业教育,2002(9):10-12.
② 汤美娟.现代教育观念的乡村遭遇[M].南京:南京师范大学出版社,2019.
③ 李宝艳.社会分层与农民教育价值观的变迁[J].华中农业大学学报(社会科学版),2009(2):46-50.
④ 朱叶.改革开放40年我国农民教育价值观的变迁[J].农家参谋,2018(8):41,95.
⑤ 李军.改革开放以来中国农村教育价值取向研究:脉络、热点与展望[J].北京教育学院学报,2020,34(4):40-46.

育价值观是一个从依附城市(依附城市文化的"知识本位"、依附城市经济的"市场本位"、依附城市政治的"教育产业化")到"农本主义""城本主义""人本主义"整合的过程。[①] 近期学者们一般不再坚持"离农"或"为农"的二元对立的选择,如有学者提出要消解二元对立的悖论逻辑,从为城乡共同发展重新定位农村教育价值选择;[②]城乡教育发展应走"和而不同"的发展道路,同时回归教育的本体育人价值;[③④]有学者从制度伦理视角分析,提出重新设计我国国民教育体制,切实消除城乡教育双轨制;[⑤]有学者基于文献的梳理,提倡从系统论的视角看农村教育价值取向,如城乡一体化发展、多样教育体系、工具性和发展性统一。[⑥]

"读书无用论"表达的是对读书价值的看法,"读书无用论"在农村的出现与演变影响着农村家庭的教育选择,一些学者对农村的"读书无用论"进行了分析。如有学者梳理了改革开放以来农村"读书无用论"及其影响。他们认为1977年恢复高考后,人们对知识如饥似渴,农民也鼓励子女努力学习以"跳农门"。但1985年以后随着市场经济的发展,社会上出现"造原子弹的不如卖茶叶蛋的"的"体脑倒挂"现象,这些现象对农村教育观念产生一定冲击,形成改革开放后的第一次"读书无用论"。1990年以后特别是高等教育扩招之后,由于大学生就业难及教育成本过高等原因,再次在农村出现"读书无用论"。[⑦] 另有学者将

---

① 曲铁华,王丽娟.由依附到整合——近30年农村教育价值观的历史变迁与现实审思[J].东北师大学报(哲学社会科学版),2012(5):201-204.
② 邬志辉,杨卫安."离农"抑或"为农"——农村教育价值选择的悖论及消解[J].教育发展研究,2008(Z1):52-57.
③ 邬志辉,马青.中国农村教育现代化的价值取向与道路选择[J].中国地质大学学报(社会科学版),2008(6):58-62.
④ 苏刚,曲铁华.现代化进程中我国农村教育价值取向的嬗变及重构[J].教育发展研究,2014,34(1):12-16.
⑤ 王本陆.消除双轨制:我国农村教育改革的伦理诉求[J].北京师范大学学报(社会科学版),2004(5):20-25.
⑥ 肖正德,谷亚.农村教育到底为了谁?——农村教育价值取向研究述评[J].教育研究与实验,2019(6):24-28.
⑦ 万俊,徐佳宁.改革开放以来农村"读书无用论"思潮论析[J].产业与科技论坛,2009,8(8):43-45.

分析的起点提前至新中国成立,梳理了新中国成立以来的三次"读书无用论",分别是"文革"时期、改革开放初期、21世纪初期。[①] 还有学者从更早的晚清开始研究,增加了对清末民国时期的"读书无用论"分析。[②]

(3) 教育期望变迁。教育期望是家长教育观念的重要内容。有学者分析了我国转型期农村学生和家长对于教育促进社会流动功能的期待及变化趋势:一是1980年代,农村社会对于教育抱有高期待。尽管学校普及程度较低,但是由于教育能为农村学生带来较高的社会地位,农民对教育的期望较高,渴望通过学校教育改变社会地位。二是1990年代,农民的教育期望发生分化。一部分人仍然相信教育能够带来生活状况的改变和社会地位的升迁,在经济条件较差的情况下对教育给予最大的投资;另一部分人则降低对教育的期望,认为教育不仅不能像以前那样使农村子弟成为"国家干部",而且会导致家庭的"因教致贫",因为既要为子女的教育承担诸多的费用,还因为读书不能外出务工挣钱存在机会成本。三是21世纪的理性选择。在市场观念的冲击下及城市化进程中,农民对于学校教育的选择开始进行利益权衡,考虑投资与回报,显示出经济理性人的特征。他们对于教育的功利性需求较强,如果能考上大学会尽力争取,如果成绩不好或一般会早早退学。[③] 另有学者认为,生存的教育期望是农民教育期望的第一级,在生存教育期望得到满足后,农民的教育期望会趋向于更高的地位取向的教育期望,但如果地位取向的教育期望过于渺茫,农民教育期望必然产生分化,一部分农民会放弃更高的期望。[④]

[①] 乐志强,罗志敏.重思学校教育:基于三次"读书无用论"思潮的辨析[J].黑龙江高教研究,2017(3):1-5.
[②] 杨卫安."读书无用论"何以会产生?——晚清以来出现的四次"读书无用论"评述[J].河北师范大学学报(教育科学版),2018,20(4):45-49.
[③] 曹晶.教育社会分层功能的弱化——转型期农村教育的根本性危机[D].上海:华东师范大学,2007:61-64.
[④] 李姗姗,于伟.农民教育期望——高等教育改革一种可能的阐释[J].河北师范大学学报(教育科学版),2010,12(1):104-107.

2. 我国农民教育观念的特点

这方面的研究主要包括对农民的教育价值观、教育期望、男女教育观、教育投资观等方面进行的实证调查。不同研究侧重教育观念的内容不同,调查样本及调查时间不同,研究结论也有差异。总体观点是农民的教育观念比较功利,以"走出农村""找到好工作"为读书目的,在高等教育扩招、大学生就业难等因素导致高等教育期望收益降低的情况下,农民会觉得读书无用,其教育选择会呈现经济人理性特征,但随着社会发展,经济发达地区的农村教育观念出现了一些非功利性的特征。在男女教育观上,农村越来越注重男女平等,但深层的男女不平等的传统文化影响仍然存在。

(1) 以功利性教育价值观为主导。有学者(2003)对我国农村地区的研究发现,农民重视孩子的教育,但他们主要关注的是学校教育的实用价值,是为了能够走出农村找到工作,是为了更好生存所需,并将学校教育与语言(普通话)和识字能力的习得等同起来。他们希望孩子接受教育,但很少人觉得一定要上大学,能否上大学主要靠孩子自己的努力和先天能力。[1] 有学者(2006)对四川、山东、甘肃、内蒙古四省区部分地区的农民教育期望观、男女教育观、学校教育观、教育投资观、教育政策观五方面进行了调查,发现农民的教育期望较高,"让孩子走出农村,找个好工作"是农民最看重的教育价值;男女教育观方面,重男轻女观念仍然存在;学校教育观方面,对学校教师、教学条件要求高;教育投资观方面,感觉教育负担重;教育政策观方面,缺乏对教育法规政策的关注。[2] 另有学者基于2005—2006年对湖北省英山县农村的质性研究发现,农民关于教育的观念是功利性和工具性的,农民的教育期望即

---

[1] CHI J, RAO N. Parental Beliefs about School Learning and Children's Educational Attainment: Evidence from Rural China[J]. Ethos, 2003, 31(3): 330-356.

[2] 许林.农民教育观念的变化与更新——基于四川、山东、甘肃、内蒙古部分农村地区的调查[J].教育发展研究,2007(7):50-53.

取得好成绩、考上好大学,除此之外,"他们仿佛意识不到对孩子还应该有其他的期望";农民眼中教育的最明显的功能在于通过教育摆脱农民的身份并获得较高的社会地位,第二大功能是学习基本生活所必需的读写算等适应现代生活的基本能力,对教育持有的是简单功利的教育目的论,这些都显示了农民作为经济人的理性特征。大学扩招带来的就业风险没有明显改变农民对基础教育的态度,他们依然希望孩子能够好好学习并考上一个好大学;大学高收费不影响农民对读好大学的选择,但影响对低层次大学的选择,在面临支付能力和就业风险的双重困境下,家庭会面临两难选择的困境。①

其他关于山西、河南、陕西等地的调查也得出了相似结论。如基于山西农村的调查发现,农村家庭在承担子女升大学费用上存在困难,70%多的被调查家庭不能接受"子女读完大学而找不到工作",论文认为高等教育期望收益降低是部分农村家庭"教育放弃"的直接原因,是一种无奈的选择。② 基于对河南农村的调查发现,随着高校扩招及就业压力的增加,农民对子女的教育期望在提升,有近47%的家长认为子女最低受教育程度是大学毕业;最认可的教育价值(培养孩子上学的目的)是"找到一份好工作"(51%)、"学到知识、提升自身素质"(32%),传统的"光耀门楣"(3%)教育价值观已经弱化;此外,男女观趋于平等化,对学校教师要求较高,对当前学校的硬软件条件不满意度较高。③ 基于对陕西农村的调查发现,农民对于教育的价值取向是工具价值,认同教育是有用的,这种"有用"主要表现为较高学历可以找到更好的工作和获得更高的收入,一旦不能带来这样的结果则可能否定教育的价

---

① 王一涛.农民的社会流动与教育——基于英山县的个案分析[D].武汉:华中师范大学,2007:57-84.
② 张学敏,郝凤亮.教育放弃:部分农村家庭无奈的抉择[J].高等教育研究,2006(9):57-60.
③ 刘珍玉.新农村建设视域下农民教育观念变迁的实证研究[J].湖北农业科学,2012,51(9):1942-1944.

值,认为"读书无用"。在男女教育观上,虽然比较认同男女平等,但深层观念上"重男轻女"思想影响仍根深蒂固。①

(2)"读书无用论"观念的蔓延。"读书无用论"思潮的几次出现都影响到农村,这里梳理了几篇关于 21 世纪初出现的"读书无用论"的相关研究,不同地区调查的结论并不相同。

有学者 2002 年基于对山东某村的调查发现,教育费用昂贵、就业困难、缺乏对国家资助政策的了解等原因,使得一些农民从过去的"望子成龙"变成"怕子成龙"。②另有学者 2012 年基于对四川省某村的调查发现,全村认为读书无用的农户有 40.46%,且还有不少村民虽然认同读书有用但对其子女教育采取顺其自然的不作为态度与行为。农户子女受教育层次越高、家庭收益对土地依赖程度越高、家庭越贫穷,越认同"读书无用";此外,家庭结构类型及子女性别也影响读书观念,权力和活动中心越趋向单一的家庭,越认同"读书有用";男孩家庭比女孩家庭更认同"读书有用"。③还有学者基于 2017 年对河北定州农村的调查表明,相当一部分农村居民对教育的效用持怀疑态度,并不完全认同读书与职业发展完全呈正相关,"读书无用论"观点在农村有一定市场。年长者较于年轻者、女性较于男性,更认同"读书无用论";教育成本越高、教育满意度越高,越认同"读书无用论";受教育年限越高、参加过教育技能培训者更不认同"读书无用论"。④

有些学者并不认同农村盛行"读书无用论"的观点。有学者基于 2008—2009 年在我国中部某县农村的民族志研究发现,"读书无望"比

---

① 张红,李淑乾,石春霞.外出农民工对农村教育观念的影响[J].生态经济(学术版),2007(1):373-376.
② 李全生.农村"怕子成龙"现象分析——以东夼村为例[J].青年研究,2003(6):1-6.
③ 李涛,邬志辉."乡土中国"中的新"读书无用论"——基于社会分层视角下的雍村调查[J].探索与争鸣,2015(6):79-84.
④ 黄政.读书真的无用?——农村居民教育期望的形成机制研究[J].教育科学研究,2021(6):54-59.

"读书无用"更能概括农民的教育观念,他们由于对于高等教育机会结构和社会流动机会的理性认识而不敢期望过高。① 持相似观点的另外一个研究认为,"读书无用论"并不符合农民真实地对文化教育的客观态度,与其说"读书无用论"还不如说是"读书无望论"更能解释农村学生的辍学,是因为感觉到上大学的希望渺茫甚至绝望才产生弃学。② 另有学者基于对四川农村的调查也发现,绝大多数农村中小学生并不认同"读书无用论"(认同比例为15%以下),但中学生较小学生更多对"读书无用论"持肯定和犹豫态度;绝大多数家长也不认同"读书无用论"(认同比例为16%以下)。男生、年级更高者、自评学习成绩更差者更易产生"读书无用论"观点,亲子关系越紧密、在校适应越好、学校生活满意度越高,产生"读书无用论"观点可能性越小,在校体验的排斥感越强、去电子游戏机房及网吧频率越高,"读书无用论"观念越强。③

(3) 教育价值观的非功利趋势。一些研究发现随着社会经济的发展以及农民外出务工经历的变化,农民对教育的价值需求除工具性之外,也出现非功利性趋势。

有学者2010年对浙江农村的调查发现,农村家庭对高等教育的需求非常旺盛,一些收入不高的家庭宁愿减少家庭其他必要开支也要供孩子上学,面对经济困难时有98.8%的被调查者回答"想尽一切办法让孩子继续上学",其结论是发达地区几乎不存在"教育放弃"现象,且发达地区农村家庭对高等教育的需求呈现"非功利性"特征。④ 另有学者研究发现,年龄、受教育水平及外出务工经历会影响教育观,如40—50

---

① 谢爱磊."读书无用"还是"读书无望"——对农村底层居民教育观念的再认识[J].北京大学教育评论,2017,15(3):92-108.
② 欧贤才,王凯.自愿性辍学:新时期农村初中教育的一个新问题[J].中国青年研究,2007(5):60-63.
③ 陈国华."读书无用论"现象的农村社会调查与反思[J].天府新论,2013(2):111-115.
④ 王一涛,钱晨,平燕.发达地区农村家庭高等教育支付能力及需求意愿研究——基于浙江省的调查[J].高等教育研究,2011,32(3):46-50.

岁农民文化程度较低,他们眼中的教育"有用"主要体现在经济回报;20—39岁村民文化程度更高,外出务工经历多,对教育的态度最积极,对子女接受教育有着"从物质到精神,从生活方式到言谈举止"等更丰富的期望,体现了"教育的工具价值向本体价值的转变"趋势。[①]

(三)教育观念的差异

一些研究表明,家庭背景、社会阶层等因素影响人们的教育需求、教育期望、教育投资观等教育观念。如法国学者布迪厄(Pierre Bourdieu,又译作布尔迪厄)认为,教育期望来自惯习,是人们对于客观可能性的主观内化和领悟,因而低社会阶层父母不会对子女有高期望,工人阶级一开始就会根据自身阶级成功的可能性而把自己限定在较低教育层次上,这是一种自我淘汰(self-elimination)。[②] 美国有学者研究认为,低收入破裂家庭中的学生具有较低的学术抱负,他们较少申请大学,特别是更少选择高竞争性常青藤大学。[③] 英国有学者研究发现,工人阶级子弟虽然向往大学,但却认为高等教育具有内在的风险,需要巨大的投资和成本,并产生不确定的回报,这些风险在不同阶层中的分布是不同的;他们更多把教育看作获得更高薪工作和向上流动的工具而不是自我提升,"拥有学位的好处被建构为通往社会流动和美好生活的一张近乎神话般的门票"。[④] 一项关于德国中学生的教育愿望(aspirations)和教育意愿(intention)的研究发现,教育愿望是家庭和学校内部社会化的结果,是不受约束的;但教育意愿受到高等教育系统中出现的制度机

[①] 张红,李淑乾,石春霞.外出农民工对农村教育观念的影响[J].生态经济(学术版),2007(1):373-376.

[②] BOURDIEU P, PASSERON J-C. Reproduction in Education, Society and Culture[M]. London and Beverly Hills: Sage Publication, 1977: 155-162.

[③] LILLARD D, GERNER J. Getting to the Ivy League: How Family Composition Affects College Choice[J]. The Journal of Higher Education, 1999, 70(6): 706-730.

[④] ARCHER L, HUTCHINGS M. 'Bettering Yourself'? Discourses of Risk, Cost and Benefit in Ethnically Diverse, Young Working-Class Non-Participants' Constructions of Higher Education[J]. British Journal of Sociology of Education, 2000, 21(4): 555-574.

会和障碍的制约,而社会优势学生通常较少受到呈现给他们的机构特征的约束。[①] 关于中国情境的一些研究也得出了类似的结论,如社会资本影响个体高等教育需求,家庭中兄弟姐妹的数量、家庭成员辅导学生功课、父母与子女沟通频率等因素,对中国大陆学生的高等教育需求均具有显著影响;[②]父母对孩子的教育期望与父母的职业、学历、社会地位以及地区差异等因素有关;[③]学生的教育期望存在阶层差异,平均阶层地位越高的学校,学生的教育期望越高;[④]家庭社会经济地位越高,家庭对子女的教育期望越高;[⑤]不同教育程度及收入的父母具有不同的教育观念,并通过教育观念影响孩子的教育期望;[⑥]具有优势地位的父母对子女上大学的期望较高,并激发了子女上大学的期望。[⑦]

我国城乡家庭教育观念存在差异。有学者研究发现,农村父母的教育期望显著低于农转非父母、城市父母,甚至较同为农村户籍的农民工父母也更低;[⑧]我国不断固化的社会结构降低了农村父母对孩子社会流动机会的预期,从而产生"读书无望"。[⑨]

农村内部也存在着观念的差异。有学者研究发现,根据儿童的成就水平,父母的观念并没有一致的差异,但成绩优异儿童的父母往往比

---

① FINGER C. Institutional Constraints and the Translation of College Aspirations into Intentions-Evidence from a Factorial Survey[J]. Research in Social Stratification and Mobility, 2016, 46: 112-128.
② 钟宇平,陆根书.社会资本因素对个体高等教育需求的影响[J].高等教育研究,2006(1):39-47.
③ 杨春华.教育期望中的社会阶层差异:父母的社会地位和子女教育期望的关系[J].清华大学教育研究,2006(4):71-76.
④ 吴愈晓,黄超.基础教育中的学校阶层分割与学生教育期望[J].中国社会科学,2016(4):111-134,207-208.
⑤ 刘保中,张月云,李建新.社会经济地位、文化观念与家庭教育期望[J].青年研究,2014(6):46-55.
⑥ 刘保中,张月云,李建新.家庭社会经济地位与青少年教育期望:父母参与的中介作用[J].北京大学教育评论,2015,13(3):158-176.
⑦ 王甫勤,时怡雯.家庭背景、教育期望与大学教育获得——基于上海市调查数据的实证研究[J].社会,2014,34(1):175-195.
⑧ 李颖晖,王奕轩.父母教育期望的户籍分层:农村父母的教育期望劣势及其影响因素分析[J].兰州学刊,2019(10):194-208.
⑨ 谢爱磊."读书无用"还是"读书无望"——对农村底层居民教育观念的再认识[J].北京大学教育评论,2017,15(3):92-108.

其他父母受教育程度更高，对其子女的表现更了解，并提供更多的教育支持性家庭环境。[1] 另有研究认为，我国中西部地区农村家长对教育主要是功利性需求[2]，但发达地区农村家庭对高等教育的需求呈现出"非功利性"的色彩。[3] 学者对四川某村的研究发现，家庭贫困程度、家庭收益对土地依赖程度、子女接受教育层次、家庭权力和活动中心趋向、家庭子女性别类型都会影响"读书有用"或"读书无用"的观念。[4]

但也有研究发现，教育观念并没有明显的社会阶层差异。如国外有学者认为，虽然很多研究表明农民对于孩子的要求是掌握生存技能，把教育看作从贫困生活中爬上社会阶梯的一个机会，但也有研究表明农民对教育价值有更广泛的看法，有时接受教育的目的是非工具性的，是希望通过教育能够学会读和写，能够通过知识丰富生活，并养成儿童理想的性格特征。[5] 一些处于社会经济地位底层的父母也会对子女抱有较高的教育期望，[6]经济因素影响父母教育期望的证据有限。[7] 我国也有研究指出，尽管家庭社会经济地位水平与父母教育期望存在一致关系，家庭社会经济地位高的父母，对孩子的教育期望也高，但中国父母都普遍对孩子抱有较高的教育期望，致使它与家庭社会经济地位指标之间的相关水平并不高，也就是说，家庭社会经济地位对于中国父母

---

[1] CHI J, RAO N. Parental Beliefs about School Learning and Children's Educational Attainment: Evidence from Rural China[J]. Ethos, 2003, 31(3): 330-356.
[2] 王一涛.农民的社会流动与教育——基于英山县的个案分析[D].武汉:华中师范大学,2007:84.
[3] 王一涛,钱晨,平燕.发达地区农村家庭高等教育支付能力及需求意愿研究——基于浙江省的调查[J].高等教育研究,2011,32(3):46-50.
[4] 李涛,邬志辉."乡土中国"中的新"读书无用论"——基于社会分层视角下的雍村调查[J].探索与争鸣,2015(6):79-84.
[5] BAKER V J. Education for Its Own Sake: The Relevance Dimension in Rural Areas[J]. Comparative Education Review, 1989, 33(4):507-518.
[6] FRYE M. Bright Futures in Malawi's New Dawn: Educational Aspiration as Assertions of Identity[J]. The American Journal of Sociology, 2012, 117(6): 1565-1624.
[7] KOSHY P, DOCKERY A M, SEYMOUR R. Parental Expectations for Young People's Participation in Higher Education in Australia[J]. Studies in Higher Education, 2019, 44(2): 302-317.

对孩子的教育期望的影响并不突出。[①] 城乡父母对子女学业目标的期望并无显著差异,且对子女的教育期望普遍较高,望子成龙的心态是一样的。[②] 另有对流动人口的研究发现,社会地位对于社会地位较低的流动人口教育观的形成既有"枷锁"效应又有"鞭策"效应,其中"枷锁"效应要远大于"鞭策"效应。[③]

二、农村学生的教育获得及其影响因素

(一) 教育获得的影响因素

何种因素影响了人们的学业获得乃至地位获得,是教育学及社会学领域学者关注的重要话题。回答该问题,一般有宏观及微观两个视角。

微观视角常常考虑家庭资本如何传递从而影响子代的教育获得,一般都认为家庭的经济、文化与社会资本影响了孩子的教育获得。不过,一种观点认为教育有助于原有不平等社会结构的再生产;另一种观点认为虽然家庭背景影响了教育获得,但弱势家庭可以通过弥补家庭资本之不足而提升教育获得并促进社会流动。经典的理论如布劳(P.M. Blau)与邓肯(O. D. Duncan)的地位获得模型、科尔曼(James S. Coleman)的社会资本理论、布迪厄的文化资本与文化再生产理论、迪马乔(Paul DiMaggio)的文化流动模型等。

布劳与邓肯的地位获得模型。布劳与邓肯在其《美国职业结构》中将影响地位获得的因素分为先赋性因素和自致性因素,其中个人受教

[①] 庞维国,徐晓波,林立甲,任友群.家庭社会经济地位与中学生学业成绩的关系研究[J].全球教育展望,2013,42(2):12-21.
[②] 蒋国河,闫广芬.家庭资本与城乡学业成就差异——基于实证调查基础上的相关分析[J].青年研究,2006(6):28-34.
[③] 童馨乐,潘妍,杨向阳.寒门为何难出贵子? 基于教育观视角的解释[J].中国经济问题,2019(4):51-67.

育水平是最重要的自致性因素,并构建了包括父亲职业地位、父亲受教育水平、个人受教育水平、个人初次职业地位等影响因素的地位获得模型。研究表明,家庭先赋性因素及个人受教育水平都影响地位获得,但个人受教育水平比父亲职业或受教育水平对地位获得的影响更大。个人受教育程度与家庭背景相关,但父亲属于工人阶级的人如果接受良好教育,其向上流动机会与那些父亲属于中产阶级但自己受教育很少的人一样多。[①]

科尔曼的社会资本理论。科尔曼为避免理性行为陷入极端个人主义,提出社会资本概念,认为社会资本作为行动资源的概念是将社会结构引入理性行动范式的一种方式,表现的是人与人的关系。他将社会资本界定为个人拥有的表现为社会结构资源的资本财产,由构成社会结构的要素组成,主要存在于人际关系和社会结构中,并为结构内部的个人行动提供便利。[②] 社会资本有五种表现形式:义务和期望、信息网络、规范和有效惩罚、权威关系、多功能组织和有意创建的组织。[③] 就家庭内部而言,父母状况(双亲还是单亲)、兄弟姐妹数、教育期望都是社会资本;就家庭之外而言,搬迁情况、子女所在学校特征(公立还是私立)等也能表达社会资本,这些社会资本对减少子女的辍学可能性有作用。[④]

布迪厄的文化资本与文化再生产理论。布迪厄认为文化资本有三种形态,一是具体的形态,以精神和身体的持久"性情"的形式,采取了"文化、教育、修养的形式";二是客观的状态,以文化商品的形式诸如

[①] BLAU P M, DUNCAN O D. The American Occupational Structure[M]. New York: Free Press, 1967: 170 - 171；[美]伊恩·罗伯逊. 社会学(上册)[M].黄育馥,译.北京:商务印书馆,1990:349.

[②] [美]詹姆斯·S·科尔曼.社会理论的基础[M].邓方,译.北京:社会科学文献出版社,1992:332 - 333.

[③] [美]詹姆斯·S·科尔曼.社会理论的基础[M].邓方,译.北京:社会科学文献出版社,1992:336 - 345.

[④] COLEMAN J S. Social Capital in the Creation of Human Capital[J]. American Journal of Sociology, 1988, 94(Supplement): S95 - S120.

文学、绘画、纪念碑、工具等;三是体制的状态,以一种客观化形式如学术资格。① 布迪厄文化资本概念的提出是为了解释不同社会阶级出身的孩子取得不同学术成就的原因,他认为教育体制所传播的文化与统治阶级的文化更为接近,统治阶级的惯习被转换成学校的一种想当然的文化资本,这样,那些已经拥有统治阶级文化资本的人就更容易取得学业成功,即教育通过被构建为有利于统治阶级的文化而实现文化再生产。而通过把学术等级转换成地位等级,则实现了从文化再生产到社会再生产的过程。②

迪马乔的文化流动模型。迪马乔是对布迪厄的理论进行经验验证的美国著名学者。他将文化资本的概念操作化为地位群体文化(高雅文化)参与。他们的研究发现,在控制了家庭背景、学生能力等因素后,学生的高雅文化参与有助于其教育获得。研究结论部分地支持了布迪厄的理论,即文化资本对教育获得有显著影响。但他们也同时认为,文化资本有助于任何拥有文化资本的人的学术成功,而不仅仅是特定优势阶层的资源;他们的研究甚至发现,文化资本对父亲为低教育水平的男生学业成就的正效应比对父亲为高教育水平的男生更明显,这种文化流动的假设(a cultural mobility hypothesis)值得后续研究进一步检验。③ 故后人认为他提出了一种与布迪厄再生产理论相对的文化流动理论,即文化资本并不总是通过代际传递而获得的,底层穷人可以通过主动获取优势文化资本而弥补家庭背景的不足,从而获取升迁性的社会流动。

---

① [法]布尔迪厄.文化资本与社会炼金术——布尔迪厄访谈录[M].包亚明,译.上海:上海人民出版社,1997:192-201.

② [法]皮埃尔·布尔迪厄.文化再制与社会再制[M]//厉以贤.西方教育社会学文选.台北:五南图书出版有限公司,1992:423-451.

③ DIMAGGIO P. Cultural Capital and School Success: The Impact of Status Culture Participation on the Grades of U.S. High School Students[J]. American Sociological Review. 1982, 47(2): 189-201; DIMAGGIO P, MOHR J. Cultural Capital, Educational Attainment, and Marital Selection[J]. American Journal of Sociology. 1985, 90(6): 1231-1261.

宏观视角则利用国际比较、历史比较等方法来探讨社会结构、制度、文化等宏大因素对教育获得的影响。这方面的研究也有两种观点，一种可称为现代化假设，认为随着现代化社会的到来，社会对人的素质要求在提升，因而更多看重个人能力而非家庭背景，所以社会出身对教育的影响也会下降。著名的代表人物如特雷曼(Donald J. Treiman)，他认为随着工业化水平的提高，先赋性家庭背景因素对子代教育获得和社会流动的影响就会减少。[1] 另一种观点延续再生产理论，认为社会结构因素对教育的影响并不因为社会发展及教育发展而降低，优势家庭总会最先获得教育发展的红利或获得最优质的教育资源，典型的如最大化不平等理论与有效维持不平等理论。学者拉夫特和豪特(Adrian E. Raftery & Michael Hout)基于对爱尔兰1960年代末教育改革与扩张数据的分析，提出最大化不平等(Maximally Maintained Inequality，简称MMI)假设，认为如果教育扩张大于需求，那么弱势阶层将获得更多教育机会，但并不意味着消除了社会阶层效应。教育扩张导致的教育机会的增加，不是因为成绩取代了阶级而是选择强度减少了。只有优势阶层在某一水平的教育需求得到饱和，弱势阶层才能获得教育机会从而出现平等化趋势，否则教育不平等仍将维持。[2] 卢卡斯(Samuel R. Lucas)更进一步认为，应该考虑教育内部的质量差异，提出有效维持不平等(Effectively Maintained Inequality，简称EMI)假设，即社会经济优势阶层总会为自己及其子女确保获得某种程度的教育优势，如果数量差异普遍，社会经济优势阶层将获得数量优势；如果质量差异普遍，社会经济优势阶层将获得质量优势。也就是说，即使数量上的不平等下降，质量上的不平等仍然有效地被维持。这

---

[1] TREIMAN D J. Industrialization and Social Stratification[J]. Sociologica Inquiry, 1970, 40(2): 207-234.

[2] RAFTERY A E, HOUT M. Maximally Maintained Inequality: Expansion, Reform, and Opportunity in Irish Education, 1921—1975[J]. Sociology of Education, 1993, 66(1): 41-62.

样，当某一层次的教育接近普及时，依据 MMI，社会背景的影响则会减少为零；但依据 EMI，社会背景仍会通过影响这一层次的教育类型（通常表现为质量差异）而影响教育获得。①

除了宏观历史社会背景、微观家庭社会背景之外，社区、学校层面的因素也是影响教育获得的重要因素。在布迪厄的文化资本和文化再生产理论框架中，学校是家庭文化资本转变为学业成就的重要场域，正因为学校教育中的文化资本与支配阶层家庭中的文化资本有更多的同质性，支配阶层家庭的孩子才更易取得学业成功，学校是扩大社会不平等的机构。有学者基于对美国一所精英大学的田野调查发现，精英私立中学经历对于寒门出身的大学生（"寒门幸运儿"）的大学适应有很好的干预作用。② 有学者对于韩国数据的研究发现，学校教育制度影响了家庭资本对学业成就的影响。在韩国，家庭社会经济地位对父母的客观化文化资本和儿童的具体化文化资本都有积极的影响，父母客观化的文化资本对儿童的学业成绩有积极影响，但儿童的具体文化资本对学业成绩有负面影响，韩国教育制度特征如标准化的课程、对备考的极端关注及广泛的影子教育，可能会抑制儿童身上的文化资本对学业的影响。③ 有学者基于 PISA2000 年数据的跨国比较研究也发现，不同的学校教育环境中的家庭文化资本对学业成就的影响大小不同，应该关注家庭文化资本转化为学业成就的教育制度背景。④ 社会生态视角的观点则认为，育儿不仅是发生在家庭内部的活动，也受家庭所嵌入的

---

① LUCAS S R. Effectively Maintained Inequality: Education Transitions, Track Mobility, and Social Background Effects[J]. American Journal of Sociology, 2001, 106(6): 1642-1690.
② [美]安东尼·亚伯拉罕·杰克.寒门子弟上大学：美国精英大学何以背弃贫困学生？[M].田雷，孙竞超,译.北京：生活·读书·新知三联书店,2021.
③ BYUN S Y, SCHOFER E, KIM K K. Revisiting the Role of Cultural Capital in East Asian Educational Systems: The Case of South Korea[J]. Sociology of Education, 2012, 85(3): 219-239.
④ ANDERSEN I G, JÆGER M M. Cultural capital in context: Heterogeneous returns to cultural capital across schooling environments[J].Social Science Research, 2015, 50: 177-188.

邻里和更广泛的社区影响;①所在国家的教育背景如高等教育的分层情况也影响父母的教育逻辑。②

(二)我国农村学生教育获得的影响因素

我国学者对学生教育获得的研究总体上延续了以上微观、宏观及中观思路。

其一,微观视角,学者们分析了家庭背景对学生学业获得的影响,由于城乡差距是我国教育不公平的主要体现,因而户籍作为最重要的家庭背景因素被关注。

(1)绝大多数研究都表明,农村学生相对弱势的经济资本、文化资本和社会资本影响了其教育获得。如有研究基于国家统计局2000年的数据分析发现,家庭文化资本和经济资本占有量位居前列的优势社会阶层,其子女接受的教育层次更高,且在众多影响子女教育机会获得的因素当中,家庭文化资本的影响程度最大。③ 另有研究基于中国教育追踪调查2014年数据的分析发现,家庭资本通过影子教育的中介作用而影响学生教育获得,提示影子教育在社会再生产中的作用。④ 本人的研究也发现我国城乡教育存在文化再生产现象,城乡家庭文化资本的差异加上城乡教育的差距,使得城乡形成两个地位不等的文化循环圈,影响了城乡学生的教育获得乃至地位获得。⑤ 有学者提出家庭背景影响教育获得的更一般性机制:文化再生产模式和资源转化模式,

---

① BENNETT P R, LUTZ A C, JAYARAM L. Beyond the Schoolyard: The Role of Parenting Logics, Financial Resources, and Social Institutions in the Social Class Gap in Structured Activity Participation[J]. Sociology of Education,2012, 85(2): 131-157.

② AURINI J, MISSAGHIAN R, MILIAN R P. Educational Status Hierarchies, After-School Activities, and Parenting Logics: Lessons from Canada[J]. Sociology of Education,2020,93(2) 173-189.

③ 郭丛斌,闵维方.家庭经济和文化资本对子女教育机会获得的影响[J].高等教育研究,2006(11):24-31.

④ 薛海平.家庭资本与教育获得:基于影子教育中介效应分析[J].教育与经济,2018(4):69-78.

⑤ 余秀兰.中国教育的城乡差异——一种文化再生产现象的分析[M].北京:教育科学出版社,2004:226-227.

前者父母通过教育期望、文化资本和人力资本机制将父辈文化教育水平优势在子代得以继承和延续(资源内化),后者家庭将其社会经济资源直接转化为子女教育机会的优势,从而实现不平等的代际传递。[1] 有学者基于中国家庭追踪调查基线数据得出相似的观点:一是家庭通过其社会经济资源为儿童提供有差异的教育机会,进而影响儿童的学业表现;二是家庭通过家长的教育参与和行为支持,培养儿童的学习态度和学习习惯,从而对其学业成就产生影响。[2] 另有学者将家庭资源分为内生性资源(含家庭结构及文化资本)与外依性资源(如家庭的社会阶层地位及相关的经济、社会资源),认为内生性资源导致的教育不平等持久而稳定,外依性资源对机会不平等的影响可能因平等化社会过程而下降,也可能在相反的社会条件下被强化。[3] 家庭资本不仅影响教育获得的数量,也影响教育获得的质量,农村家庭子女和经济社会地位较低的家庭子女进入高等级大学的可能性明显较低。[4] 随着教育的扩张与发展,当前我国城乡学生教育获得的数量差距减小,质量差距则成为城乡教育不平等的主要特征;[5]从中心城区到边缘农村,学生认知能力成绩呈现出明显的"差序格局",相较于经济因素,家庭文化资本、教育期望等对学业成就的影响更大。[6]

(2)近些年也有研究认为,社会底层所具有的独特形态的底层文

---

[1] 李煜.制度变迁与教育不平等的产生机制——中国城市子女的教育获得(1966—2003)[J].中国社会科学,2006(4):97-109.

[2] 李忠路,邱泽奇.家庭背景如何影响儿童学业成就?——义务教育阶段家庭社会经济地位影响差异分析[J].社会学研究,2016,31(4):121-144.

[3] 刘精明.中国基础教育领域中的机会不平等及其变化[J].中国社会科学,2008(5):101-116.

[4] 田丰.高等教育体系与精英阶层再生产——基于12所高校调查数据[J].社会发展研究,2015,2(1):37-63.

[5] 余秀兰.关注质量与结果:我国教育公平的新追求[J].南京师大学报(社会科学版),2019(1):29-38.

[6] 宗晓华,杨素红,秦玉友.追求公平而有质量的教育:新时期城乡义务教育质量差距的影响因素与均衡策略[J].清华大学教育研究,2018,39(6):47-57.

化资本如先赋性动力、道德化思维以及学校化心性品质,[①]或贫寒情境激发的具有寒门特征的文化资本如父母对教育的重视与期望、自我奋斗的内驱力,[②]有利于底层或寒门学子取得学业成功。此外,一些研究还发现中国农村传统家庭文化资本如勤劳、坚韧的性格品质,以及家庭发展过程中长期形成的制约家庭成员的行为规范和家庭文化如家规、家教、家风、家传等,[③]农村家庭贫困背后的希望感、对知识改变命运的信仰、充满爱的家庭氛围以及父母的言传身教,[④]农村家庭强调的"本分",[⑤]农村家庭的无形文化资本如父母积极向上的态度和行为、父母个人修养与才能、父母价值观教育观等,[⑥]都利于促进农村学生的教育获得和向上社会流动。

(3) 城乡学生教育获得影响因素存在差异,如家庭背景对城市人的教育获得影响更大,但家庭经济资本对城市人的教育获得影响不显著,对农村人的教育获得有显著影响;[⑦]家庭社会经济地位对城市学生成绩的影响大于对农村学生的影响,农村学生的学业成就更多地依赖于自身的学习行为;[⑧]农村居民囿于资源和文化资本的限制,更容易作

[①] 程猛,康永久."物或损之而益"——关于底层文化资本的另一种言说[J].清华大学教育研究,2016,37(4):83-91.
[②] 余秀兰,韩燕.寒门如何出"贵子"——基于文化资本视角的阶层突破[J].高等教育研究,2018,39(2):8-16.
[③] 韩钰.家庭传统文化资本对农村青年阶层跨越的影响研究——以鲁西南H村和M村为例[J].青年探索,2016(2):46-54.
[④] 曾东霞."斗室星空":农村贫困家庭第一代大学生家庭经验研究[J].中国青年研究,2019(7):38-43.
[⑤] 胡雪龙,康永久.主动在场的本分人:农村学生家庭文化资本的实证研究[J].全球教育展望,2017,46(11):104-116.
[⑥] 杨春华."无形文化资本"与农村家庭社会地位的获得:基于对农村调查的思考[J].山东社会科学,2014(8):87-92.
[⑦] 李春玲.社会政治变迁与教育机会不平等——家庭背景及制度因素对教育获得的影响(1940—2001)[J].中国社会科学,2003(3):86-98.
[⑧] 李忠路,邱泽奇.家庭背景如何影响儿童学业成就?——义务教育阶段家庭社会经济地位影响差异分析[J].社会学研究,2016,31(4):121-144.

出放弃教育的"理性"决策。①

其二,关于教育获得的宏观研究,主要是通过跨年度的数据分析看变迁趋势,并从政治制度变迁、市场化转型、教育扩张等来解释,大多数的研究结论是教育不平等并未因为教育的扩张而得到有效遏制,基本上验证了最大化不平等假设(MMI)和有效维持不平等假设(EMI)。

(1)教育公平的整体变迁情况。研究发现,改革开放前我国教育机会从一种极度不平等向平等化方向演变,改革开放后不平等的程度又逐渐增强;②改革开放前,由于政策干预对较高社会阶层特别是专业技术阶层教育需求的抑制,一定程度上缩小了教育分层,改革开放后较高社会阶层在高中及大学入学机会上有更多优势,向中下阶层倾斜教育资源的发展思路并未改变中下阶层在较高教育阶段的不利状况。③特别是1999年高等教育扩招之后的教育不平等现象并没有缩小,城乡教育不平等依然存在甚至加剧,基本支持了最大化不平等假设和有效维持不平等假设。如有学者基于1990—2000年数据发现,十年中教育机会有了极大的扩展,但家庭背景仍然在决定入学和升学方面发挥着重要作用;农村户口子女的状况相比于城镇户口同龄人来说变得愈加不利,父亲的社会经济地位对于入学状况的影响作用增大了。④ 另有学者基于2005年1‰人口抽样调查数据的分析发现,大学扩招没有减少阶层、民族和性别之间的教育机会差距,反而导致了城乡之间的教育不平等上升;⑤基于2006年、2008年、2011年三次全国抽样调查数据,

---

① 吴愈晓.中国城乡居民的教育机会不平等及其演变(1978—2008)[J].中国社会科学,2013(3):4-21.
② 李春玲.社会政治变迁与教育机会不平等——家庭背景及制度因素对教育获得的影响(1940—2001)[J].中国社会科学,2003(3):86-98.
③ 郝大海.中国城市教育分层研究(1949—2003)[J].中国社会科学,2007(6):94-107.
④ 吴晓刚.1990—2000年中国的经济转型、学校扩招和教育不平等[J].社会,2009,29(5):88-113.
⑤ 李春玲.高等教育扩张与教育机会不平等——高校扩招的平等化效应考查[J].社会学研究,2010,25(3):82-113.

对"80后"人群(1980—1989年出生)教育经历的分析发现,"80后"的教育机会不平等程度没有明显下降,城乡教育差距明显。①但也有研究持不同观点,如认为1949年以来至20世纪末中国高等教育领域出现了一场无声的革命,教育机会呈更加公平的整体趋势,以往被社会上层子女所垄断的精英高等教育机会,工农等社会较低阶层子女逐渐占据相当比重;②从总体上看,当前我国高等教育入学机会的城乡差异比较明显,但从历史发展的角度看,近年随着高等教育大众化的推进,我国高等教育入学机会的城乡总体差异以及城乡之间在性别、学校类型等方面的入学机会差异都有明显的缩小。③

(2) 不同阶段及不同类型的教育获得,不平等的变化趋势不同。一般来说,较高层次阶段教育中的城乡差距减少趋势更小,如有学者基于2006年、2008年和2011年的全国抽样数据分析发现,小学教育的城乡机会不平等在下降,初中教育的城乡机会不平等没有变化,但高中和大学升学机会的城乡不平等有扩大趋势,初中升入高级中等教育阶段的城乡机会不平等持续扩大是导致农村子弟上大学相对机会下降的源头;④另有学者基于全国综合社会调查(CGSS)2008年数据分析也发现,1978—2008年间初中升学机会的城乡差异没有变化,高中和大学升学机会的城乡不平等有扩大趋势。⑤此外,优质教育中的城乡差距减少趋势更小,如有学者基于全国综合社会调查(CGSS)2003年的数据分析发现,高校扩招使优势阶层在地位取向明确的本科教育中较大

---

① 李春玲."80后"的教育经历与机会不平等——兼评《无声的革命》[J].中国社会科学,2014(4):66-77.
② 梁晨,李中清,张浩,等.无声的革命:北京大学与苏州大学学生社会来源研究(1952—2002)[J].中国社会科学,2012(1):98-118.
③ 樊明成.我国高等教育入学机会的城乡差异研究[J].教育科学,2008(1):63-67.
④ 李春玲.教育不平等的年代变化趋势(1940—2010)——对城乡教育机会不平等的再考察[J].社会学研究,2014,29(2):65-89.
⑤ 吴愈晓.中国城乡居民的教育机会不平等及其演变(1978—2008)[J].中国社会科学,2013(3):4-21.

程度地扩大了他们的相对优势,使下层社会群体在生存取向的成人高教领域获得了更多的益处;①还有学者基于中国健康与营养调查数据(CHNS)研究发现,城乡居民高等教育机会中质量机会不平等尤为突出,高校扩招对此具有推波助澜作用。②

（3）不同历史阶段,影响教育获得的因素不同。如政治出身是"文革"时期教育机会差别的主要原因,家庭教育背景是改革开放初期教育不平等的主要原因,1992年以后家庭阶层背景的效用显现,管理阶层的资源优势正逐步转化成其下一代的教育机会;③1940至1990年代家庭背景对个人教育获得的影响程度由高到低又由低到高,就户籍看,从1950年代到1970年代,户籍身份对个人教育获得的影响不断下降,从1970年代到1990年代,户籍身份的影响又开始上升;④在"文化大革命"(1966—1976年)期间,父亲的社会经济地位和儿子的教育程度之间呈现弱关联,反映国家对教育机会的政治干预;⑤中国教育不平等更多受到国家政策与体制变革影响,并影响了家庭背景与孩子教育获得的关系。家庭社会出身显著影响教育获得,但高教育水平和高层次职业的父辈社会经济地位并不总是有助于孩子的教育获得。⑥

（4）城乡内部分层间教育机会的变化。有学者基于全国综合社会调查(CGSS)2015年相关数据的分析发现,高等教育获得的概率随着社会阶层的提升而增加,但城市中不同社会阶层之间在高等教育机会

---

① 刘精明.高等教育扩展与入学机会差异:1978—2003[J].社会,2006(3):158-179.
② 马文武.高校扩招背景下城乡居民高等教育机会考察——基于CHNS数据的经验分析[J].兰州学刊,2019(3):153-166.
③ 李煜.制度变迁与教育不平等的产生机制——中国城市子女的教育获得(1966—2003)[J].中国社会科学,2006(4):97-109.
④ 李春玲.社会政治变迁与教育机会不平等——家庭背景及制度因素对教育获得的影响(1940—2001)[J].中国社会科学,2003(3):86-98.
⑤ DENG Z, TREIMAN D J. The Impact of the Cultural Revolution on Trends in Educational Attainment in the People's Republic of China[J]. American Journal of Sociology, 1997, 103(2): 391-428.
⑥ ZHOU X G, MOEN P, TUMA N B. Educational Stratification in Urban China: 1949—1994[J]. Sociology of Education, 1998, 71(3): 199-222.

获得上的概率差异较小,而在农村中较大,农村在高等教育机会获得上的阶层分化更为明显。高校扩招增加了农村高等教育获得的总体机会,其中的农村中层受惠更明显,但扩招并未改变高等教育机会在城市内部与农村内部各社会阶层之间的分配格局。①

其三,学校教育因素是影响城乡学生教育获得的重要因素,学者们探讨了城乡二元结构导致的资源配置不均衡、教育内容的城市化偏向、教育分流制度等因素对农村学生学业成就的影响。存在两种不同的观点,一种观点认为学校因素弱化了家庭背景对学生教育获得的影响,有益于促进农村学生的向上社会流动;一种观点认为学校更有利于优势阶层孩子的学习,维持甚至拉大了城乡差距。

有学者基于2003年和2013年国家教育统计数据,全面比较了城乡基础教育师资力量(师资规模、学历结构、职称结构)、办学条件(校舍、图书和数字资源拥有量)、教学经费的差异,指出乡村基础教育资源分配在整体上都处于劣势地位,即使经过国家大力扶持后乡村教育取得显著发展的2013年,乡村基础教育资源的许多方面还是落后于城市②。有学者认为我国1980年代中期开始实施的"分级办学"政策加重了农村和农民负担,迟滞了农村教育发展,造成了农村与城市之间教育机会不平等的延续乃至扩大。③ 随着国家对教育公平的重视以及一系列支持农村教育发展政策的实施,农村办学条件得到巨大改善,但在师资力量以及学校的校风、学风、学生同辈群体文化等"软"环境方面,与城市学校相比仍有质量差异,从而影响着农村教育质量④。

---

① 刘堃,郭菲.城乡内部阶层分化与高等教育机会获得——兼谈高校扩招政策的影响[J].教育发展研究,2020,40(23):22-29.
② 文军,顾楚丹.基础教育资源分配的城乡差异及其社会后果——基于中国教育统计数据的分析[J].华东师范大学学报(教育科学版),2017,35(2):33-42.
③ 张玉林.分级办学制度下的教育资源分配与城乡教育差距——关于教育机会均等问题的政治经济学探讨[J].中国农村观察,2003(1):10-22.
④ 余秀兰.关注质量与结果:我国教育公平的新追求[J].南京师大学报(社会科学版),2019(1):29-38.

教育内容的城市化偏向是学者们关注的影响农村学生教育获得的另一个重要因素。有学者认为,"教材城市化倾向"表现在教材内容选择、教材活动设计、教学设备需求、教师素质要求等方面,但归根结底是城乡教育资源分布不均衡的问题。[1] 农村教育的城市化取向不仅制造了城乡隔膜,让农村教育远离孩子们熟悉的生活和故事,[2]而且影响了学生的教育获得,受现行语文教材的城市化倾向影响,农村小学生对语文教材的适应性要明显弱于城市学生。[3] 笔者基于对中小学语文教材及十年高考语文试卷的分析发现,教育内容的城市化偏向一方面培养了农村孩子羡慕城市生活的情感,另一方面因为学校教育与农村孩子早期生活环境的异质性加强了他们在学校教育中的文化劣势,加上农村在师资与教育条件上的弱势,影响了农村孩子的学业成功。[4]

教育分流体制如重点学校制度、学轨制(职业教育和普通学术教育)对农村学生的学业获得也有重要影响。有学者认为,1949年至20世纪末社会上层子女垄断中国精英高等教育状况被打破、更多工农阶层享有精英高等教育机会,重点中学制度是其原因之一,重点中学对于工农子弟上大学具有一定积极作用,而且越是不发达地区,重点中学对于上精英大学越重要;中国中学广泛的住校制度与强化训练也有效地增强了学校教育的影响力而削弱了家庭背景对子女教育成功的影响。[5] 学者基于2009年的"首都大学生成长追踪调查"数据分析发现,虽然家庭背景和居住地对于获得优质高等教育资源的机会有直接影响,但是否重点高中以及是否获得高考特殊政策的照顾,对进入什么层

---

[1] 王世光."教材城市化倾向"刍议[J].教育发展研究,2007(6):40-43.
[2] 魏曼华.教育内容城市化:精英教育还是大众教育?[J].中国教师,2004(5):6-8.
[3] 金本能,王守恒.文化资本视角下农村小学生语文教材适应性探析[J].教育测量与评价(理论版),2008(3):25-28.
[4] 余秀兰.中国教育的城乡差异——一种文化再生产现象的分析[M].北京:教育科学出版社,2004.
[5] 梁晨,李中清,张浩,等.无声的革命:北京大学与苏州大学学生社会来源研究(1952—2002)[J].中国社会科学,2012(1):98-118.

次的大学作用更加明显,重点中学制度和考试制度在某种程度上可以削弱家庭背景的影响。[1]但能否上重点中学本身也受家庭背景影响,有学者基于全国综合社会调查(CGSS)2008年的数据分析发现,家庭社会经济地位越高的学生,越有可能进入重点学校,或更可能选择学术教育轨道而非职业教育轨道,前一阶段在重点学校就读对获得下一阶段重点学校教育机会有重要的影响,数据分析结果支持"有效维持不平等"理论。[2]此外,基于中国教育追踪调查(CEPS)2013—2014年数据分析发现,家庭文化资本的效应虽然受就读学校质量的影响,在越优质学校就读的学生,其文化资本的回报越高;但由于高阶层家庭的孩子更有可能进入优质学校,所以文化资本的效应是家庭和学校的双重文化再生产的过程。[3]另外有学者基于10个城市40所高中生的问卷调查也发现,城市和中高阶层家庭的学生更多地集中在重点中学,而农村和低阶层家庭的学生多在非重点中学;重点高中入学机会的获得已经成为学生家长经济资本和社会资本的较量,重点学校制度存在复制和扩大社会阶层差距的机制。[4]重点学校制度对于农村学生形成了"教育排斥",使农村学生面临过度选拔,在未进入高中阶段之前就已经被学校教育淘汰。[5]但也有研究认为,就读于重点中学的城乡子弟间升学机会的不平等并未在市场化后显著增大,重点中学制度不应为日益加剧的城乡高等教育机会不均等负责。[6]

---

[1] 吴晓刚.中国当代的高等教育、精英形成与社会分层:来自"首都大学生成长追踪调查"的初步发现[J].社会,2016,36(3):1-31.
[2] 吴愈晓.教育分流体制与中国的教育分层(1978—2008)[J].社会学研究,2013,28(4):179-202.
[3] 吴愈晓,黄超,黄苏雯.家庭、学校与文化的双重再生产:文化资本效应的异质性分析[J].社会发展研究,2017,4(3):1-27.
[4] 杨东平.高中阶段的社会分层和教育机会获得[J].清华大学教育研究,2005(3):52-59.
[5] 曹晶.教育社会分层功能的弱化——转型期农村教育的根本性危机[D].上海:华东师范大学,2007:81-88.
[6] 庞圣民.市场转型、教育分流与中国城乡高等教育机会不平等(1977—2008) 兼论重点中学制度是否应该为城乡高等教育机会不平等买单[J].社会,2016,36(5):155-174.

三、教育观念对农村学生教育获得的影响

在影响教育获得的因素中,有客观的经济资本,也有文化观念类因素。文化观念因素,在微观层面可以归属于一种家庭文化资本,在中观及宏观层面上表现为地区或国家的传统文化因素。本节专门对这一部分内容进行综述。

(一)教育观念对教育获得的影响

教育观念包括一系列关于教育的态度、想法、期望、意向、信念、价值观等。一个家庭、社区乃至国家的教育观都会影响人们的教育获得。

布迪厄认为,学术的选择是通过以阶级为基础的自我选择塑造的。主体希望和客观机会高度对应,父母与其他群体相关的教育经验及文化生活状况决定了孩子的抱负与期望,工人阶级子弟因为知晓缺少文化资本的人求学成功机会较少,因而并不期望高水平的教育成就,中上阶层子弟则把社会优越性内化于对于学术成功的期待,而教育期望最终影响了教育获得。所以,教育选择事实上是通过自我选择而发生,阶级差异通过希望与期待转化为不同的教育行为与成就。[1] 美国威斯康星学派把家庭的社会心理因素如教育期望看作家庭背景影响子女教育获得的重要中介因素,不同社会阶层的家庭具有不同的社会心理环境,并影响了孩子的教育期望和职业期望,进而影响到孩子的教育与地位获得。[2]

大量研究证实了家庭教育观念对教育获得的影响。父母教育期望被看作孩子教育获得的重要预测变量,父母教育期望除了直接通过他

---

[1] [美]戴维·斯沃茨.文化与权力:布尔迪厄的社会学[M].陶东风,译.上海:上海译文出版社,2006:226-227.

[2] SEWELL W H, HALLER A O, OHLENDORF G W. The Educational and Early Occupational Status Attainment Process: Replication and Revision[J]. American Sociological Review, 1970, 35(6): 1014-1027.

们为孩子确定理想目标和行为影响孩子的教育获得,还会通过父母的一些教育支持行为(如鼓励、教育参与)、差别性的强化措施(如奖励与期望一致性的行为,惩罚违背教育期望的行为),以及通过影响孩子自己的教育期望而间接影响孩子的教育获得。[1] 父母教育期望不仅影响孩子学业成绩,教育期望还在社会背景与学业成绩之间起中介作用,从而有助于家庭教育优势的传承。[2] 一项基于三代青年发展研究的数据分析表明,青年的学术自我概念(Academic self-concept,对于智力、阅读能力、学习能力的自我评价)、教育规划(如计划取得的最高教育水平)存在代际影响,这种代际影响不仅来自父辈而且也受到祖辈影响,强调学术自信和高教育期望的家庭文化是"家庭资本"的重要组成部分,它有助于教育获得并维持社会阶层的再生产。[3] 跨文化比较研究发现,父母对孩子的教育期望、基本育儿信念(如关于自主性发展、遵从性发展、监督控制重要性的看法)、对父母效能的看法等等,会影响孩子的学业表现,但不同族群间存在差异。[4]

社区文化与观念也会影响学生的学业获得。[5] 有研究表明社区环境与儿童的认知能力有强大的联系,这种联系可以跨越几代人,一个家

---

[1] SEGINER R. Parents' Educational Expectations and Children's Academic Achievements: A Literature Review [J]. Merrill-Palmer Quarterly, 1983, 29(1): 1-23.

[2] CAROLAN B V, WASSERMAN S J. Does Parenting Style Matter? Concerted Cultivation, Educational Expectations, and the Transmission of Educational Advantage[J]. Sociological Perspectives, 2015, 58(2): 168-186.

[3] MORTIMER J T, ZHANG L, WU C Y, et al. Familial Transmission of Educational Plans and the Academic Self-Concept: A Three-Generation Longitudinal Study[J]. Social Psychology Quarterly, 2017, 80(1): 85-107.

[4] OKAGAKI L, FRENSCH P A. Parenting and Children's School Achievement: A Multiethnic Perspective[J]. American Educational Research Journal, 1998, 35(1): 123-144.

[5] SHARKEY P, FABER J W. Where, When, Why, and for Whom Do Residential Contexts Matter? Moving Away from the Dichotomous Understanding of Neighborhood Effects[J]. Annual Review of Sociology, 2014, 40: 559-579.

庭连续两代人暴露在贫困社区中会显著降低儿童的认知能力。[1] 居住时间长短及居住的年龄会影响教育获得,年轻时(13岁前)搬到低贫困地区,会增加大学的入学率,童年时期生活在更好的社区环境中是决定孩子长期发展的重要因素。[2] 社区环境通过集体效能感、代际封闭、社会网络、无序感和暴力感等中间机制影响学生的教育获得,比如,一个社区如果对教育成就都抱有期望,并且愿意采取行动支持社区的共同期望及相关价值规范,那么青少年更可能会取得学业成功。无序感和暴力感可以影响青少年的未来定向,如果孩子们觉得他们生活在一个被污名化的社区,可能会限制他们对未来成功的期望,抑制他们的教育努力和表现。社区环境对不同社会阶层子弟教育获得的影响效果存在差异性,如劣势群体劣势社区环境的劣势积累效应、优势群体优势社区环境的优势积累效应、优势社区环境对劣势群体的补偿效应、劣势环境对优势群体的损害效应或优势均衡效应(advantage leveling)。[3]

正如布迪厄的观点,大量研究表明,教育观念存在社会阶层差异,因而教育观念不仅影响了教育获得,更是社会阶层背景影响教育获得的中介因素,从而使社会再生产得以维持。一些研究还表明,环境变迁会影响教育观念从而影响教育获得,如克拉克(Burton R. Clark)的研究发现,大学里的适应不良经历导致准备不足的学生降低期望,将目标

---

[1] ABER J L, JONES S M, BROWN J L, CHAUDRY N, SAMPLES F. Resolving Conflict Creatively: Evaluating the Developmental Effects of a School-Based Violence Prevention Program in Neighborhood and Classroom Context[J]. Development and Psychopathology,1998,10(2):187-213.

[2] CHETTY R, HENDREN N, KATZ L F. The Effects of Exposure to Better Neighborhoods on Children: New Evidence from the Moving to Opportunity Experiment[J]. American Economic Review, 2016,106(4):855-902.

[3] LEVY B L, OWENS A, SAMPSON R J. The Varying Effects of Neighborhood Disadvantage on College Graduation: Moderating and Mediating Mechanisms[J]. Sociology of Education,2019,92(3):269-292.

下调为更可能的结果,他称之为"冷却理论"(cooling-out hypothesis)。[①]与此相似,家庭的变故与冲击会降低家长和学生对教育的期望,而且中产阶级学生和家长对家庭经济冲击的预期比低社会经济地位学生和家长更为消极。[②] 但是也有学者认为,教育观念可以不受社会阶层限制,并有助于低社会阶层者取得学业成就。如有研究发现,身处贫穷状态的女性仍然坚信教育价值,不仅相信教育可以带来更好工作的工具价值,也相信教育的表达性(expressive)价值如维持奋斗者的身份、与周围不求上进者的区分,这种教育价值信念促使她们完成大学学业。这表明客观机会结构虽然很重要,但教育价值的主观建构很有意义。[③] 还有研究发现,美国的亚裔父母虽然面临歧视、语言等结构性障碍,但他们比美国白人有更高的教育期望,他们相信可以从教育中得到回报,将教育看作孩子向上流动的有效通道,对教育获得赋予很高的工具价值。[④]而且,这种与阶层地位不"匹配"的高期望也是亚裔美国人成绩更加优秀的重要原因。[⑤]

(二)影响我国农村学生教育获得的文化观念因素

文化观念因素影响学生的教育获得。有研究使用实验研究方法对天津市两所中小学学生家长的教育观念进行干预研究,结果发现实验班家长的教育观念显著提升,而且相比于对照班,实验班学生的问题行

---

① CLARK B R. The Cooling-out Function in Higher Education[J]. American Journal of Sociology, 1960, 65(6): 569 - 576.
② RENZULLI L, BARR A B. Adapting to Family Setbacks: Malleability of Students' and Parents' Educational Expectations[J]. Social Problems, 2017, 64(3): 351 - 372.
③ DETERDING N M. Instrumental and Expressive Education: College Planning in the Face of Poverty[J]. Sociology of Education, 2015, 88(4): 284 - 301.
④ GOYETTE K, XIE Y. Educational Expectations of Asian American Youths: Determinants and Ethnic Differences[J]. Sociology of Education, 1999, 72(1): 22 - 36.
⑤ HAO L X, BONSTEAD-BRUNS M. Parent-Child Differences in Educational Expectations and the Academic Achievement of Immigrant and Native Students[J]. Sociology of Education, 1998, 71(3): 175 - 198.

为显著下降,学习成绩显著提高。① 学者基于四川省调查数据的分析表明,家庭背景(经济压力)通过影响青少年的教育价值观(读书是否有用)影响其学业成就,而学生的积极逆境信念能够缓冲家庭经济压力对教育价值观的消极作用,进而减少对学业成就的不利影响,因而"读书无用论"的教育价值观是经济困难与学业成就的重要联结机制,而中国文化的逆境信念对经济困难青少年有保护作用。②

关于农村的实证研究也发现,教育观念显著影响学业成绩及教育获得。有学者基于2000年的甘肃20个县的入户调查数据分析发现,家庭、学校丰富的文化资本因素以及课堂环境有利于提高儿童教育期望、学业自信、学业努力程度和减少学校情感问题,并因而对儿童的学业成绩产生影响,所以提升农村贫困地区孩子的教育获得不仅要考虑经济因素,也需要通过改善文化资本及学校环境来达成。③ 基于对宁夏、甘肃、四川、广西等省区部分农村中小学2006年和2008年调查数据发现,父母期望和学生自我期望对其学业成绩产生显著的正向影响,而且父母教育期望对子女教育期望有显著的正向影响。④ 有学者基于安徽30所农村小学的调查数据分析认为,农村小学学生学业成绩存在显著的同伴效应,同班同学成绩及一起学习的同伴成绩显著影响个人的学业成绩,因而提升农村教育质量需充分发挥同伴效应的正向影响。⑤ 特别是随着农民经济水平的提高、教育的发展及国家对农村教育投入的增加,文化性因素成为当前城乡义务教育质量差距的主导变

---

① "家长教育观念更新的实验研究"课题组.促进家长教育观念转变的实验探索[J].教育研究,2002(4):67-73.
② 赵力燕,李董平,徐小燕,等.教育价值观和逆境信念在家庭经济压力与初中生学业成就之间的作用[J].心理发展与教育,2016,32(4):409-417.
③ 安雪慧.教育期望、社会资本与贫困地区教育发展[J].教育与经济,2005(4):31-35.
④ 胡咏梅,杨素红.学生学业成绩与教育期望关系研究——基于西部五省区农村小学的实证分析[J].天中学刊,2010,25(6):125-129.
⑤ 袁舟航,闵师,项诚.农村小学同伴效应对学习成绩的影响:近朱者赤乎?[J].教育与经济,2018(1):65-73.

量,在影响教育质量的因素中,无论是学校层面还是家庭层面,相比于经济性因素(如生均公用经费、家庭经济收入等),文化性因素(如教师文化程度、职业能力、家庭文化资本、家长教育期望等)的影响效应更大。①

一些关于农村青少年辍学问题的研究,把文化观念问题作为辍学的重要原因,认为农村学生辍学的深层原因是社会文化因素,放任子女辍学是农民的"理性选择"。② 有学者基于对河南农村的田野调查发现,从计划经济向社会主义市场经济转型的过程中,农民价值观发生变化,农民更加注重对现实个体利益的追求,更加重视经济利益和眼前利益,在孩子教育上表现出对学校教育的冷漠态度,对于外出打工的向往远超过对学校教育的追求,这些观念影响了教师教育和孩子学习的积极性,是农村学生过早辍学、通过教育向上流动功能弱化的重要原因。③ 新时期农村中学生辍学更多是一种自愿性辍学,辍学原因从"经济所迫"到"经济所惑",从"读书无用论"到"读书无望论",从"渴望学习"到"厌恶学习"。④ 有学者从期望价值理论出发,基于对农村辍学青少年的访谈分析认为,即使农村人认为读书对孩子来说非常有价值,但如果学生预估自己没法考上大学,或者家长认为孩子不是读书的料,那么坚持读书的可能性就会降低;如果认为能考上且是读书的料,但大学毕业找不到工作,也不会继续读书,所以期望脱嵌与价值失效是"读书无用论"形成的内在心理机制和农村青少年辍学的社会心理根源。⑤ 还有学者基于某"诈骗乡"的个案研究发现,社会文化中的"江湖"文化

---

① 宗晓华,杨素红,秦玉友.追求公平而有质量的教育:新时期城乡义务教育质量差距的影响因素与均衡策略[J].清华大学教育研究,2018,39(6):47-57.
② 张士菊.农村青少年辍学的非经济因素[J].青年研究,2003(1):36-38.
③ 曹晶.教育社会分层功能的弱化——转型期农村教育的根本性危机[D].上海:华东师范大学,2007:88-95.
④ 欧贤才,王凯.自愿性辍学:新时期农村初中教育的一个新问题[J].中国青年研究,2007(5):60-63.
⑤ 王水珍,刘成斌.农村青少年辍学的社会强化机制及其治理[J].中国青年研究,2015(8):55-61.

造成学校内部反学校文化膨胀,加上家庭文化的"读书无用"和"读书无望"心态,导致学生就学中的短期投机行为并引发辍学,且在不良社会文化下易参与集体投机诈骗行动,成为"失足青年"。[1] 辍学同伴文化影响也是引发农村青少年辍学行为的重要原因,有研究基于对陕西农村的调查研究发现,是否有辍学同伴及与辍学同伴交往情况显著影响辍学行为,师生关系也显著影响辍学行为,所以学生辍学在很大程度上是一种"冲动性选择机制"作用的结果,一方面紧张的师生关系给他们带来压力并产生推力,另一方面辍学同伴的价值观、态度等产生诱导和拉力。[2]

第二节　文化社会学及教育获得的文化解释

一、文化社会学的产生及观点

文化一直是社会学者关注的内容,但是在很长时期内,社会学者更多关注的是"社会""群体""结构"之类的较宏大的问题,文化常常是社会学理论研究的配角。直到20世纪60年代以后,文化才成为学术研究的关注焦点,这一转变被称为"社会学理论的文化转向"。从文化的社会学(the sociology of culture)转向文化社会学(cultural sociology),表明文化不仅仅是社会学的一个重要范畴,也是构建社会学理论的一个重要纬度。[3] 基于美国学者乔纳森·特纳(Jonathan H. Turner)、澳大利亚学者马尔科姆·沃特斯(Malcolm Waters)等对社会学理论的

---

[1] 陈先哲,全俊亘.从"失学少年"到"失足青年"的生成与治理——农村教育贫困的一种文化学解释[J].中国青年研究,2020(7):62-67.
[2] 闵文斌,常芳,王欢.非经济因素对农村初中生辍学的影响[J].教育与经济,2016(5):73-77.
[3] 文军.西方社会学理论:经典传统与当代转向[M].上海:上海人民出版社,2006:307-309.

梳理，以及国内周怡、司马云杰等学者关于文化社会学的分析，将文化社会学的产生、特征、意义解读如下。

（一）传统结构主义的式微：从结构到行动的转向

文化社会学的产生与传统的结构主义式微有关。结构是传统社会学的核心概念，正如丹尼尔·贝尔（Daniel Bell）在《资本主义文化矛盾》中所言，社会学作为专门学科是建立在下述假设基础上的："社会中的个人或群体之所以有不同行为，是因为他们在社会结构中属于不同阶级或占有不同地位。个人地位既然千差万别，也就会依据诸如年龄、性别、职业、宗教和城乡分布等明显的共同社会属性，在利益、态度和行为方面产生系统性差异。"[1]当然，理论家们用来说明结构的名称各不相同，结构定位于何处也有各种说法，有的说在无意识的心智中，有的说在物质关系中，有的说在神话或语言的符号关系中，[2]但都强调人的社会关系的模式化和相对超时的稳定性。[3]沃特斯认为，社会学家使用"社会结构"这一术语，是用以表达在直接感受到的经验之下潜藏的各种社会安排所体现出来的模式，其隐含的假设是：（1）可以把观察的现象当作一个指定的类型（如阶级、社会性别、价值担当）的一系列组成；（2）这些单位之间存在明确的关系；（3）单位间的关系结合在一起，显示出一种独特的模式，可以将这种模式理解成一个整体；（4）这一关系模式在时间上具有相对稳定性和持久性。[4]

早期社会学的社会结构概念依赖于生物学的移植，如孔德（Auguste Comte）、斯宾塞（Herbert Spencer）、迪尔凯姆（Emile Durkhem）等早期功能主义学者将社会比作生物有机体，社会的子系统相当于社会的器官，

---

[1] [美]丹尼尔·贝尔.资本主义文化矛盾[M].赵一凡,蒲隆,任晓晋,译.北京:生活·读书·新知三联书店,1989:83.
[2] [澳]马尔科姆·沃特斯.现代社会学理论[M].杨善华,等译.北京:华夏出版社,2000:13.
[3] [美]乔纳森·特纳.现代西方社会学理论[M].范伟达,等译.天津:天津人民出版社,1988:565.
[4] [澳]马尔科姆·沃特斯.现代社会学理论[M].杨善华,等译.北京:华夏出版社,2000:100.

第一章　从结构决定到文化能动的理论视角

共同促进社会整体功能的发挥。孔德认为可以借用生物学的概念与方法来分析社会,把社会当作由明确的社会器官组成的有机体,先是家庭,然后是阶级或社会等级,再有城市、公社等。① 迪尔凯姆的基本假设也延续了有机体论的观点,他把社会看作一个自身存在的整体,将系统的组成部分看作健全整体的基本功能、满足整体的基本需求的东西。② 结构功能主义代表人物帕森斯(Talcott Parsons)把社会看作由具有不同功能的子系统构成的总系统,包括有机体系统、文化系统、人格系统和社会系统4个子系统。个体行动被置身于各类社会系统,行动并非孤立、单向的,而是关系的、互动的,即行动不是随意的选择,必须符合某种共同的准则。所以帕森斯虽然早期强调人类行动的意志性和目标导向性,但他后来的结构功能论仍取社会结构控制论之倾向,属于社会决定论派。③

被称作唯灵论和还原论的结构主义者列维-斯特劳斯(Claude Levi-Strauss),强调语言分析,关注的是各种表层现象背后的心灵结构或深层结构,主张根据以人脑的生化结构为基础的普遍心智过程来了解文化和社会模式,认为社会结构不过是基本精神过程的表象。④ 法国著名结构主义代表人物阿尔都塞(Louis Pierre Althusser)认为,经济、政治和意识形态体系显露了各自结构,这些结构是深藏在各自的表层下并由各自的逻辑来运作,其中潜在的经济结构及其逻辑是最具决定性的,它限制着政治和意识形态结构,但是政治与意识形态也存在相对自主性。阿尔都塞特别强调作为意识形态的国家机器在维持统治中的作用,认为意识形态的国家机器更具控制力,因为它不仅被理解成惯

---

① [美]乔纳森·特纳.现代西方社会学理论[M].范伟达,等译.天津:天津人民出版社,1988:51.
② [美]乔纳森·特纳.现代西方社会学理论[M].范伟达,等译.天津:天津人民出版社,1988:57-58.
③ 周怡.解读社会:文化与结构的路径[M].北京:社会科学文献出版社,2004:10.
④ [美]乔纳森·特纳.社会学理论的结构(下册)[M].邱泽奇,等译.北京:华夏出版社,2001:155-158.

例、规则、习俗、传统和信仰等,而且能代替秩序的本质及人们在该秩序中的地位。在阿尔都塞的结构主义理论中,历史在本质上只是经济、政治及意识形态深层结构的重新打乱,个别行动者只是一种载体,主体在陷入"腐蚀人们实践和行动能力的更深层次的经济、政治和意识形态系统的逻辑之中"而消失。① 有学者认为,阿尔都塞通过将能动作用从解释图景中彻底清除,"解决"了行动问题,因而对日后的"主体之死"难脱其责。②

早期结构主义特别是结构决定论者认为,结构享有优于行动的本体性地位,结构不仅是真实存在的,而且具有决定作用,在结构面前主体和行动都消失了。③ 这种"硬"结构主义把社会现象理解成有序的关系系统,组成单位只能从它与其他单位的关系角度来理解,分析者的任务是揭示日常自觉意识背后隐藏的秘密实在,它包括一系列被指明规则或法则的恒定关系。④

吉登斯(Anthony Giddens)反对将行动者看作完全被动的个体,希望走出结构与行动的二元对立。其结构化理论强调结构的二重性(duality of structure),认为结构可以概念化为行动者在跨越空间和时间的互动情境中利用的资源和规则,正是使用这些资源和规则,行动者在空间和时间中维持和再生产了结构。吉登斯把结构看作能够供行动者在具体情境下所用的规则和资源,而不是施加于行动者身上的决定性尺度和外在约束。这种结构充满了转化性和灵活性,当行动者在社会系统中互动时,他们能再生产规则和资源,或者能够转化它们。这样,社会互动和社会结构因此而相互嵌套,结构化即一个双向过程,规则和资源在其中被用来形成互动,而在这种使用中这些规则和资源得

---

① [美]乔纳森·特纳.社会学理论的结构(下册)[M].邱泽奇,等译.北京:华夏出版社,2001:237-238.
② [澳]马尔科姆·沃特斯.现代社会学理论[M].杨善华,等译.北京:华夏出版社,2000:131.
③ [澳]马尔科姆·沃特斯.现代社会学理论[M].杨善华,等译.北京:华夏出版社,2000:13,102.
④ [澳]马尔科姆·沃特斯.现代社会学理论[M].杨善华,等译.北京:华夏出版社,2000:101.

到再生产或转化。①

吉登斯的结构化理论有建构主义特点,但其考察的焦点还是结构化,即通过行动构成结构,而行动又被结构性地构成的过程。另有一些学者更加关注行动,对行动的强调意味着,个体不是社会世界的产品甚或摆布的对象,而是创造其周边世界的主体。人类行动理论的主要特征是:(1)把人类看作具有理解力和创造性的主体,他们控制着影响其社会生活的条件。(2)人类赋予行为以意义,社会学的任务是去洞察和理解这种意义。(3)人类行动由动机推动。(4)组成社会世界的是人类的互动。(5)人类的互动中会产生出一些固定的模式,这种突生的模式构成了社会生活中理所当然的、大规模的安排。(6)强调对直接的日常的社会经验给出描述和说明,而不是理论上阐述持续的大规模的安排。② 这样,社会学的任务不是解释决定人们行为的外在力量是什么,而是领会社会行动和互动的意义。③

行动理论的奠基性主张可以追溯到韦伯。韦伯承认诸如阶级、政党、地位群体等社会结构的存在,但他认为这些结构是个体的社会行动的产物。他强调,人是自我编织的意义之网的动物,个体在其行动中赋予主观意义,社会学是一门致力于解释性地理解社会行动并因而对原因和结果作出因果说明的科学。行动的意义有两种:一是行动者在具体实践情境中实际赋予的;二是观察者设想的行动者的类型化意义(理想类型的意义)。实现解释性理解有两种方式:一种是对给定活动包括言词的表达的主观意义所作的直接观察理解;一种是说明性或解释性理解,以便解释行动者的动机。④ 韦伯主张确立一种特殊的社会学方

---

① [美]乔纳森·特纳.社会学理论的结构(下册)[M].邱泽奇,等译.北京:华夏出版社,2001:51.
② [澳]马尔科姆·沃特斯.现代社会学理论[M].杨善华,等译.北京:华夏出版社,2000:18.
③ [英]安东尼·吉登斯.社会学[M].赵旭东,等译.北京:北京大学出版社,2003:24.
④ [德]马克斯·韦伯.社会科学方法论[M].杨富斌,译.北京:华夏出版社,1998:35-56.

法论,强调解释性理解,以区分日常生活中观察和确立意义的方式。他认为在日常生活中,人们对行动的实际意义进行直接理解,只需要从实践角度考虑即可,但在社会学中,进行的是对理性行动的动机的解释性理解,要求在因果和意义两方面都必须是充分的。①

  微观互动论是专注于个体行动的代表性理论。符号互动论的奠基人米德(George Herbert Mead)认为,区别于动物的刺激—反应式的行为,人的行动是有目的的、富有意义的,个体间只有在各方不仅赋予自己的行为以意义,而且理解或寻求理解他人给出的意义时,才能发生真正的互动交流。② 人类是以符号为媒介进行互动的,人们生活在一个充满符号的世界中,语言、非语言手势等都是符号,人们依赖共享的符号和理解而互动,人类个体之间所有的交往本质上都是符号的交换。③ 布鲁姆(Herbert Blumer)继承米德解释主义的社会心理学观点,其代表的芝加哥学派认为,社会结构是通过行动者之间的彼此调适而建构起来的,社会结构是行动者所置于的情境定义中的客体之一,随着行动者的行动及情境定义的变化,社会结构也会相应变化从而要求他人重新调适。社会学研究必须深入个体的内心世界,探究人们如何建构行动路线。④

  后结构主义及后现代理论的兴起,彻底挑战了结构主义的思想,"20世纪80年代,这些结构主义的庞大体系开始在激进的后结构主义抨击下土崩瓦解"。⑤ 后现代理论家们拒斥所谓的世界观、元叙事、宏大叙事和整体性等一类东西,拒斥那种认为存在着一种单一的宏观视角或答案的看法。解构是后现代主义及后现代理论对待知识和理论的

---

① [澳]马尔科姆·沃特斯.现代社会学理论[M].杨善华,等译.北京:华夏出版社,2000:22-23.
② [澳]马尔科姆·沃特斯.现代社会学理论[M].杨善华,等译.北京:华夏出版社,2000:26.
③ [英]安东尼·吉登斯.社会学[M].赵旭东,等译.北京:北京大学出版社,2003:25.
④ [美]乔纳森·特纳.社会学理论的结构(下册)[M].邱泽奇,等译.北京:华夏出版社,2001:34.
⑤ [澳]马尔科姆·沃特斯.现代社会学理论[M].杨善华,等译.北京:华夏出版社,2000:131.

主要方法之一,如后结构主义代表人物德里达(Jacques Derrida),通过思考书写、痕迹等对结构主义进行解构,表明潜藏在符号背后的变化一直存在;通过对逻各斯(logos)中心主义的解构,表达其去中心化的思想;通过对语言与社会制度的解构,把语言还原为并未对主体形成限制的书写,社会制度也不过是书写而已,并没有能力限制人们。[1]

综上,我们可以看到结构主义发展及传统结构决定论的逐渐式微的过程。周怡在梳理结构主义的发展时,总结了三个走向:从结构功能主义到结构主义的发展,显示了从宏观到微观的研究趋势;也显示了从客观(结构决定)向主观(主体决定)的过渡;从结构功能主义到结构主义再到后结构主义,结构完成了从形构到解构的过程。结构概念本身也从可见到不可见,从实体性结构到关系性结构再到规范性结构,并最终走向结构的消亡。而在结构解释力式微时,文化的解释力开始上升。[2]

(二) 文化社会学的产生及意义

文化的定义有很多种,不同学科视角的定义也各不相同。司马云杰认为,"文化"一词的真正社会学意义是19世纪以来随着社会学、人类学的发展而被赋予的,如英国文化人类学家爱德华·泰勒(E. B. Tylor)在其1871年版的《原始文化》中将文化定义为一种复合体,包括知识、信任、艺术、道德、法律、风俗以及其余从社会习得的能力和习惯。后来又有学者对泰勒定义进行修正,将物质文化补充进了文化的内容。司马云杰自己将文化定义为"人类创造的不同形态的特质所构成的复合体",并把文化分为智能文化、物质文化、规范文化、精神文化。[3] 周怡将具有社会学意义的文化概念(除去纯属自然的及智能的物质文化)分为四类:(1) 主观意义的文化,由思想、情感、信仰和价值等组成,这

---

[1] [美]乔治·瑞泽尔.后现代社会理论[M].谢立中,等译.北京:华夏出版社,2003:12,170-172.
[2] 周怡.解读社会:文化与结构的路径[M].北京:社会科学文献出版社,2004:27-28.
[3] 司马云杰.文化社会学[M].北京:华夏出版社,2011:7-14.

是一种内在于心的主观结构；(2) 结构意义的文化，由行为模式、生活方式及某些关系结构组成；(3) 拟剧意义的文化，由一系列象征符号组成，文化作为社会结构的象征表达；(4) 制度意义的文化，由习俗、宗教、道德、政治和法律等组成，是外在的社会角色及其期望的制度化体系。[①]

司马云杰将文化社会学定义为"研究文化产生和发展的规律及其社会学性质与功能的一门科学"，他认为文化社会学作为一门学科出现，归功于德国的社会学家和美国的文化人类学家。德国的文化社会学主要研究人类精神文化现象，其文化社会学实质是一种历史哲学或文化哲学；美国的文化社会学建立在文化人类学发展的基础上，是研究原始族群文化生活的文化人类学转向研究现代社会生活而形成的学科。从发展历史看，司马云杰将文化社会学分为几个阶段：一是古典文化社会学时期，指19世纪中叶以后以实证主义哲学和进化论为理论基础的社会学研究，代表人物如孔德、斯宾塞；二是19世纪末20世纪初的文化社会学确立及发展期，分为德国的"文化圈"学派、英国的传播学派、美国的历史学派、法国的"社会学年鉴学派"及英国的功能主义学派，这时候思想更多元化，并出现了反实证主义—进化论的思潮；三是20世纪初到20世纪七八十年代，西方文化社会学从"批判"（如对实证主义进化论的批判及各学派之间的论争）走向新的综合，而且各种主观主义的非理性学派受到关注，如弗洛伊德主义、文化族群心理学派、符号互动论、存在主义、现象学、法兰克福学派等，但孔德及斯宾塞等人建立起来的传统社会学在20世纪50年代又得到新的发展，如列维-斯特劳斯与帕森斯的结构主义。而总起来说，这些理论学派大体可分为自然主义和主观主义的两种体系，自然主义包括从19世纪的实证主义—

[①] 周怡.解读社会：文化与结构的路径[M].北京：社会科学文献出版社，2004：52-60.

进化论到 20 世纪的各种新实证主义,主观主义包括分析心理学、存在主义、现象学、法兰克福学派等。①

周怡认为,尽管"文化社会学"这个名称从 20 世纪 60 年代以来就伴随文化研究而流行,但其含义并未被清楚表达,共识的看法是文化社会学是一个关于整体社会生活、社会现象的研究,而不是关于文化现象的单一研究。②她将 20 世纪初看作文化社会学的缘起,并认为促成文化社会学的有三大学科动力。(1) 20—40 年代人类学的"文化与人格"研究,人类学在其演进中借鉴社会学概念和方法,对人格和社会行为的跨文化比较研究。英国的人类学代表人物如布朗(Alfred Radcliffe-Brown)和马凌诺斯基(Bronislaw Kaspar Malinowski),两者观点虽有不同,但都是功能主义,注重文化现象的结构分析,并强调社会结构的决定作用。③如马凌诺斯基在其《文化论》中对文化的定义是:"文化是指那一群传统的器物、货品、技术、思想、习惯及价值而言的,这概念实包容着及调节着一切社会科学。"他认为人类生存的维持有赖于文化的维持,文化根本是一种"手段性的现实",文化的功能是为满足人类的需要而存在,文化在满足人类需要的过程中创造了新的需要。④ (2) 50—60 年代文化研究理论,用文化视角分析阶级、性别、种族等社会学关注的社会现象的本质问题,经典的如葛兰西(Gramsci Antonio)的文化霸权理论、汤普森(Edward Palmer Thompson)关于工人阶级亚文化理论、刘易斯(Oscar Lewis)等关于贫困文化的理论。⑤如汤普森不把阶级看成一种"结构",而从文化的角度来分析,注重阶级意识与觉悟,认为"当一批人从共同的经历中得出结论(不管这种经历

---

① 司马云杰.文化社会学[M].北京:华夏出版社,2011:16-105.
② 周怡.解读社会:文化与结构的路径[M].北京:社会科学文献出版社,2004:102.
③ 周怡.解读社会:文化与结构的路径[M].北京:社会科学文献出版社,2004:33-36.
④ [英]马凌诺斯基.文化论[M].费孝通,译.北京:华夏出版社,2001:2,99-100.
⑤ 周怡.解读社会:文化与结构的路径[M].北京:社会科学文献出版社,2004:40-46.

是从前辈那里得来还是亲身体验),感到并明确说出他们之间有共同利益,他们的利益与其他人不同(而且常常对立)时,阶级就产生了"。"阶级觉悟是把阶级经历用文化的方式加以处理,它体现在传统习惯、价值体系、思想观念和组织形式中"。① (3) 70—80年代社会学对文化现象的强烈关注,"社会学面对结构无法解释的难题转向文化解释寻求知识与灵感"。② 韦伯、迪尔凯姆等早期社会学者都曾关注文化现象,例如韦伯将文化看作社会分层的重要因素,提出财富、权力、声望三位一体的社会分层理论,并持建构主义立场,认为文化系统有独立于其他发展的演变逻辑,且把经济结构看成人类观念的结果,③强调行动的主观意义,把社会学定义为"一门致力于解释性地理解社会行动并因而对原因和结果作出因果说明的科学"④。后续的许多社会学家也都高度关注文化现象,如布迪厄从文化的角度解释社会分层,并把文化资本化,从文化再生产角度解释社会再生产。而一些新韦伯主义者、后现代主义则强调文化的独立性和多元性。

文化社会学产生于多领域学者对文化的关注,并从早期的关于文化的社会学(the sociology of culture)转向文化社会学(cultural sociology)。如果从广义上将这两者都称为文化社会学,前者是一种弱文化范式,后者是一种强文化范式。作为强文化范式的文化社会学,强调文化的独立自主性,主张从文化分析着手研究社会现象,或以文化为中心概念来构建社会学理论。⑤

文化社会学不仅从内容上丰富了传统社会学,改变了文化作为配角的地位,更打破了主流社会学的研究范式。文军认为社会学文化转

---

① [英]E·P·汤普森.英国工人阶级的形成[M].钱乘旦,等译.南京:译林出版社,2001:作者前言1-2.
② 周怡.解读社会:文化与结构的路径[M].北京:社会科学文献出版社,2004:34.
③ [澳]马尔科姆·沃特斯.现代社会学理论[M].杨善华,等译.北京:华夏出版社,2000:187.
④ [德]马克斯·韦伯.社会科学方法论[M].杨富斌,译.北京:华夏出版社,1998:35.
⑤ 周怡.强范式与弱范式:文化社会学的双视角——解读J·C·亚历山大的文化观[J].社会学研究,2008(6):194-213.

向的方法论特征主要表现在三个方面:(1)人文主义研究范式,不再像自然科学那样强调探究社会规律,而是强调理解、解释、沟通,如韦伯、格尔茨(Clifford Geertz)都强调对行为的理解。格尔茨根据韦伯的"人是悬在由他自己所编织的意义之网中的动物"观点,提出"文化就是这样一些由人自己编织的意义之网","对文化的分析不是一种寻求规律的实验科学,而是一种探求意义的解释科学。我所追求的是析解(explication),即分析解释表面上神秘莫测的社会表达"。①（2）批判主义研究范式,强调对社会文化现象进行批判,重在寻找资本主义文化与制度结构间的关系,从而解构制度对文化的束缚,如法兰克福学派的文化批判理论,把研究从单纯的文化领域扩展到社会生活领域。(3)多元范式的整合运用,有意打破学科界限,从不同学科中汲取学术语言,是一种跨学科的、多元的研究范式。②

（三）文化社会学启示:以文化撬动结构

如前文所示,早期社会学者如韦伯、迪尔凯姆、帕森斯等就很关注文化。但不同时期不同学派对于文化的认识是不同的,对于文化与结构、行动关系的理解也迥异。

在早期功能主义那里,文化被视为关于某个社会的意义、价值、风俗、规范、观念与符号的总体,③文化是用来维持系统的需求的,文化与其他系统共同构成对个体行动的制约,行动者是消极的观念接受者。如迪尔凯姆认为一个社会的道德、风俗、法律、宗教、信仰等规定了社会成员的行为义务,这些义务存在于个体之外,规定了一个人能做什么。同样,用于表达思维的语言符号、用于结算债务的货币系统、用于商业往来的信贷手段以及从事职业活动的规范,尽管都是人们约定俗成的,

---

① [美]克利福德·格尔茨.文化的解释[M].韩莉,译.南京:译林出版社,2008:5.
② 文军.西方社会学理论:经典传统与当代转向[M].上海:上海人民出版社,2006:317-318.
③ [澳]马尔科姆·沃特斯.现代社会学理论[M].杨善华,等译.北京:华夏出版社,2000:184.

但其功能发挥并不受成员个体的影响。①

其他早期从文化角度强调结构对行动制约作用的代表人物还有如弗洛伊德(Sigmund Freud)和列维-斯特劳斯等。弗洛伊德的思想可被称为心智结构论,他认为无意识心智对知觉和行为有影响,人类行为之所以有共通的特征,是源自人类心智的共同结构。② 列维-斯特劳斯沿袭弗洛伊德的思想,强调人性的恒定不变,认为心智的无意识活动给内容强行规定了形式,这些形式从根本上说对所有社会都是相同的,所以只要理解隐藏在特定制度与风俗之下的无意识结构,就能理解所有社会的制度与风俗。③

在一些批判结构主义看来,组成文化的主要是观念,它是一个无处不在、整合一体的整体,具有一种意识形态功能。意识形态由文化专家创造,创造出的意识形态同阶级与权力有特殊关系,"文化是一种附生现象,可以化约为资本主义的阶级结构和国家结构"。这种文化/意识形态"劝说或约束人们去接受那些与自然利益或阶级利益根本对立的处境",并使权力不平等合法化。在此过程中,行动者尤其是工人阶级的行动者,被"贬抑成傀儡",居于臣属地位。这样,文化"凌驾于行动而居于支配地位",文化充当社会结构再生产的载体,只要行动者仅从支配性文化中获得观念,社会结构就不可能改变。如葛兰西提出文化霸权概念,即凭借纯粹的文化手段对社会思想进行控制,使国家统治的合法化得以实现。④

布迪厄的文化资本及文化再生产理论采取了某种程度的折中。布迪厄一方面认为文化外在于行动者,有决定行动的结构性限制作用,是

---

① [英]安东尼·吉登斯.社会学[M].赵旭东,等译.北京:北京大学出版社,2003:846.
② [澳]马尔科姆·沃特斯.现代社会学理论[M].杨善华,等译.北京:华夏出版社,2000:103.
③ [澳]马尔科姆·沃特斯.现代社会学理论[M].杨善华,等译.北京:华夏出版社,2000:106.
④ [澳]马尔科姆·沃特斯.现代社会学理论[M].杨善华,等译.北京:华夏出版社,2000:185-186,194.

文化结构主义；另一方面又承认文化是人类个体行动的集体产物，是一种建构性结构主义。布迪厄所指的文化是一种可以生产、消费、积累、传播、继承、交易、出售、转换的客体，他将文化资本化了，人们在场域中对文化资本的争夺影响了其社会地位。文化是分层的，具有区隔社会阶层的功能，支配阶级拥有高雅文化并通过教育确保了其文化的再生产，而支配阶级通过文化再生产也确保了地位再生产。布迪厄希望超越主观与客观、宏观与微观的二元对立，把行动的微观方面与宏观方面、唯意志论方面与决定论方面进行综合，构想了一种关于实践的结构理论，把行为与文化、结构、权力联系起来。[1] 一方面，他批评互动论过分强调行动者自身的理由和意义，忽视行动者有一个客观阶级基础所决定的利益；另一方面，批评结构主义忽略了情境的非决定性与行动者的实践本性。人们不是在一般情境下机械的规则服从者与扮演角色的机器人，行动者是"即席演奏家"，他们用"实践意识"来适应客观限制所导致的"结构性强制"下的情境偶发性。[2] "惯习"一词是布迪厄实践理论的核心概念，它指的是一套性情倾向系统，它在实践中获得并不断地发挥实践性作用，是一种社会化了的主体性。布迪厄认为，惯习概念可以同时避开解释行动的主观主义和客观主义倾向，解释了"社会行动者既不是由外部起因决定的物质的粒子，也不是执行一种完全理性的内部行动计划的、只受内部原因引导的单子。社会行动者是历史的产物，是整个社会场的历史的产物，是特别的次场内某条通道中积累的体验的历史的产物"。[3] 但是，惯习是对客观机会的无意识内化的结果，特别是在儿童的早期阶段，这种机会对相同阶层地位的人来说是相似的，

---

[1] [美]戴维·斯沃茨.文化与权力——布尔迪厄的社会学[M].陶东风，译.上海：上海译文出版社，2006：10.

[2] [美]乔纳森·特纳.社会学理论的结构（下册）[M].邱泽奇，等译.北京：华夏出版社，2001：188-197.

[3] [法]布尔迪厄.文化资本与社会炼金术——布尔迪厄访谈录[M].包亚明，译.上海：上海人民出版社，1997：183.

所以惯习类似阶级亚文化概念,是一种"深层的结构性的文化母体",它使不同的阶层的人对于可能与不可能的现实机会进行内化,并进而影响行为。而且,惯习是抵制变化的,在遭遇新情境时虽有适应过程,但这个过程非常缓慢、倾向于完善而不是改变最初倾向。这样,按照"地位—惯习—行为/生活方式"的逻辑,惯习成了"被结构的结构",它促使行为产生,本身又成了一种"具有结构能力的结构"。[①] 所以,虽然布迪厄希望超越二元对立,但从文化区隔、精英阶层支配文化再生产并导致社会再生产、惯习的结构性特点等观点来看,布迪厄的文化具有较强的结构限制作用,有人评论:"当布迪厄力图归类出各种阶级、阶级元素和阶级元素中不同社会出身的个人的分化如何生产出思维、言语的体系、区别的符号、神话的形式、欣赏的模式、品位和生活方式的范畴时,他常常有陷入一个更深的结构主义模式的风险。"[②]布迪厄自己也说:"考虑到性情本身是由社会性决定的,人们可以说我在某种程度上过于强调决定论了。"[③]

以上观点多将文化作为一套统一的或连贯整合的特定理念,它支配或规范着人的思维与行动,文化具有维持社会稳定或再生产社会结构的功能,"它告诉人们,什么是可能的,什么是正确的,他们在社会图式中又处于什么位置;就此,文化把社会的塑形世世代代传递下去"。[④]

新韦伯主义及后结构主义、后现代主义等新思想挑战了以上观点,他们更加突出文化的主动性与多元性,强调文化突破结构的特征。(1) 文化更加多元化。全社会不再只有单一统整的文化,支配性意识

[①] [美]戴维·斯沃茨.文化与权力——布尔迪厄的社会学[M].陶东风,译.上海:上海译文出版社,2006:116-125.
[②] [美]乔纳森·特纳.社会学理论的结构(下册)[M].邱泽奇,等译.北京:华夏出版社,2001:194.
[③] [法]布迪厄.文化资本与社会炼金术——布尔迪厄访谈录[M].包亚明,译.上海:上海人民出版社,1997:183.
[④] [澳]马尔科姆·沃特斯.现代社会学理论[M].杨善华,等译.北京:华夏出版社,2000:214.

形态遭到削弱,不再需要服从一套单一标准,社会中具有许多彼此分化、不相整合或非支配性文化,文化混沌无序,每个个体都有自身的偏好。(2)文化不再与阶层地位相对应。如丹尼尔·贝尔所言,社会地位与文化气质间的相应关系已不再成立,随意性(discretionary)社会行为的范围增加,个人成长与经历中的特殊方面如性格、同辈交往等比既定的社会属性更为重要。① (3)文化的自主性增强。他们反对把文化化约为社会结构,寻求"把韦伯的文化观念从结构主义的束缚中解放出来",把"文化从社会当中挣脱出来",强调文化以一种独立自主的形式作用于人们的生活。② 如文化的强范式理论的代表人物亚历山大(Jeffrey Alexander)反对将文化还原为阶级、权力和利益表达的观点,反对只将文化作为一个被解释项,强调文化在社会学解释中的地位。斯威德勒(Ann Swidler)提出文化工具箱理论,认为文化对行动的影响并不在于为行动提供了一个终极价值,而在于塑造人们用以建构"行动策略"的一个包含习惯、技巧和风格的全部技能或工具箱。在不稳定社会,明确的意识形态直接支配行动;但在稳定社会,文化只是通过为人们建构多种行为提供资源而影响行动。人是问题的积极解决者,不是被文化支配的消极接受者。③

综上,从早期的(结构)功能主义到批判结构主义再到后现代后结构主义,文化与结构、行动的关系发生了变化。在早期的(结构)功能主义那里,文化与社会其他系统共同构成结构,对个体行动具有规范作用;批判结构主义将文化分层,支配阶层的文化代表支配阶层的利益并有文化霸权的意识形态作用,限制着个体行动;新韦伯主义及后现代后

---

① [美]丹尼尔·贝尔.资本主义文化矛盾[M].赵一凡,蒲隆,任晓晋,译.北京:生活·读书·新知三联书店,1989:84.
② [澳]马尔科姆·沃特斯.现代社会学理论[M].杨善华,等译.北京:华夏出版社,2000:214-226.
③ SWIDLER A. Culture in Action: Symbols and Strategies[J]. American Sociological Review, 1986, 51(2): 273-286.

结构主义将文化从社会阶层、社会技术体系等结构中脱离,强调文化的独立性、多元性,文化为个体行动提供多种选择的可能,促成个体的行动选择,而不再作为结构性因素约束与控制行为者。

文化社会学给本研究提供的启示是:需要重视文化的作用,文化固然可能受到社会阶层地位等结构性因素影响,但也有其相对独立性并能促成个体的行动,因而文化可能成为突破阶层结构的能动因素。

二、教育获得的结构解释与文化解释

(一)结构、文化与行动

结构、文化、行动是社会学的核心概念,不同学者对于这些概念的界定、对于其间的关系及孰重孰轻的判断,也各不相同。基于上文的陈述,再将这些概念间的关系梳理如下。

结构与文化。结构的内容既有物质的形式,也有无意识心智、意识形态、符号关系等文化的形式。周怡教授将结构概括为三种:实体结构、关系结构和规范结构,[①]人群集合体的形式如国家、社区、家庭、阶层、性别群体等,是一种实体有形的结构,也是社会学研究最常关注的结构。社会中的人都处于一定的社会关系中,所以有关系结构,如迪尔凯姆所说的机械团结与有机团结,费孝通所说的差序格局,反映的都是关系结构。规范结构的内容则表现为文化形式如价值观、社会规范,帕森斯的文化系统、迪尔凯姆的集体共识、葛兰西的文化霸权,都可归于规范形式的结构。这样,在规范结构这一概念中,结构与文化有了交叉。另一方面如前文所述,从社会学视角看,文化包含了由思想、价值等组成的主观意义的文化、由行为模式及关系结构等组成的结构意义

[①] 周怡.解读社会:文化与结构的路径[M].北京:社会科学文献出版社,2004:127.

第一章　从结构决定到文化能动的理论视角

文化、由象征符号组成的拟剧意义的文化以及由习俗、道德、法律等组成的制度意义的文化,这里文化概念中也有结构之意。所以,结构与文化有时相互嵌套,但为了研究的方便,一些学者也作了区分,如周怡更侧重于把结构看成实体结构和关系结构,而把规范结构看作文化。她认为,文化与结构如同人群的两面镜像,文化构成群体的信仰、意识体系、规范及生活方式,社会结构强调群体的构成要素、人群的集合及彼此间关系等。[1]

结构与行动。社会学关于结论与行动的观点大体有三类,一是结构决定论,社会的结构决定着个体的行动。对此,吉登斯有过比喻和批评:想象有一个人置身于有几个门的房间,房间的结构限制其可能的活动范围,如房间和门的位置限定了进出的路线。他认为迪尔凯姆的观点与此类似,社会结构以类似的方式限制着个体的行动。他认同迪尔凯姆某些观点是有效的,如社会制度优先于任何特定个体的存在,但不认同结构完全决定个体,人可以选择而不是被动反应。[2] 第二种观点强调个体行动,持建构主义观点,认为结构是人类创造与建构的,是人类行动的结果。如休厄尔(William H. Sewell Jr)认为,结构是动态的,而不是静态的,它是社会互动过程中不断演变的结果和矩阵。[3] 前文提到的符号互动论代表人物布鲁姆也认为,人类行动者不是被社会和心理力量所拉动或推动的,他们是其所反映世界的积极创造者。他强调互动的创造性、构成性和可变性本质,不是预先存在的社会、心理、文化结构对行为进行制约,而是社会、心理、文化结构可以因人的定义和行为的转变而被替换和变更。[4] 第三种观点认为结构与行动互为作

---

[1] 周怡.解读社会:文化与结构的路径[M].北京:社会科学文献出版社,2004:127,134.
[2] [英]安东尼·吉登斯.社会学[M].赵旭东,等译.北京:北京大学出版社,2003:846-847.
[3] Jr, SEWELL W H. A Theory of Structure: Duality Agency and Transformation[J]. American Journal of Sociology, 1992, 98(1): 1-29.
[4] [美]乔纳森·特纳.社会学理论的结构(下册)[M].邱泽奇,等译.北京:华夏出版社,2001:25-26.

用,吉登斯的结构二重性理论或结构化理论是代表,他认为需要将结构与行动联系起来,所有社会行动都假定有结构的存在,但结构也假定行动的存在。结构提供了行动的资源与规则,为行动提供可能,但社会结构并非固定不变的给定事实,行动者能够积极作用于与反作用于社会结构,并且依凭结构的规则与资源而指导的行动又能创造结构,即行动被结构性地构成同时又通过行动构成结构,结构具有制约人类行动和促成人类行动的双重能力。①

文化与行动。因为文化本身可以就是一种结构,所以文化和行动的关系与结构和行动的关系有相似性。阿切尔(Margaret S. Archer)认为文化具有相对自主性,文化与结构相互独立,平起平坐。文化与主体行动的关系应该在社会理论中具有类似结构分析同样的地位,除了社会结构与主体行动之间的矛盾外,已有的思想体系制约与个体创造性之间的矛盾是日常生活中经常碰到的另一对矛盾。② 文化与行动间存在三种关系:第一种,文化形成结构力量,规范或决定行动。在功能主义那里,文化是结构的一个部分,规范个体的行动。如帕森斯认为,所有行动都有一个规范的尺度,没有不遵从规范的社会行动,社会秩序的建立取决于社会行动者的规范化即文化取向。批判结构主义的文化霸权思想也是文化制约行动,支配阶层的意识形态决定了人们的行动。第二种,文化有一定的自主性和建构性,所以受文化影响的行动也有相对自主性,但仍然受其他结构影响,吉登斯与布迪厄的思想可以归于此类。如布迪厄批评结构主义忽视了情境的决定性及行动的实践性,认为行动者并非完全地被操纵者,而是可以通过实践意识来适应情境。惯习就是这样一种实践意识,作为一种持久的性情系统,是人们进行感知、思考、行动的倾向,它是在日积月累的生活实践中建构生成的,但又

---

① [英]安东尼·吉登斯.社会学[M].赵旭东,等译.北京:北京大学出版社,2003:847-848.
② 郑雪英.领导经典浓缩书9:社会学卷[M].北京:北京图书馆出版社,2000:866-873.

受早期经验和社会阶层结构的影响,是一种主观性的社会结构。所以受文化影响的行动不能挑战社会阶层结构,其结果只能是文化再生产和社会再生产。第三种,文化呈现独立性、自主性、多元化等特征,文化不再与社会阶层结构呈现一致性,社会行为的随意性增加,因而由文化引导的行动有突破阶层结构限制的可能。如美国学者金斯顿(Paul W. Kingston)认为美国的文化资本不具有布迪厄所称的阶层区隔性与排他性,[①]迪马乔的文化流动理论认为文化可以促进社会流动,斯威德勒的文化工具箱理论则认为文化只是提供行动的策略工具,人是积极的行动者,并不消极被动地被文化决定。

(二)教育获得的结构解释

关于教育获得的结构取向的解释,强调的是社会结构力量对教育获得的决定性影响。结构可以指微观家庭背景中的经济资本、社会资本、文化资本等因素,也可以指地区的经济、文化、制度等因素。典型的观点指社会阶层、种族、性别、地域等对教育获得有决定性的影响,如科尔曼的调查报告显示,影响学生学业成绩的最重要因素是学生的家庭背景;鲍尔斯(Samuel Bowles)的"符应理论"表明,教育中的社会关系与生产中的社会关系是对应的,不平等的学校教育能再现社会分工,那些职业等级较高者的子女比低阶层子女受到的教育年限更长,他们所接受教育的数量与内容都使他们极容易担负起与其父母相似的职务;[②]一些跨国、跨地区的比较研究则表明区域的经济、制度及文化因素对学生的教育获得有重要影响,我国关于区域影响的研究较多体现

---

① KINGSTON P W. The Unfulfilled Promise of Cultural Capital Theory[J]. Sociology of Education, 2002,74(Extra Issue):88-99.
② [美]塞缪尔·鲍尔斯.不平等的教育与社会分工的再生产[M]//张人杰.国外教育社会学基本文选.上海:华东师范大学出版社,1989:218-240.

在城乡差距方面。依据李煜[①]、刘精明[②]等学者的分类,可以将结构的影响途径或机制具体分为以下几种。

制度及政策干预。国家或地区制度及政策干预影响了学生的教育获得。如有学者关于匈牙利1923—1973年教育公平变化的研究就发现,社会主义国家的一些教育干预政策有助于增加弱势群体的教育机会。[③] 新中国成立后,政府采取一系列有利于工农大众的教育政策,大大提升了工农受教育机会。据统计,工农在普通高等学校本专科中的比例1952年只有20.5%,1958年增长至48%;工农在中等技术学校及中等师范学校的比例分别由1950年的37.2%、58.6%增加到1958年的77.3%、76.2%。[④] 此外,1978年之后的效率优先政策及20世纪90年代后对教育公平的关注,都影响了我国农村学生的教育获得。制度及政策干预既可以通过提高地区经济与福利水平而间接影响当地学生的教育获得,也可通过资源配置、政策扶持等方式直接影响教育机会(如重点学校建设、教育分流制度、招生优惠政策等)。

资源转化或结构授予。家庭将其资源转化为孩子的受教育机会,即优势家庭通过经济条件、权力资源、社会资本等,直接为孩子获取优质的教育机会,如通过权力资源、社会资本获得名校的入学机会,或者通过购买学区房、交"赞助费"进入名校。这种家庭资源通常是家庭社会经济地位而带来的(结构授予),且通过直接配置资源或改变机会结构而产生不平等,属于一种纯粹结构效应,刘精明称这种资源是外依性资源,具有清晰的边界和严格的排他性,并易受外部结构变动的影响。

---

① 李煜.制度变迁与教育不平等的产生机制——中国城市子女的教育获得(1966—2003)[J].中国社会科学,2006(4):97-109.
② 刘精明.中国基础教育领域中的机会不平等及其变化[J].中国社会科学,2008(5):101-116.
③ SIMKUS A, ANDORKA R. Inequalities in Educational Attainment in Hungary, 1923—1973[J]. American Sociological Review, 1982, 47(6): 740-751.
④ 刘英杰.中国教育大事典(1949—1990)[M].杭州:浙江教育出版社,1993:10.

李煜认为这种资源转化中存在两种排斥机制,一种是直接排斥,即高阶层家庭利用资源优势以减少竞争甚至垄断教育机会,从而将部分竞争者排斥在竞争之外;另一种是隐性排斥,即低阶层因为对教育风险承担能力较差或对教育预期收益评估低而过早退出竞争。

资源内化或文化再生产。家庭将其资源转化为孩子的学业成绩,如通过教育期望、家庭氛围、教育态度、家庭辅导、校外辅导与培训等方式,提高孩子学业成绩。这种情况下,孩子不是直接接受家庭提供的额外教育机会,而是将家庭资源内化转化成学业成绩。这种视角的解释与下文"文化解释的结构制约视角"有交叉或重复,强调结构通过文化而起制约的作用。李煜认为,与前两种模式(制度及政策干预、资源转化)违背绩效原则不同,资源内化(文化再生产)遵循的是绩效原则。刘精明把这种资源称为内依性资源(含家庭结构及文化资本),它们通过潜移默化的方式作用于孩子的成绩与能力,表现出更强的持续性和稳定性。以布迪厄的观点,这种通过文化再生产而达到地位再生产的方式,也更具隐蔽性和合法化。

(三)教育获得的文化解释

文化解释注重影响教育获得的非经济因素,区分于结构资源的直接授予,一般指的是通过观念、态度、期望等文化因素来影响学生的学业成绩及教育获得。在此过程中,文化或作为结构制约因素或作为主体能动因素,其结果可能是一种从文化再生产到社会再生产的过程,也可能是文化流动乃至打破社会再生产的过程。

1. 文化解释的结构制约视角

文化作为一种结构制约因素,导致文化再生产和社会再生产,这即上述结构解释的第三种。布迪厄是这种观点的代表,他认为文化具有阶层区隔性,学校教育通过符号暴力传输支配阶层文化,上层家庭的文化因而成了一种想当然的文化资本,致使支配阶层家庭的孩子更易取得学业成功,并通过文化再生产达到社会再生产。英国学者伯恩斯坦(Basil Bernstein)关于语言研究的结论与此类似,他认为中上阶层的家庭使用的语言是一种精密型编码,劳工家庭的语言是局限型编码,而学校教育使用的是精密型编码,这就导致了不同阶层间学生的学习成绩差异。① 美国学者拉鲁(Annette Lareau)认为,每个个体都在一定的社会结构中开展自己的生活,阶级地位塑造着家庭教育的逻辑策略,同时也塑造了符合这些策略的价值观。她将布迪厄的理论运用于美国,提出中上阶层与下层阶级家庭的两种不同教养方式:协作培养(concerted cultivation)和自然成长(accomplishment of natural growth),两种方式虽各有长短,但社会及学校却更认同协作培养,这不仅影响了孩子的学业成就也导致两种社会适应结果:中上阶层的孩子的优越感和下层阶级的局促感。②

2. 文化解释的主体能动视角

文化作为一种能动因素,能够打破阶层再生产。迪马乔的文化流动模型认为,虽然文化资本受家庭背景影响,但不是优势阶层的特定资源,它可以有助于任何阶层背景的人取得学业成就,其研究还表明,文化资本对来自低教育水平家庭的孩子的学业成绩的影响更为显著。美国另一学者金斯顿也认为美国社会中没有明显的阶级意识和阶级文化,文化资本没有阶层区隔,对所有阶层的人都同样有价值。一些研究还表明,低社会阶层可以拥有高的教育期望、积极的教育态度,如美国学者弗莱对马拉维的研究发现,马拉维的低社会经济地位者对未来仍有高的教育期望,政府所宣扬的主流价值观超越了孩子所处的不利情境,"想象的未来"(imagined future)让他们感受到通过教育向上流动

---

① [英]巴兹尔·伯恩斯坦.社会阶级、语言与社会化[M]//张人杰.国外教育社会学基本文选.上海:华东师范大学出版社,1989:399-420.
② [美]安妮特·拉鲁.不平等的童年[M].张旭,译.北京:北京大学出版社,2010:1-32.

的希望,激发他们建立积极的未来身份。[1] 关于美国亚洲移民的研究也表明,亚裔美国人的教育行为与教育态度比白人更少受家庭社会经济地位影响,这种差异有助于解释亚裔学生为什么学习优秀,而且这种情况尤其在低家庭社会经济地位情况下更明显。[2] 我国学者更基于我国重视教育的文化传统与现实,提出底层文化资本概念,用以解释弱势家庭通过底层文化资本取得学业成功和社会流动的现实。

本章小结　理解农村学生教育获得的文化能动视角

1. 已有相关研究简评及本研究的任务

关于我国农民的教育观念研究,学者们较多地运用思辨方式阐述了农村教育观念的整体变迁趋势,如从工具论到本体论、从功利性到教育性、从崇尚教育到重视教育再到教育价值多元化、从依附城市到关注农村,并在农村教育应该是"离农"还是"为农"等价值取向上进行了讨论。此外,一些学者对农民教育观念特征进行了实证调查,得出农民教育观工具性强、追求实用、存在地区差异等结论,并就是否存在"读书无用论"等问题进行了讨论。

关于教育获得的研究是教育社会学的经典论题,大量研究分别从微观家庭资本传递及宏观社会制度/政策视角进行了丰富的探讨。其中,文化因素对教育获得的影响受到以布迪厄为代表的众多学者的关注。关于我国农村学生教育获得的研究也是教育学和社会学领域关注的重点话题,学者们基于微观与宏观视角进行了大量的研究,而其中关

---

[1] FRYE M. Bright Futures in Malawi's New Dawn: Educational Aspiration as Assertions of Identity[J]. The American Journal of Sociology, 2021,117(6):1565-1624.
[2] LIU A, XIE Y. Why do Asian Americans Academically Outperform Whites? —The Cultural Explanation Revisited[J]. Social Science Research, 2016, 58:210-226.

于文化资本对于教育获得的影响，既有研究证实了布迪厄所说的文化再生产现象，也有研究证实了迪马乔的文化流动理论，还有学者基于中国情境提出底层文化资本概念，强调底层文化资本对于贫寒家庭子女取得学业成功的价值。

这些成果为本研究提供了厚实的研究基础，但仍然有一些继续研究的空间。(1)对农民实然状态的教育观念研究不足，特别缺乏从农村人主体感受出发的关于农民教育观念阶层特征及变迁的经验研究。而且，已有农民教育观研究的结论也并不一致，如关于"读书无用论"的看法。(2)在对农村学生教育获得的研究中，之前的研究多将农村家庭背景作为家庭社会背景中的一个变量，较少有研究专门探讨农村家庭背景因素对农村子女教育获得的影响。(3)之前对农村学生教育获得的研究，多从劣势视角，强调农村学生面临结构上的不利因素，较少有研究关注到农村家庭及农村学生面临困境自主努力的一面。(4)虽然有较多研究探讨了影响教育获得的文化资本因素，特别有启示的是近年来少数学者关于底层文化资本的研究，但这方面的研究还不足够，特别需要深入探究中国农民教育观念或文化资本的本土特征及其在促进子女教育获得及阶层突破上的价值。(5)之前关于教育获得的研究或是宏观跨年调查数据分析或是微观家庭背景因素的分析，很少将两者结合起来，"宏观结构和微观结构间的互动和联系的关注明显较为缺乏"，[1]较少研究探讨宏观社会背景如何影响家庭资本对教育获得的影响，特别是在社会变迁过程中，影响农村学生教育获得的因素如何变化，文化观念因素及其作用如何变化，都值得进一步探讨。

综上，基于前人研究及本研究的目的，本书将农民教育观念界定为

---

[1] 吴愈晓,杜思佳.改革开放四十年来的中国高等教育发展[J].社会发展研究,2018,5(2):1-21.

农民基于对教育的认识所形成的基本观点和看法,而且重点关注其中的教育价值观念,也关注教育期望、教育动机、教育投资观、教育选择观等。由于研究的内容主要是我国农民教育观的整体特征,所以有时也称"农村教育观"。本研究基于经验调查数据,首先关注农民教育观念的特征、差异、变迁;其次,从文化社会学视角,探究农民教育观念如何影响农村学生的教育获得,讨论从文化资本视角进行阶层突破的可能;最后,从社会变迁视角,探讨影响农村学生教育获得的因素变迁,讨论农村学生当前及未来在教育上面临的文化困惑和挑战。

2. 本研究的理论视角

中国文化一直有重视教育的传统,强调勤奋努力,哪怕生活在最底层,也不愿意放弃努力向上,"读书改变命运""寒门出贵子"等即是这种文化与精神的写照。所以,本研究在承认结构影响行动的前提下,强调教育获得的文化解释视角,并特别强调文化解释的主体能动视角。在承认农村学生面临诸多结构障碍的情境下,关注农村家庭的教育观念、教育期望等文化因素如何发挥能动作用,促进农村学生取得学业成功。

研究的逻辑框架借鉴了帕那(L. W. Perna)基于生态系统理论提出的融宏观与微观的高等教育选择的整合分析框架,[1]但对原框架进行了实质性的修改,强调了观念不完全受结构控制的自主性特征。如图 1-1 所示,虽然农村学生教育获得受社会背景、家庭背景等结构性因素限制,这些结构性因素也会通过影响农村/农民教育观念而影响农村学生教育获得,但教育观念也会突破结构的限制。在承认结构力量的前提下,本书特别关注这些文化观念性因素如何影响学生教育获得,尤其是文化观念性因素如何突破社会结构限制而对教育获得起作用,

---

[1] PERNA L W. Studying College Access and Choice: A Proposed Conceptual Model[M]//SMART J C (Ed.). Higher Education: Handbook of Theory and Research. New York: Agathon, 2006: 99-157.

从而可能起到阶层重构的作用,如寒门家庭文化观念如何有助于其子女取得学业成功,即所谓"寒门出贵子""寒门出才子"现象。

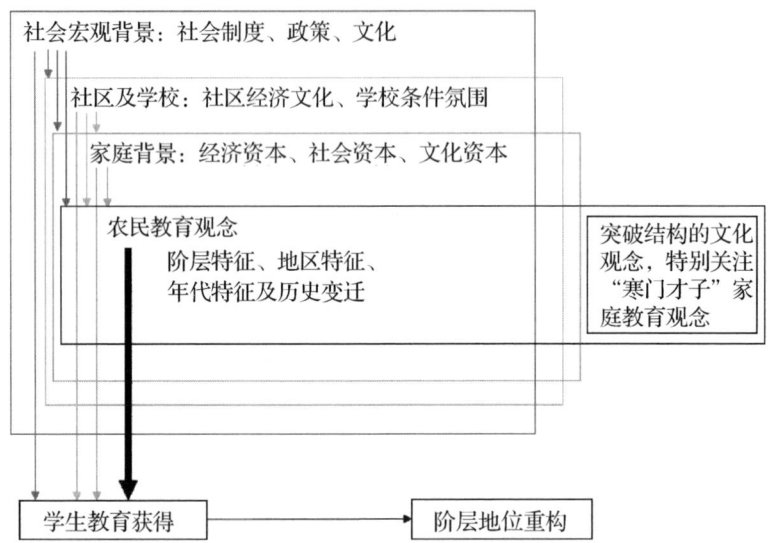

图 1-1 研究逻辑思路图

农村教育观念及其变迁

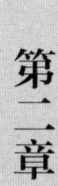

第二章

第二章　农村教育观念及其变迁

本章主要分析农村的教育价值观、教育期望、教育投资观，并从祖父孙三代教育观念的变化来讨论教育观念的变迁状况。主要资料来源是对81位出生于农村的不同年龄阶段者的访谈。81位被访者中，祖辈年龄者（1960年及以前出生，60岁及以上）12人，父辈年龄者（1960—1990年间出生，30—59岁）39人，孙辈年龄者（1990年以后出生，小于30岁）30人；55个家庭中有考上大学的（16位被访者本人是来自农村的大学生），26个家庭中没有出过大学生（13位家庭中的孩子还在基础教育阶段就读）；被访者既有来自发达地区的东部（如广东、浙江、江苏、山东），也有来自欠发达地区的西部（如陕西、贵州、云南、四川），以及教育资源竞争激烈的中部（如江西、河南、安徽、湖北、湖南）。编码中祖父孙三代分别以 O、M、Y 来标识，东中西分别以 E、C、W 来标识，如 001M-W 表示 001 号为来自西部的父辈。本章内容主要基于对 81 位出生于农村的不同年龄阶段者的访谈进行编码与分析。需要说明的是，祖父孙三代的划分只是为了反映历史变化所作的大致划分，并不是绝对的区分。

第一节　教育价值观

教育价值观是教育价值在人的意识中的反映，反映的是人们对于教育满足其主体需求的看法。较早明确提出教育价值观（educational value）概念及分析框架的是克兰克（Ana Krajnc）等人，他们把教育价值观定义为人们对于教育各方面的一般态度，并提供了一个理论框架。[1]人们对于教育的价值需求既有工具性的，也有本体性的。而且，

---

[1] KRAJNC A, DISMAN M, AGGER R. The Measurement of Educational Values of Adults: A Cross-National Approach[C]. Adult Education Research Conference, Chicago, Illinois, April 6-9, 1972: 1-26.

随着社会发展、时代变迁，人们的教育价值观和对教育的需求越来越多样化，如有研究者研究发现一些大学生坚持完成高等教育的价值需求，不仅仅是带来一份好职业的工具价值，还有表达性价值（expressive value），或者说一些道德上的愿望，如维持奋斗者的形象、与其他未受教育群体的区分、提升交往圈、道德上的自我发展等。[①②] 我国关于教育价值观的研究，比较多的是从社会或国家层面，讨论社会主导价值观、著名教育家的教育价值观，如关于"个人本位""社会本位""知识本位"的讨论，但对于公众的实然教育价值观的研究长期被忽视。[③] 至于农村的教育价值观，一般认为农民对于教育的价值需求有较多的功利性，甚至当教育工具性功能（如找工作、提升收入）下降时，在农村会引发"读书无用论"，但也有不同看法；关于农民教育价值观的变迁，现有研究一般都是理论梳理，基于实证的研究成果较少。这里基于访谈资料，分析我国农民教育价值观的特征及变迁。根据已有理论和前人研究，将个人教育价值观操作化定义为个人对教育的重视程度以及教育满足其某些需求的价值。在访谈时，向出生于农村的不同年代者询问"上学读书有用吗""读书有什么用""接受教育是为了什么"之类的问题。

一、读书之有用与无用

（一）"上学肯定有用"

所有81位被访者都认为读书有用，上学有用，教育有用。而且对很多人来说，读书有用是非常确定、不容置疑的，"肯定有用""很有用"

---

① DETERDING N M. Instrumental and Expressive Education: College Planning in the Face of Poverty[J]. Sociology of Education, 2015, 88(4): 284-301.
② NIELSEN K. "Fake It'til You Make It": Why Community College Students' Aspirations "Hold Steady"[J]. Sociology of Education, 2015, 88(4): 265-283.
③ 卢旭,杜时忠.改革开放以来我国公众教育价值观的变迁[J].高等教育研究,2013(11):13-17.

"当然有用""怎么能没有用呢",是最常见的回答。

　　061M-E:"读书当然有用啊。傻问题。"
　　065M-E:"干啥都得用(要)读书,不管出门在外,还是在家务农。因为种地都要有学问。"

一些家长认为自己生活辛苦是因为受教育年限少,因而特别重视孩子的教育。来自农村的在读硕士生075Y-C这样解释:"上一代父母受教育水平较低,他们自身的经历告诉他们教育很重要,要抓严孩子的教育,他们不想自己的孩子像他们一样辛苦干活。"052M-E即这样的典型父母,她从小因贫穷未能读书,一心希望两个孩子能读大学,她在老大读书要钱、丈夫生病住院的情况下,老二选择不读书时,"火得直哭",想方设法劝儿子继续读书。

　　052M-E:"因为俺对象(生病)去住院,花了六万多……加上供给这么两个孩子念书,说句实在的,说不累真是假的。儿子说,'妈,你看我要是念书,你们多累啊',我说,'儿啊,俺就再累,俺觉得够高兴了'。让俺姐姐劝他(上学),我自己在家不知道掉了多少泪,就因为不去念这个书……因为俺小时候没有爹,俺妈拉扯俺(姊妹),念书回家去要两块钱就没有。俺就知道从俺这些穷家开始就知道,叫孩子出去好好拼搏,就为了让他们自己好啊,老的反正到这个时候了,再怎么样也要让小的好好的,比咱过得好吧!哪家也都是这么向往的。哎呀妈呀,他不念,我被火得直哭,哭着让我姐姐说他。"

一般来说,有外出务工经历的,对教育需求的感受比较强烈,因而对孩子的教育也格外重视。25岁的072Y-C初中只上了1年便辍学外出务工,如今已经有1个3岁的孩子。自己辍学务工的经历让他觉得一定要让自己的孩子接受好的教育。29岁的078Y-C也是如此。

> 072Y-C:"我就是从初中就辍学了,很早就出去打工挣钱了,天天起早贪黑地干活,就这样一直干活也没有什么出息。""对我来说,我是一个没有学问的人,我肯定要让我的孩子接受好的教育,让他有学问,有更高的学历。""我想好好培养孩子,想要他接受更好的教育,让他去上补习班啊,特长班啊,让他多才多艺,有一技之长。"
>
> 078Y-C:"我不想让他走我的老路啊。无论他以后找什么工作,对社会能做出什么贡献,但是教育程度一定要跟上,走到别人的面前,最起码是一个大学生,不能让别人说你是一个文盲。现在说句实话,高中生在别人眼里就是文盲,这是社会。"

有个别被访者不仅认为教育有用,甚至认为教育是万能的。055Y-C认为自己的妈妈即持"教育万能论",只要成绩好一切都好,成绩不好一切皆不好。76岁的056O-C自己未读过书,但非常肯定读书的作用,"那用处还大呢",并认为读书万能。

> 056O-C:"这只能天天蹲家,不识字真的太难了,我现在很后悔。不会别的只能下地干力气活,没别的选择,也很辛苦,很受罪。""肯定上学是万能的。上得越高,越四面通,去哪里都有出路。同学朋友,三朋四友的都认识,就能上网聊天说话,像我们这样的连个手机也不会玩,也没本事。"

第二章　农村教育观念及其变迁

(二)"学习孬早点退学"

在肯定读书有用的大前提下,也有极少数被访者对教育价值表达了质疑。46岁的057M-C是这极少数者代表,他初中毕业即外出务工,现在已经年收入12万,甚至比那些初中成绩好的同学挣钱更多,所以并不后悔自己未能继续读书,"因为我学习孬,我现在我学习孬照样能赚钱,对不对？我后悔啥？那时候学习好的同学现在不一定有我过得好,知道吧"。他还列举了他的一位只有小学文化却能赚大钱的亲戚作为案例,"人家搁××(地名),人家小学毕业,中学都没上。现在是××(地名)买一套房子,××(地名)买一套房子,在×××(地名)买一套房子,人家才去几年呀,在那里没一年还当上店长了,给人家打工,现在自己干。你说小学毕业年薪都是几十万,有的大学生不一定有她赚得多吧"。他总体上承认读书肯定是有用的,但又认为读书的主要目的是挣钱,而赚钱多少取决于个人能力而非读书多少或成绩好坏。所以,如果成绩好、能考上好的大学,利于找工作、挣钱,读书则有价值;如果成绩不好,不如早点退学出去找工作挣钱,否则高不成低不就;如果读书之后挣钱不如未读书者,读书也没有用。当前社会教育扩招,大学生贬值更增加了他对教育的质疑。

057M-C:"你学得好,干啥都行,还说啥？上学要不都学得好,要不都学习孬点早点退学。学习好的话肯定就行,你要是学习差的话是高不成低不就,将来是找工作不好找,进入社会也不好混。你不能说上学没用,那也是错的,你要说上学好了肯定行,你要上学时候高不成低不就像有些人一样,现在大学生一抓一大把,跟你说,工资1个月给得高了人家不愿掏,给得少了,他不愿意干。这种情况挺多。比如我对象她姑家的姑娘，这不大专毕业还一直打着工，进厂吧工资低不愿意干，给他们打工钱少也不愿干，想着有了文化水平，就是这情况。不一定说学得好有出路，就算学习不好，只要有经济头脑那也行。现在社会都一切向钱看，只要能赚来钱也行。我是初中毕业，我一年收入也差不多十来万，不能说好，也不能说孬，一般般吧。不一定学得好的，一年才能赚这么多钱。主要还看你到社会的实践经验，有的大学生他没有实践经验也不行，进入社会不一定有这……我说那是没水平的话，是大老粗，不一定有这大老粗赚钱多。"

（三）"那时候谁知道读书有用处"

在非常肯定读书有用的情况下，也有人认为过去的人们以及自己小时候并没有意识到读书的用处，即对教育价值的认识可能与人的年龄及阅历有关，与时代及社会需求等因素有关。

当问及49岁的061M-E"读书有用吗"，他回答："读书当然有用啊，傻问题。"但他初中就辍学，辍学的原因是不想读，不觉得读书有用，认为读书还不如做小工赚钱，"以前我不想读书，想做点小工，赚钱"。当他在外工作之后才意识到读书的重要性，才后悔小时候未能坚持读书。

> 061M-E："以前读书读起来没什么用。当时年纪小，想读书读起来有什么用，做点小工，赚点钱，多爽！后来仔细想想，做小工是很苦的，开始想着学一门技术，用技术吃饭是肯定可以的。然后才开始学技术。不然，我是一点都没有想到读书的用处。我娘、我爸也不会想到（这一层面）。我娘是一声不吭的人，我爸呢，只说小工做做，你只要肯做就是好的。""做生

意需要读书,读书读起来好,什么都好,像语言沟通交流,网络查找资料,都需要的。如果我读书读起来好,水平高,电脑使用得好,语言沟通得好,我老早(成功了)。""后悔(以前未能继续读书),但是到现在后悔也没有什么用了。"

061M-E也不认为过去村里的其他人认识到读书的用处并因此重视读书。

> 问:"那隔壁大爷爷家的伯伯为什么读到了大学?是因为大爷爷重视教育,觉得读书好吗?"
> 061M-E:"不是,那时候谁知道读书有用处?是因为他读书好,考上了大学。那时候,考上大学的很少,他名气就出来了,大学生,就让他去读了。"

综上,绝大多数被访者都认可读书的价值,认为读书有用,个别被访者甚至认为"读书是万能"的。也有极少数被访者虽然认可教育价值,但认为读书的价值取决于是否能带来物质的收益,如果读书不利于找工作、挣钱,读书就失去其意义或降低其价值了。此外,对读书价值的看法也受时代、阅历及社会需求因素影响,只有意识到教育的需求,才更可能认可教育的价值。

二、读书之何用

(一)"改变命运"

获取更好的工作、收入乃至改变命运,这是被访者提到的最多的读书的价值。

首先,读书利于找工作,能够找到比做农活更轻松的工作。老师、医生、公务员等坐在办公室的工作是他们最羡慕的,读书就是为了得到这样一份"轻松又体面"的工作。

052M-E:"现在就觉得学习确实很重要,没有学习咱一切全是死路。(考出去了)最起码不用和咱似的天晒地烫的,你看去套苹果袋子累得,挣那两个钱都是咸的,晒得跟个小黑人似的,孩子说,'妈,你别再去套袋了',我说,'我不去套袋哪行啊,谁给钱啊。'"

056O-C:"识字多,文化程度深了的话,去哪里打工干啥找工作也好找,不识字找工作也不好找,干什么自己都不会。""没上过学的还是得靠下力气挣钱,你上好学上出来了都是坐办公室挣钱的。到任何时候,学问浅都不行的。"

其次,读书可以挣更多的钱。在农民看来,受教育年限与挣钱多少是成正比的。

001M-W:"人们说的,在这个社会上,有七十二行,什么都能养活自己,但是总的来说,受教育程度高了,赚的钱多。""毕竟受教育程度低的人赚的是辛苦钱。"

017Y-E:"你不读书以后能干嘛?扫大街?扫大街人家都不要你的。""现在这个时代的话,要是你不读书的话,我觉得基本是赚不到钱的。"

找好的工作、挣更多钱,最终目的是改变命运,是改变父母那种"面朝黄土背朝天"的生活,是"脱离农民少受累"。"上学能改变命运""通过读书来改变自己的生活""知识改变命运""考学是农村娃走出去的最好的途径""高考是农村娃跳出农门的唯一途径""孩子要走出农村必须要读书"等等,是他们赋予读书的最重要的价值。

011M-C:"农村的孩子可以改变他的命运。一般农村的孩子如果没读到书,家里呢又帮不了什么,以后的前途可能是一片渺茫。""如果他能读到书的话,就是说可以改变他自身的命运,用当前流行的话,就是说,命运是掌握在自己手里的,如果他够努力,能上更好的学校,能拿到更高的学历,可能是会彻底改变他的人生吧。"

075Y-C:"第一个用处就是从县城走出去,如果走不出去的话,就只能像我爷爷奶奶那样,一辈子只能待在乡村里,视野的广度就会很局限。刚开始想要考大学的时候就是想走出去看看。第二个用处就是因为家庭也不富裕,父母也给不了什么,要是想往上走就只能靠自己的努力,其他路径的话由于家里没有什么人脉,也没什么办法,就只能靠自己的努力,教育是最好的途径,因为教育对所有的人来说都是平等的,可以靠自己的努力,只要努力就能有回报。第三个就是通过教育实现跨阶层的目的,人有三六九等,阶级也有低中高,你要是没有其他的途径,也不学习的话,那你就永远只能在某一个层级待着,那跨层级往上跃进的话,对农村出身的我来说唯一的途径就是学习,通过上大学,学习一些自己以前不知道的、感兴趣的东西以及很实用的技能,通过自己的努力和学习从而能够进入更高阶层。"

对于女生来说,读书带来的命运改变更有特殊的意义,是她们走出家庭、做一个独立女性的必要条件。

055Y-C:"上学能够有好的学历,然后能够更好地找工作。像不上学的那种,像我们女孩子应该都是早早地结婚,然后生孩子。如果上学肯定就会有不一样的人生,至少不会像农村妇女那样,整天在家看孩子、照顾孩子,(上学)可以体验不同的生活。"

076Y-C:"一开始我没有想到上学会有这么多好处的,我上学的最初想法是想要摆脱我们家庭的困境,不想像父母那样过一辈子,忙忙碌碌,碌碌无为,不知道自己能干些什么。这个社会对女生还是很苛刻的,女生的一生都要为家庭服务,现在可能会好多了,但是对我们'90后',计划生育政策下的一代来说,家长重男轻女观念还是很严重。上学对我来说就是摆脱这个家庭,想做一个独立的女性,而不是说去依附谁,或者成为谁的附属品。"

(二)"获得一些知识和技能"

学习知识与技能是接受教育的另一重要价值。被访者感受到,当前社会对人的要求提高,在社会上生存就需要许多知识与技能,不管出门在外还是在家种田,都需要知识与技能。而做高层次的工作,更需要专业知识与能力。有过外出务工经历的人对知识与技能的需求更为强烈。

036M-C:"知识用到的时候,就是好的。我经常对我爱人讲,你看同样在家种田,大学生怎样你是怎样感觉不到。现在我们到外面来了,处处就感觉到不识字的差距了。"

055Y-C:"最近不是流行那个新冠病毒吗,没有上过学的人,在家里就是窝在家里,甚至都保护不好自己,上过学的都不一样了,他们的眼界就不一样,然后能够照顾自己,甚至还可以帮助别人。"

(三)"有文化""有学问""有涵养"

在被访者看来,教育的价值还表现在提升素质与修养,包括改变观念、增长见识、提升道德、提高处事与解决问题的能力、锻炼社交能力、塑造性格等等。农民最常说的是读了书就会使人"有文化"或"有学问","有文化""有学问"既指会识字会说普通话,具有基本的生存技能;也指有知识、有技能、有本事;还指有修养有涵养,在为人处事方面有良好的素养。

010M-C:"有(文化)跟没有文化的人的水平、层次不一样。有文化的人可能说话做事比较有素养,没有文化的人,讲话可能就粗暴一点。"

058M-C:"比如说普通话,你要是上学了会说普通话,上得层次越高,普通话就说得越好。你出去打工去,你要还用地方话,人家根本都听不懂,你到工厂里打工弄啥人家根本都不会录取你,因为你不会说普通话,听不懂人家的,光用方言说,会对自己的工作造成很大的影响。再一个就是上学可以认识好多人,比如说你要是没有上学的话,你认识的无非就是你身边的亲戚,朋友就是村上的,临近的,你要是上学那么最好是能上到大学,你接触的人也多了,知识面也广了,认识了好多人,你的眼界都开阔了,你的思维方式,你的想法,对你以后的人生会有很大的影响。"

（四）"光宗耀祖""报答父母/长辈"及"教育后代"

在农村,接受教育还有报答父母/长辈及光宗耀祖的价值。很多孩子认为,父母或其他长辈为了自己能够读书吃了很多苦,所以读书也是为了报答与孝顺,"对得起父母""报答父母""满足父母期望""让父母过上更好的日子"。另外,能够读好书、上大学也是一种家庭或家族荣耀,"很有面子""光宗耀祖""给家里人长长脸面、争点光彩"。

059Y-C:"我其实是留守儿童,我爸妈都是在北京工作（的）,然后我一岁半就和我爷爷奶奶一起生活,他们两个,我爷爷奶奶是除了自己和家里边人的名字之外,别的字基本上都不认识的那种。可能他们对我的影响就是,因为我爷爷奶奶待人特别好,特别疼爱我们这一辈,他们所起的作用,我觉得我一定要考上大学以后挣钱了来孝顺他们。所以我觉得在很大程度上他们都是我最大的动力,就是在学校的时候,我尽量满足他们的愿望和要求,好好学习,然后听老师的话,不给他们惹事,成为一个他们心中的乖孩子。然后让他们觉得很省事,因为有我这样的一个孙女很幸福。"

076Y-C:"父母从小就觉得我很坚强,如果我考不上大学就会让他们觉得很丢面子,所以我考大学一方面也是想要维护他们的面子。""父母觉得我是他们的骄傲,我也想用考大学证明我就是他们的骄傲。""在我们那个贫穷的小镇上,上大学是一种奢侈,是一种高门槛,每个父母都会觉得自己的孩子考上大学是一件光宗耀祖、光耀门楣的事情,他们为我骄傲,我就想成为他们的骄傲。"

此外,接受教育也为了更好地教育后代。被访者认为,自己没有文化不可能教育好下一代,于是必然代代落后。所以从延续家庭、教育子女角度看,接受教育有非常大的意义。

058M-C:"对于以后的未来就是下一代(有好处)。自己都是不说文盲了也差不多,然后生的小孩子自己也不会教育,孩子还是在教育上受影响。结果就是祖祖辈辈都是在这圈子里在社会底层跳不出去,走不进上层社会。"

079Y-W:"我觉得上学对下一代的教育也有影响。父母如果受过一些教育,他们不骂人的话,子女也不会骂人。但像现在农村的孩子,包括我的亲戚,经常是东西也不知道分享,老是喜欢骂人,我觉得这些都是跟家长学的,家长在生活中的一些小事都会影响孩子的。像我们,如果接受一些教育,通情达理,有礼貌的话,对孩子的影响非常大,因为孩子的一些习惯是从小培养起来的。"

(五)"为国家做贡献"

为国家为社会做贡献,也是农民眼中的教育价值。首先,被访者认为要改变农村落后状况,必须让孩子接受良好教育。其次,读书可以"报效祖国""做社会栋梁""为国家做贡献";读书越多,做的贡献越大。

024M-W:"(在)农村我们以前不重视孩子的教育,我们还没有重视教育,这是我们××这边落后的面貌。我们改变家乡落后面貌的唯一办法就是要让小孩好好地读书,读本科、硕士、博士更好。想改变我们家乡面貌的唯一出路就是把孩子好好地供出来。"

078Y-C:"如果一个人上学多,受教育水平高,个人的素质就会高一些，你可能会为国家做的贡献就会更多，你文化程度不够的话，你肯定就帮不上忙。比如说这次疫情，如果没有那些硕士和博士之类的，疫苗啊、控制疫情的方法啊，你普通老百姓不认识字的话，你根本就想不到这些事情。总之一句话，我觉得文化水平高肯定会好处多。反正这个社会，不断地在发展，不断地在进步，如果说离开知识文化的话，这个社会就无法进步。"

综上，农民眼中的教育价值主要体现在改变命运、获得知识与技能、提升素养、光宗耀祖及家庭传承、为国家与社会服务等方面。从价值的类型看，既有工具性价值如改变命运、为国家与社会服务、家庭传承，也有本体性价值及表达性价值如提升素养、光宗耀祖。

三、教育价值观之变迁

（一）从"没法重视"到"顺其自然"到"送到城里去上学"

对教育的重视程度反映了对教育价值的认可程度。从时代变迁的视角看，总体上农村居民越来越重视教育，越来越感受到教育的重要性。

在祖辈，由于经济的限制以及对劳动力的需求，加上当时教育的不发达，农村能够读书的人较少，能够上大学的更是凤毛麟角。对于很多农村家庭来说，生存是第一需求，很难有余力去重视教育，"饭都吃不饱哪能念书呢。希望也是空的"（038O-C），"早了那都不重视，倒也不是不重视，就是供不起，没法重视"（042O-W）。

002O-W："（过去）没有这么重视，那时候农民以劳动为主，就让孩子少上学了。"

056O-C："没有上过学。我是家里的老大，那时候流行干活,不流行上学,没上过学。""那时候都是要在生产队里面干活,兄弟姐妹太多,家里父母也供应不起,所以就没有上学。""那时候想啥重要不重要,就算是想上也没钱上啊,温饱还顾不上呢,谁还会去想上学呢?饿到去地里挖野菜吃,人都饿到东倒西歪的,哪还有心思有力气想上学的事情啊?你们听着像天书一样,哪会想到我们的生活呢?"

到父辈这一代,农民对教育的重视程度增加,但是经济还不足够富裕,而且高等教育仍是稀缺的精英教育,所以不少农民采取顺其自然的态度,孩子努力、成绩好,就支持;成绩不好也就算了。

010M-C:"现在重视教育程度是从家庭家长就比较重视,以前没有,以前我们顺其自然,你会读就读,不会读就算了。""我们就顺其自然,让他自己去,没有过分要求。"

随着社会发展,年轻一代对教育的重视程度进一步加强,最突出的表现是很多年轻家长会主动为孩子择校,送孩子去县城上学,并租房陪伴(或由祖辈陪伴)。重视还表现在对待女孩的教育观念的变化上,过去认为女孩读书无用,"过去人家多数男孩子上学,女孩子还不给上呢,说女孩子上学没用"(018O-E),现在能平等地对待女孩与男孩的教育。

001M-W:"以前的农村,孩子回来不仅是单单的学习,把学习都放在一边了。就比如说放寒假、暑假,还有原来的忙假,回来主要是劳动。但是现在好多农村的人,都想方设法把孩子转到城里去,觉得还是城里的教育比较好。"
058M-C:"以前的教育观念就是认识个字就行了,认识自己(的名字)就行了。不需要学那么些知识,特别是女孩子。但现在不一样,现在都是男女平等,这一个家里不管是有男孩或者女孩,父母都是平等地希望他们都好好学习。就是考上自己的理想中的大学,尽量地多学知识,最起码走上社会不容易被社会淘汰。"

(二)从"识字计算"到"改变命运"到"自我追求"

很多年长者把教育的价值理解为能够具有识字、计算、上网等参与现代生活的基本技能,接受了教育就变成"有文化""有学问"的人,这是一种生存取向的教育价值观。如当问及72岁的056O-C上学有何用时,她把上学等同于"能够识字""有文化",回答的是"识字多""文化程度深了",能得到生活带来的方便以及解决不识字带来的不便。

056O-C:"不识字出去坐车干啥去哪里都不认识,不识字也很难,现在想想那时候没上学也很后悔,真的很后悔。识点字的话不论去哪至少能认识,哪怕能认识自己的名字呢,这连自己(的名字)都不认识,干啥都很为难。什么也不会,'四面黑',只能天天下地干干活,做一辈子农民,也没法去外边看看。"

042O-W:"那个有文化的人和没文化的人那就是不一样……我啥字不识,我啥也不知道……你整啥事我签字还签不上,你说那读书哪有没用的?"

一些中年人则体会到接受教育对参与现代生活的重要性,从医院看病到银行取钱,无不需要"文化"与"学问"。

071M-C:"(上学有什么用呢?)现在这个社会如果没有学

问的话，办个什么事情都非常困难。你比如说现在的医院就是现代化，如果没有学问的话，挂个号，办个什么业务，办卡都很困难，这些都需要识字，没学问肯定不行。""银行发展得也快，现在取钱都需要识字懂得程序操作，如果没有文化，连取钱都会变得很困难。就算咨询柜台的人，也需要识字有文化。"

相较于生存取向的教育价值观，改变命运是对教育价值的更进一步要求，是一种地位取向的追求。农民希望通过教育能够摆脱农村的劳累生活，能够像城市人一样穿着干净的衣服、坐在办公室拿工资，能够改变社会地位。当经济稍微宽裕，农民可以不再完全为生存所困；当教育逐渐发展，农民意识到有可能去读书上大学；当外出务工，农民见识了教育可以带来更好生活的现实；等等，农民希望通过教育改变命运的愿望便会产生并越加强烈。

081O-W："因为我打了一辈子工，三个孩子，我们必须得改变他们将来的生活，必须从家里出来，当时一开始的想法就是，只要他们懂事儿，就开始。只要你上了大学就改变人生命运……我打了一辈子工，上了一辈子瓦窑，我不能叫你们上瓦窑。对不对？觉得必须改变你们的命运，都得上外面打工，不能在家里打工，种那个地。"

更年轻的农村人，特别是出生在农村但已经接受了或正在接受较好教育的年轻人（如正在读大学的大学生），他们对教育价值的理解可能更深入，教育不仅能改变命运，更意味着有更多选择、能更好地发展自己、能够追求自我价值，表达如"读书可以带来更多的选择""可以有选择的自主权，可以选择自己喜欢的工作""可以让生活过得更有情趣一些""得到更好的发展""可以实现自己的理想"等等。相对于生存取向与地位取向的教育价值观,这种价值观可以称之为"发展取向"。

> 078Y-C:"从我自己的亲身经历来看,我辍学比较早,步入社会也这么多年了,只能说是混口饭吃,如果我的教育程度更高一点的话,我肯定会选一个自己喜欢的、适合自己的工作。现在干的工作不是自己喜欢的,只能说是为了生活而已。"

> 006Y-C:"(接受教育)是自我追求的体现。""对学历的要求也是对自己的自我价值的追求。"

发展取向的价值观也会把教育当作追求更好生活的工具,但更注重教育发展自身的本体价值,这时候教育更重要的价值是"改变人的观念""转变人的思维""发展潜能""长见识"等等。

> 060Y-E:"我觉得教育对我最大的作用,可能就是培养我形成一个完整的'三观'。其次为我毕业之后工作什么的,或者是在学校里我做任何事情,给我提供了一个方法论。然后再抛开这些实际的问题不谈的话,我觉得教育还可以让我变成一个有文化底蕴的人,可以丰富我的知识,丰富我的内涵和灵魂,(使得我)变得更加丰满。""我想想就我自己接受的教育来说,就从幼儿园到大学的话,我觉得最起码它是奠定了你自己的一个文化底蕴……通过这种底蕴,培养你这个人,包括你的谈吐、你的学历,就是你所学到的知识和你把知识转化为实践的能力,这都是从教育中得来的。"

(三)教育价值观变迁之非线性

随着社会发展,从年长者到年轻人,人们越来越认可教育的价值,越来越重视教育;而对教育价值具体内容的重视,有从生存取向到地位取向到发展取向、从工具价值到本体价值的趋势。但这些只是一种总体趋势,实际情况并非总是如此,事实的发展是非线性的。

从对教育价值的认可与重视看,我们也看到一些与总体趋势不一致甚至相反的趋势,如:(1)有被访者(如来自农村的大学生080Y-W)认为村民们比以前更不重视教育了,因为赚钱机会增加了,外界诱惑更大了。(2)访谈中我们发现部分中老年人对教育有种迷信般认同,认为教育是万能的,接受了教育一切皆好;但年轻人则更理性,不认可教育万能。这与我们所说的越来越重视的历史趋势也不一样。高中生055Y-C认为父母与自己在这方面就存在差异,认为并不只有成绩好才有好的出路;大学生059Y-C从另一方面否认教育万能,她基于村里一个研究生适应不良的案例,认为人的生存与发展需要很多综合能力,并不是有了高学历就自动具备这些能力,"(读过大学或硕士、博士之类)个人的眼界、情商、智商可能都会更高,但是这个也不绝对,因为教育它不是万能的"。

> 080Y-W:"(现在考上大学的人)我觉得是少了。""我们村现在连考上高中的人都很少,整个就是一个青黄不接的状态,近几年要考高中的人也少了,去年有一个人要考高中,但是也没有考上。这样考上大学的人自然也少了。""我是觉得现在的人对读书更加漠视了,更加轻视教育,没有以前那么重视了。""家长对教育的投入也不多,我没有听说有什么额外的学习资料购买,或者给孩子请课外辅导老师,这些我都没有听说过。还有就是从他们的话语当中,没有听到对教育有所重

视,他们往往认为读书没什么用,外出打工也能赚钱。""我感觉现在外面的诱惑太多了,对学校教育的冲击比较大。许多人会认为外出打工比接受教育更能赚钱。"

055Y-C:"我爸妈认为教育就是万能的,感觉只要你学习好,你啥都有了,然后只要成绩不好,以后一定活得不咋地。我不感觉这样,我感觉条条大路通罗马,不管你以后干啥,反正肯定都有他自己的一条路,不一定非得学习才能有一个好的出路。不过学习是最简便的能有一个好出路的方法。"

从教育价值取向的具体内容看,年轻人更多持教育发展取向的价值观,有更重视教育本体价值的趋势。但是,(1)教育的工具价值观、生存及地位取向教育价值观仍占主流,不论是老年、中年还是年轻人,都希望通过接受教育找到一份好的工作、挣更多钱从而改变农民身份,过上更好的生活。(2)年老者的教育价值观中也不完全是工具性的,比如他们认为教育可以使人变得"有文化""有学问""有涵养",这其中就包含朴素的教育本体价值观。

四、"读书改变命运"等教育价值观之辩

(一)教育之"有用"与"无用"

教育对个体与社会都有用,肯定教育价值,这是现代社会的普适价值观。但一些研究则表明农村存在着"读书无用论"的现象。如有研究认为,在我国由计划经济转向市场经济的初期,"脑体倒挂"等社会现实挫伤了农民接受教育的积极性,因而对"知识改变命运""通过教育向上层社会流动"的要求并不迫切,对子女教育也是顺其自然[1]。另一份研

---

[1] 李宝艳.社会分层与农民教育价值观的变迁[J].华中农业大学学报(社会科学版),2009(2):46-50.

究表明,20世纪90年代之后,伴随市场经济的深化发展和高等教育的扩张,农村学生与家长对教育分层功能的期待降低,对学校出现信任危机,在农村社会兴起"读书无用论"[1]。一个对于西部某偏远村落的调查发现,四成农户家庭认为读书无用,越是处于各种分类标准底层中的农户家庭越认同读书无用,导致"读书无用论"的原因有大学生就业困难、乡村人口流动及身份转化的多渠道及乡校撤并引发村落社会的文化沙漠化[2]。

本研究则发现,81位被访者都很认同"教育有用",但在这个总体态度下,也有迟疑与质疑,如认为过去未曾意识到"教育有用"、过去"流行干活,不流行读书",或者认为成绩好读书才有用、成绩差不如早点退学。这表明,"读书无用论"可能是客观存在,但有具体情境性;甚至"读书无用论"与"读书有用论"可能并不绝然对立。这里需要分辨"用"之具体含义、"用"发生的条件,否则读书有用与无用之争就失去了意义,甚至也可能是虚假之争。

首先,"无用"可能是一种"无望"或"无奈"。有研究认为,"读书无望"比"读书无用"更准确地表达了农村居民对教育的心态,这是农民将教育社会的结构性因素内化为个体倾向系统的结果,表达了两层含义:一是"底层的农村家长由于对高等教育机会结构的理性认识,他们对子女的受教育水平和质量不敢'期望'过高";二是"由于对社会流动机会的理性认识,他们对学校教育对子女社会流动的作用也不敢'期望'过高"[3]。本研究发现,年长一辈由于经济限制并需要劳动力,在温饱都无法保证的情况下没办法重视教育,用农民自己的话是"早了那都不重

---

[1] 曹晶.教育社会分层功能的弱化——转型期农村教育的根本性危机[D].上海:华东师范大学,2007:15-70.
[2] 李涛,邬志辉.别让新"读书无用论"撕裂乡土中国[N].中国青年报,2015-08-03(10).
[3] 谢爱磊."读书无用"还是"读书无望"——对农村底层居民教育观念的再认识[J].北京大学教育评论,2017,15(3):92-108.

视，倒也不是不重视，就是供不起，没法重视"。这时候对教育的不重视，与其说是不重视教育价值，不如说是一种"无奈"。

其次，"无用"可能是一种"无感"。本研究所访谈的061M-E认为教育非常有用，也非常重视自己孩子的教育，但他认为自己小时候并没感受和意识到教育的价值，他也认为那时候自己的父母、村民同样都未感受和意识到。多年在外做小工、学手艺的经历才让他感受到教育的价值，让他后悔小时候没能继续读书。这表明，对教育价值的认知可能受到阅历、社会需求等因素的影响，不同背景特征的人会有不同判断，同一人在不同时间及不同情境也会有不同判断。

最后，对于"用"的界定影响了"有用无用"之判断。057M-C认为读书的目的即挣钱，"现在是经济社会离了钱啥事也办不成！反正我文化水平也不高，只知道赚钱。没钱什么事也办不成，你大学生你文化水平再高，赚不来钱也白搭"。在他看来，如果读书成绩好，能考上好大学，能因此挣钱，教育就有用；否则，读书无用，不如早点辍学出去打工挣钱。他自己初中毕业就外出务工，年收入比小时候成绩好的同学挣得还多，所以并不后悔辍学务工。但更多被访者认为教育的价值不只是挣钱，读书还能使人"有文化有涵养"，有助于"教育后代"等等，所以即使上了大学不能挣更多钱，读书也是有价值的。

（二）教育价值之工具性与本体性

教育价值观可以分为两种取向：一是工具价值，强调教育是实现其他目的的工具；一是本体价值，强调教育对人本身发展的意义。很多研究都认为，农民的教育价值观具有很强的功利性与工具性。如有学者研究认为，农民对教育的态度是十分功利的，与教育家们对教育持有的超脱功利的认识完全不同，"农民对教育赋予了一种与教育思想家眼中的教育完全不同的意义。在农民看来，教育是作为一种能够改变子女未来社会地位的桥梁而存在的。教育的意义首先在于能够帮助子女获得一种较好的谋生方式,而较好的谋生方式——即广义上的职业——也就意味着较高的社会地位"①。本研究发现,教育对于农民来说,具有改变命运、获得知识与技能、为国家与社会服务、光宗耀祖及家庭传承、提升素养等诸多价值,其中前四者都是工具价值。而且确如学者们所言,通过教育能够摆脱农民身份、找一份好的工作、挣更多钱,是农民寄予教育的最重要的期许。那么,如何来看待农民的这种工具理性教育价值观呢?

首先,这并无什么不妥,从教育社会学角度,教育促进社会底层的社会流动是教育的重要功能,学校教育的功能是向下一代"重新发牌",筛选出有动机与能力的人。而人们能够通过自致性的教育而非先赋性因素来获取社会地位,也是现代社会的重要特征。美国著名社会学家帕森斯(T. Parsons)指出,"如果'白手起家的人'的传说不是指那些从低贱的出身到高级地位的公正的流动(这倒确实是接连不断发生的),而是指没有正规教育的帮助,却通过'生活这所学校的磨炼'而获得了高地位的话,那么这种传说就含有一种怀旧的罗曼蒂克的成分,并且注定要逐渐成为一种神话"②。我国也有学者肯定这种实用理性,认为"教育的功用性或功用性的教育是人类教育发展博弈的历史选择","人类理想的教育观必然是实用理性教育观与诗意理性教育观相辅相成的、实用理性教育观居主导地位的教育观"③。问题在于,随着教育的发展与扩张,当高等教育进入大众化甚至普及化阶段,教育促进社会流动的功能必然弱化。而当教育不能如农民期望去改变命运时,他们会不会对教育产生失望并进而放弃教育?

---

① 王一涛.农民的社会流动与教育——基于英山县的个案分析[D].武汉:华中师范大学,2007:62.
② [美]塔尔科特·帕森斯.作为一种社会体系的班级:它在美国社会中的某些功能[M]//张人杰.国外教育社会学基本文选.上海:华东师范大学出版社,2009:437.
③ 于伟.论实用理性教育观的合理性——从为生存而教育谈起[J].东北师大学报(哲学社会科学版),2006(1):144-152.

另一方面,当社会越来越发展,农民也会越来越富裕。而当农民足够富裕时,他们会不会因为改变命运的需求减少而减少对教育的需求?因此,从这两个角度来说,或者从长远来说,除了工具价值,需要引导农民关注教育的本体价值。

其次,农民的教育价值观并不都是工具性的。农民也希望通过教育培养"有文化""有涵养""有学问"的人,能够"说话做事比较有素养""懂道理",能够通过教育"锻炼人际交往能力""发展潜能""改变思想观念""塑造自己的思想""提升处事能力和解决问题的能力""长见识"。这些农民眼中的教育价值都强调的是教育对人本身发展的意义,是本体价值取向的。越是年轻越有这种认识,比如外出务工的25岁的072Y-W认为"有学问的人做人做事都比较有方法,有主见,有自己的价值观"。更年长者则注重教育培养人的基本素养,如44岁的054M-W认为教育"还可以使小娃有一个好的道德,最起码呢是还可以使孩子学会一些做人的基本原则"。

(三) 教育价值之生存取向、地位取向与发展取向

学者刘精明借鉴国外学者关于教育类型的看法,把教育区分为生存教育与地位教育两种类型。生存教育是为适应基本生存而必须接受的教育,它常常是一种有关劳动生产技术和技能的训练,以及为接受这样的训练而必须起码具备的基础教育;地位教育指的是超出基本生存所必需的、以获取更好的社会职业地位为指向的教育类型,常常是一种维持地位优势的、具有明显稀缺性的高等级高品质教育[①]。

如果借鉴这种分类,也可把教育价值观分为生存取向与地位取向。首先,农民的教育价值观有强烈的生存取向,他们需要通过教育学习识字、习得基本的技能,以适应社会生活。特别是网络技术的发展改变了

---

① 刘精明.国家社会阶层与教育——教育获得的社会学研究[M].北京:中国人民大学出版社,2005:76-86.

传统的生活方式和生活习惯,如当前的出行、购物、看病都离不开网络,接受教育首先是为了更好地适应及参与现代社会的生活。其次,农民接受教育是为了改变农民身份,为了一份更好的工作,为了改变命运,这是地位取向的教育价值观。

除此之外,农民还有一种教育价值观,特别是受过教育的年轻人,他们对教育价值有更深入的理解,认为教育能使人得到更好的发展,有更多的选择机会,能够更好地追求自我价值。显然这已经超越了地位追求,是一种自我发展的追求,可以称之为"发展取向"的教育价值观。如果以工具性价值与本体性价值进行区分,生存取向与地位取向的价值观主要体现的是工具性价值观,而发展取向的价值观主要体现的则是本体性价值观。

(四)教育价值观变迁之复杂性

一些学者对我国公众教育价值观变迁进行了梳理,如有学者认为改革开放以来,我国公众教育价值观经历了三个阶段:一是改革开放初至20世纪80年代末,是公众重新发现和肯定教育价值的时期;二是20世纪80年代末到90年代中期,公众开始反思和质疑教育价值,曾一度出现否定教育价值的思潮,如对"脑体倒挂"现象的反思;三是20世纪90年代末以来,公众教育价值观渐趋理性,教育价值选择日益分化与多样化,如城市的"教育崇拜"与农村的"读书无用论"[1]。另有学者专门对改革开放以来农村教育价值观变迁进行了梳理,认为这是一个由依附到整合的过程,具体表现为:一是依附城市文化"知识本位"的农村教育价值观,1978年恢复高考后,农村强调知识本位,教育价值主要是跳出家门、改变农村户口身份;二是依附城市经济"市场本位"的农村教育价值观,20世纪80年代中后期,崇尚挣钱、迅速致富,农村甚至

---

[1] 卢旭,杜时忠.改革开放以来我国公众教育价值观的变迁[J].高等教育研究,2013,34(11):13-17.

出现"读书无用论";三是依附城市政治"教育产业化"的农村教育价值观,20世纪90年代后,教育扩张且阶层分化加剧,农村出现新"读书无用论";四是"农本""城本""人本"三位一体相整合的农村教育价值观,21世纪以后,摆脱完全依附城市的教育价值观,寻求教育价值观的整合,标志着农村教育价值观主体意识增强[1]。

本研究未能发现农村人对教育价值明显的否定,没有明显的"读书无用论"。从总体趋势看,被访者几乎都认可教育有用,且越来越重视教育。从具体的价值取向看,工具性价值观、生存取向与地位取向的教育价值观占主导,但有越来越重视本体性价值观和发展取向价值观的倾向。但在认可教育价值的总体趋势下,对教育的价值也有一些质疑或迟疑。这表明教育价值观变迁之非线性以及影响价值观因素的复杂性。

因为教育价值反映的是教育满足其主体需求的情况,所以是否有价值的本质在于是否有主体需求、是否能满足主体需求。(1)从历史发展看,社会与经济对知识与技术的要求越来越高,对教育的需求也越来越大,所以越来越认可与重视教育,这必然是一种总的历史趋势。(2)除了社会历史因素,教育价值观还受很多其他因素的影响,比如受教育水平、个人阅历与经历、个人认知水平、地方文化传统、地方经济发展水平等因素影响。所以,即使同一时代,不同经济发展水平地区的人,或者相同地区相同村庄但不同家庭及个体特点的人,对教育价值的需求都可能存在差异。如本研究发现,有过外出务工经历者对教育需求的感受更强烈,也会更看重教育。但也发现,同样有在外务工经历者,如果只将挣钱看作教育的价值,当出现受教育者不如未受教育者挣钱多的现象时,教育的价值就会遭受质疑。(3)教育与经济社会发展

---

[1] 曲铁华,王丽娟.由依附到整合——近30年农村教育价值观的历史变迁与现实审思[J].东北师大学报(哲学社会科学版),2012(5):201-204.

既带来教育的需求,也带来其他影响甚至负面影响,这种负面影响也会影响教育价值观的总体变迁趋势。如本研究发现,有被访者认为现在村里比以前更不重视教育了,因为挣钱机会增多了,不再只有读书一条路。再如,教育扩张同时带来教育收益率下降,考上大学不再保证一份稳定的工作,这可能会引起人们提高受教育年限,选择更高级教育如研究生教育,但也可能导致人们对教育价值的质疑。

第二节 教育期望

教育期望分为父母教育期望及孩子自身教育期望。前者指父母对其子女所将要获取教育的期待和愿望,后者一般指孩子自己对自己的教育期望。教育期望一直是教育学和社会学学者们都非常关注的话题,因为它是解释教育获得乃至地位获得的重要因素,教育期望的差异可以有效预测教育获得的差异,也为不同群体教育获得差异提供解释,从而有助于理解教育不公平的机制[1]。一般认为,社会经济地位影响教育期望,法国学者布迪厄认为,教育期望是人们对于客观可能性的主观内化和领悟,因而低社会阶层父母不会对子女有高期望。但中国传统文化一直有重教传统,情况并不同于国外。

这里基于访谈资料,分析农民教育期望的特征,并梳理其变迁趋势。访谈时,向被访者询问"希望读书读到什么程度"之类的问题。如果已经有孩子,问"你希望孩子读书读到什么程度?"如果被访者还在读书,问父母对自己的期望及自己对自己的期望;如果已经过了学龄期、不在读书但还没有孩子的,问他对自己未来孩子的期望。

---

[1] SEWELL W H, SHAH V P. Parents' Education and Children's Educational Aspirations and Achievements[J]. American Sociological Review, 1968, 33(2): 191-209.

一、教育期望的层次

（一）"怎么说得大学以上吧"

绝大部分被访者都希望子女或者自己能上大学，"希望他读到大学毕业""至少大学毕业""肯定得大学出来吧""希望都能念到大学"等等，是最常见的回答。

> 038O-C："希望都能念到大学，都希望是这样的。你读到大学，知识多，什么都好办。"
>
> 023M-W："希望他读到大学毕业……我这个人没文化，我要给我家儿子读到大学毕业，一直成为工作人员。"
>
> 043Y-W：（父母对自己）"我爸妈吧，教育期望的话就是先能考个好高中，然后再上个大学吧，大学也没有明确的目标，我想他们就是想着把大学能先读出来，然后就可以参加工作了吧，应该是这样。现在呢就是，我在县城的一所中学上学，成绩也就一般。"（自己对自己）"我觉得就是，肯定得大学出来吧，那肯定要说现在大势所趋，然后如果不是大学出来的话，那你的就业会困难很多倍，而且我相信肯定每个人对大学都是有所憧憬的，我相信，毕竟学海无涯嘛，可能在大学里面又会学习更多不一样的东西啊之类的。"

29岁的078Y-C初中毕业后未能继续读书，被访谈时在外地务工，有一个5岁的孩子，问及对于孩子的教育期望，他这样说。

> 078Y-C："我其实对孩子的要求不高，只要大学毕业就行。至于研究生啥的，有的时候也强求不了，主要靠他个人，

反正无论学习是好是坏,反正要大学毕业,无论是好大学还是差大学。""(为什么希望孩子一定要大学毕业呢?)我不想让他走我的老路啊。无论他以后找什么工作,对社会能做出什么贡献,但是教育程度一定要跟上,走到别人的面前,最起码是一个大学生,不能让别人说你是一个文盲。现在说句实话,高中生在别人眼里就是文盲,这是社会。"

(二)"最好是研究生学历"

还有很多人的教育期望是硕士研究生学历,甚至是博士。他们感觉到现在社会对学历的要求提高了,读到研究生可能会有更好的发展。

015M-E:"(希望孩子读到)研究生。(为什么呢?你觉得大学毕业还不够吗?)是的,因为现在社会发展……(和以前)不一样了。"

074Y-C:"我还是感觉孩子学的知识是越多越好,知识没有上限,学历越高越好。我还是希望孩子能够读到研究生阶段。""只有上到研究生才能知识更多,他可以研究更多,涉足的范围更广。如果只上到中学和大学,知识没有达到一定的高度,还是无法实现我前面所提到的那些作用……就相当于你只有站得更高才能看得更远。"

(三)"一定是越高越好啦"

读得越高越好,也是农民关于教育期望的一个重要表达,特别是父母关于子女的教育期望。具体说法如"能学到什么程度,我会供到什么程度""能往上就往上""一定是越高越好啦""能读多少就读多少……读博士博士后都可以""能学到最高的那就是最好""尽量考(硕士)研究生,博士,越往上越好""能读就一直读下去""希望孩子能读多高就读多高""当然是受教育程度越高越好啦"。

040O-W:"根据娃的脑袋,根据娃的学习能力,娃能前进就尽量前进,博士呀(硕士)研究生呀都可以,学的知识多点给国家多贡献点。读书好,能使农村人的家庭生活改变,只要娃能学,就一定支持娃读书。娃以后发展得好,家庭生活就改善了。"

065M-E:"希望孩子读得越高越好。能出国就出国。因为学得越多,越有本事。"

072Y-C:"我希望他能接受更高的教育,至少是大学以上吧,最好是(硕士)研究生学历,博士更好""因为只有一个孩子,肯定想让他接受最好的教育,父母不能总是跟着他,接受高水平的教育对他来说更有帮助。我希望他能考上大学,如果他自己能够有上进心,肯定会有更好的教育层次。还有就是我觉得学历越高,懂得的就越多,能够研究一些有用的东西,还是拿这次的疫情来说吧,那些高学历的研究出来的药物可以治病救人。"

(四) 大专及以下

81位被访者只有一位对孩子的教育期望是大专,两位家长对孩子的期望是高中,而且都是中老年人在孩子小时候的想法。54岁的030M-E认为,大专能让人有一技之长,在当时已经"够高了"。68岁的018O-E及53岁的025M-W对孩子的教育期望都是高中,不过最终两家的孩子都未能读高中。

030M-E:"读一个大专就行……在当初七八年前,大专已经够高了,中专在社会上挺吃香的。因为有一技之长吧。"

018O-E:"就是希望他能读到高中吧(018O-E的丈夫在旁边补充:'那个时候巴不得读到高中就不简单了')……就是也没读上……就是因为我们自己不识字(希望小孩能读书识字)。"

025M-W:"那个时候我希望孩子读到高中……因为当时呢,当时的情况没有现在这个年代教育这个方面那么好,没这个条件。当时那个时候还吃力,家庭方面就是你考上了(也可能读不了),有时候家庭原因,父母不和,也有这些原因。当时希望孩子读到高中就是我们最大的愿望了。"

(五)"顺其自然"或根据孩子情况

81位被访者中有两位对孩子的教育期望是"顺其自然"或"无所谓"。56岁的010M-C认为以前对孩子没有过高的期望,"会读就读,不会读就算了","顺其自然,让他自己去,没有过分要求"。23岁的014Y-E认为父母对自己的教育期望是"无所谓"。

还有两位被访者认为要依据孩子的情况,要"看他的兴趣""靠他自己的智力"。49岁的061M-E认为,家长希望只是希望,关键看孩子的智力与努力。当问及16岁的高中生026Y-C对自己未来孩子的教育期望时,他则表达了要尊重孩子兴趣的想法。

061M-E:"小孩子,还是靠他自己的智力,不可能我希望读到什么程度,他就一定要读到什么程度。我的小孩他要读到什么程度,他自己每方面考虑清楚了,有一个比较完整的方案拿出来,然后跟我们做爸妈的沟通,我们能支持的就支持,不能支持的就没办法了,爸妈能力就到这了。不可能什么都不想,然后一直读一直读,读到四十几岁,这样叫作读傻了。""主要还是看孩子自己的性格,喜不喜欢读书,感不感兴趣。如果他不愿意读书,我们最多说几句好好用功、努力读书,如果他听进去就好了,听不进去,我们也没有办法。读书是自己的事情,我也期望我孩子读到大学,尤其是我儿子,他要是读完大学我高兴死了,但是他懒惰,性格使然,我顶多说几句,如果他不听我也没有办法。"

026Y-C:"看他的兴趣,我不会勉强孩子,做人不能太攀比,踏踏实实做自己,咱不和别人家孩子比。"

061M-E 还认为对男女的教育期望不同,女孩读完大学找份轻松、离家近的工作就行了,不需要读很多书。不过最终还是由孩子自己决定。

061M-E:"我女儿要是继续往上读,我也接受。不过实际考虑,女人读书读到三四十岁,也没啥意思。不是我说(这个观点),是打个比方,开个玩笑,比方说,你要是出国留学了,然后嫁国外了,你爸妈什么滋味?""以前,我的想法是我女儿大学毕业了,找个离家近一点的工作,比较稳定、轻松、快活,但我(后来意识到)这是老头的想法。现在,我就想,不要给孩子压力,她想干什么,跟我们沟通了,有一个比较完整的方案与规划,她自己开开心心去做就行。"

总起来说,农村人的教育期望都比较高,绝大多数人都期望孩子可以读大学,一些人期望可以读到研究生,甚至"越往上越好"。

二、教育期望的变迁

在教育期望普遍较高的前提下,变迁可能体现在以下几个方面。

(一)教育期望总体越来越高

在祖辈及父辈时代,父母对子女的教育期望会出现高中、大专,甚至"无所谓"的情况,但在年轻一代几乎不大可能,如在外务工的078Y-C所言,现在社会中对人的要求"最起码是一个大学生","高中生在别人眼里就是文盲"。教育期望的提高首先与经济发展有密切关系,经济发展既提高了教育需求,也为农民提供了更好的经济基础。其次,教育发展特别是高等教育的扩张导致教育文凭的相对贬值,也迫使农民提升了教育期望。

> 078Y-C:"我感觉现在的大学也放开了,还有现在的成人大学,现在的大学门槛低了,上大学的人越来越多了。小时候听说有人考上大学就感觉像听天书一样,确实特别少,更别说考上研究生了,考上研究生几个乡里都没有一个。现在大学生普遍多了,咱说得难听一点,现在工地上都有很多大学生,我感觉以后学历肯定重要,大学生遍地都是,可能以后搬砖都需要学历了。"

(二)年轻人的教育期望有更尊重个体兴趣的倾向

家长对孩子的教育期望普遍较高,但前文也表明,一些家长认为要根据孩子的情况而定。这里的"根据情况而定"有两种含义:一种是祖辈与父辈们"顺其自然"的态度。由于经济限制以及社会对教育的需求并不太强烈,家长们事实上持一种自然放养的态度,是"让他自己去,没有过分要求";或者是"无所谓"的态度,孩子能上到什么程度就是什么程度,并无特别的期望。

　　048Y-W:"(父母)教育期望,没有吧,他们不了解教育方面的事情,就希望我能走到哪算哪,一生平安顺遂就好。"

　　另一种"根据情况而定"体现的是年轻一代对兴趣的关注和尊重,如还在读高一的026Y-C在回答对自己未来孩子的教育期望时,明确表示要尊重孩子自己的兴趣,不强迫、不攀比。高中生055Y-C对自己的教育期望也不是越高越好,而是选择自己感兴趣的设计方面。

　　055Y-C:"因为我想以后走艺术(道路),想学点不一样的东西,然后走向设计这方面的,大概不会读研。"

　　相比于年长一代的"顺其自然""无所谓",年轻一代的"尊重孩子兴趣"体现的是完全不同的教育理念,他们不是不管不问的放养,而是根据具体情况有针对性地培养,是对受教育主体的尊重。

(三) 年轻人的教育期望更趋清晰明确

　　一些年长者对教育并不非常了解,只笼统地觉得只要读书肯定是好事,学历越高越好。当问及60岁的081O-W希望子女上什么类型的学校、上什么专业时,他说,"这个没法说""一点不懂"。

　　081O-W:"这个没法说,在农村,家里出了大学生才懂这个东西,不出,当时去报一点也不懂,就报那个志愿,就捡志愿书上最少学费的报的,和选什么层次没关系。谁能知道？××(指其女儿)她都不知道,高中读完了,她都不知道。我们家长哪能知道啊？关键是一点儿不懂,比如现在的农村,什么是本科？什么是专科？他懂什么？什么是（硕士）研究生？什么是博士？一概不懂，对不对？这是家里出现了（大学生），这才懂，以前哪能懂这个？可不懂。"

年轻人特别是受过教育的年轻人对教育的期望更清晰。070Y-C是来自农村的在读硕士生，对自己的教育期望更理性，对弟弟的教育期望则更清晰。

070Y-C：（对于自己）"我的打算和我的理解有一定的差距，就是打算总要从现实层面来看，现在年纪也不小了，然后其实是有赚钱或者是独立上面的压力，就是我觉得现实上我可能会偏向于读到硕士就算了。""就算家里愿意供，愿意让我啃老，我也不太愿意啃老，我也还是想实现自己的独立，虽然这就跟继续深造会有一定的差距，就是会有一定的冲突，但是我觉得如果能够平衡好这两者，那当然是更好。如果只是为了提高自己的知识水平和思想境界，完全不顾这些现实的因素，我也是做不到的。"

（对于弟弟）"因为我是读文科的嘛，从我现在了解的情况来看，文科的就业是很难的。所以我总是有一种忧虑，我不想让他读文科，虽然我觉得读文科对我来说确实帮助很大，能够帮助我陶冶我的情操，这是我最初的理想；然后让我更冷静、更客观、更宽容地看待世界上很多的事物，见识到更多的观点和这些观点的出发点，就是这些对我来理解这个世界是非常有好处的。但是我觉得我还是比较希望我弟去从事像医生、律师、计算机编程师这种职业。至于要读到什么程度，我觉得就看他自己的意愿，我当然是希望他越往上读越好。同时我也希望我能够在他读这些专业的同时,给他一点那种人文灌入,我还是比较希望他能够多看一些文学性的书。"

诚然,070Y-C对教育能有这么清晰的认知,更多原因归结于他所受的教育,而非仅仅年龄问题。但从总体趋势来说,随着年轻人的外出务工,随着互联网的发展,年轻人相对于中老年人,对教育的认知更加清楚。

三、"成龙成凤"高教育期望之审

(一)"望子成龙与望女成凤"的高教育期望

很多研究者对教育期望进行了区分,一是教育愿望或抱负(aspiration),一是教育期望(expectation)。一般来说,前者是不受限制的希望,后者是考虑到实现可能性的更为现实的目标。如有学者将二者区分为"理想的期望"(idealistic expectations)和"现实的期望"(realistic expectations):前者是父母对孩子所能达到的教育成就的梦想、愿望及充满希望的期望,源自父母自己的愿望,特别是自己未能实现的抱负;后者是父母对孩子所能达到的学业水平的预测,主要基于孩子现有成绩的判断[1]。在经验研究中,学者也对两种教育期望的测量进行了区分,前者是"你想要达到的教育程度",后者是"现实地说,你认为你能达到的教育程度"[2]。一项对中国城市流动儿童的研究发现,虽然他们有上大学的强烈愿望(aspiration),但是对现实条件的评估,降低了其教育期望(expectation)[3]。当然,也有很多研究未做这样的

---

[1] SEGINER R. Parents' Educational Expectations and Children's Academic Achievements: A Literature Review[J]. Merrill-Palmer Quarterly, 1983, 29(1): 1-23.

[2] LLOYD K M, LEICHT K T, SULLIVAN T A. Minority College Aspirations, Expectations and Applications under the Texas Top 10% Law[J]. Social Forces, 2008, 86(3): 1105-1137.

[3] KOO A. Is There Any Chance to Get Ahead? Education Aspirations and Expectations of Migrant Families in China[J]. British Journal of Sociology of Education, 2012, 33(4): 547-564.

区分。

如果进行区分的话,本研究更多指的是一种教育愿望或抱负(aspiration),特别是当问及的是家长对孩子的教育期望时,多是家长在未考虑实现可能性情况下的一种单纯的愿望。所以,这种愿望普遍都很高,用家长们的话是"望子成龙,望女成凤"。这种愿望来自家长们对教育重要性的认识,来自对教育能达成更好生活的一种想象,也来自自身缺乏教育的经历。

019M-E:"能读多少就读多少。我们希望他,读博士博士后都可以。因为我不能,昨天我就说了,这是我的教训,没怎么读书。"

事实上,当家长们说出教育愿望是"大学""研究生""越高越好"时,他们也意识到这个愿望不一定能实现,但他们愿意去支持孩子实现这个愿望。

071M-C:"从我内心来说,我会支持孩子读书到底,只要他们愿意读书,我就会一直支持,希望他们以后能够有个好的出路,可以读个博士,(硕士)研究生啊,但是这也需要靠他们自己努力,父母无法帮得上忙。"

相对于父母对子女的高教育期望,孩子对自身教育期望更趋理性,或者说更接近于期望(expectation),他们会考虑到实现期望的可能性。

055Y-C:"因为其实我对学习并不是很感兴趣,就希望能够上到大学毕业,因为研究生离我太远了。"

（二）"成龙成凤"期望的意义与风险

很多研究都表明教育期望对学业成就的预测作用，而且父母的教育期望可以通过影响孩子的教育期望从而影响孩子的学业成就，典型的如威斯康星模型，将教育期望作为家庭背景影响教育获得的重要中介变量[①]。如果区分愿望与期望，尽管有研究者认为，愿望（"想要什么"）不能解释行动[②]，但是也有研究者坚持认为教育愿望很有意义，特别是在解释弱势群体教育获得中的意义。有研究指出，下层阶级的父母对他们的孩子表达了对自己命运不满意的抱负，他们把自己作为一个需要避免的榜样，"我不在乎他做什么，只要他不做和他爸爸一样的事"或者"我不希望他们像我一样"[③]。还有研究发现，穷人与非穷人在教育期望（expectation）与教育愿望（aspiration）方面存在差异，穷人在这两方面都存在弱势；非穷人的教育期望更能预测其教育成就，而教育愿望对穷人更重要。对此，作者的一个解释是，不同于生活在鼓励继续上学社会环境中的优势群体，穷人需要足够的动力来克服周围的社会惰性——一种逆流而上的动力，因而教育理想或教育愿望对于预测他们的选择可能更为重要[④]。

由于儒家文化的重教传统，教育期望在解释教育获得时可能意义更大。有研究发现，亚裔与白人学业成就差距的一部分可以用行为和态度（父母及孩子的教育期望是态度的重要内容）上的种族差异来解释，这种差异有助于亚裔人在成就方面获得更高的回报，而且这种情况

---

① SEWELL W H, HALLER A O, PORTES A. The Educational and Early Occupational Attainment Process[J]. American Sociological Review, 1969, 34(1): 82-92.

② SWIDLER A. Culture in Action: Symbols and Strategies[J]. American Sociological Review, 1986, 51(2): 273-286.

③ SEGINER R. Parents' Educational Expectations and Children's Academic Achievements: A Literature Review[J]. Merrill-Palmer Quarterly, 1983, 29(1): 1-23.

④ VAISEY S. What People Want: Rethinking Poverty, Culture, and Educational Attainment[J]. The Annals of the American Academy of Political and Social Science, 2010, 629(1): 75-101.

尤其在低社会经济地位家庭中更明显[①]。我国学者的诸多研究也证明教育期望对学业成就的影响,如有学者利用上海市数据验证了威斯康星模型[②],还有学者发现中国家庭对子女的高期望及其对学业成绩的影响,认为父母的高教育期望会导致其投入与家庭社会经济地位不相称的教育资源,投入更多的时间与支持,会强烈影响孩子的学习动机,从而影响孩子的学习成绩[③]。

本研究发现,农民对子女普遍有"成龙成凤"的较高愿望,这种愿望可能不会对孩子的教育获得产生直接影响。但是,有了这种愿望,他们会尽力支持孩子读书,用一位家长的话是"孩子只要想学习,就要让她读书,倾家荡产都可以"(007M-W)。这种愿望还会影响孩子的教育期望,激发孩子的学习动力,并最终影响孩子的教育获得。此外,强调教育期望甚至是不切实际的教育愿望对农民的意义,还在于防止农民对教育产生失望与放弃。农民缺乏其他向上流动的资源,通过教育实现向上流动几乎是他们唯一的途径,如果放弃教育,就等于放弃了向上流动的希望。正如孙立平所言:"最怕的就是穷人失去向上流动的希望,一种绝望的感觉。"[④]所以,用一句民间流行的话是"梦想总是要有的,万一实现了呢"。

但是,农民的过高期望在遭遇教育促进社会流动功能弱化的现实后,会不会存在风险或代价呢?在高等教育已经进入普及化发展阶段,接受高等教育已经不能保证有一份稳定的工作和较高的收入,当农民倾尽财力供一个孩子读完大学却不能带给他们想象的生活时,他们会

[①] LIU A, XIE Y. Why do Asian Americans Academically Outperform Whites? ——The Cultural Explanation Revisited[J]. Social Science Research, 2016, 58: 210-226.
[②] 王甫勤,时怡雯.家庭背景、教育期望与大学教育获得——基于上海市调查数据的实证研究[J].社会,2014,34(1):175-195.
[③] 庞维国,徐晓波,林立甲,任友群.家庭社会经济地位与中学生学业成绩的关系研究[J].全球教育展望,2013,42(2):12-21.
[④] 孙立平.绝望比贫穷更可怕[J].中国报道,2009(6):50.

不会受挫与失望,从而降低对教育的期望与投入？我国有学者研究认为,不断固化的社会结构和接触优质教育资源的有限机会,降低了农民对于子女教育获得和子女通过教育实现社会流动的期待,并担心这种情况如果继续下去,容易导致农民对自身发展机会的消极认识及生活境遇的再生产[①]。但国外也有研究认为,社会较低层成员在这种情况下会采取价值延展(value stretch)的策略,在不放弃成功的价值观(如高收入、高教育和高职业成就)的情况下,他们也扩展了这些价值观,从而使较低程度的成功也被认可是可取的,这有助其适应环境。例如,他们期望孩子考上好大学成为一名医生,但如果孩子最终只成为一名邮政职员,他们也是接受和满意的[②]。此外,这也取决于人们的教育价值观,有研究发现,人们希望上大学,除了因为能带来工作与收入的工具性价值,还依赖于人们对于上大学意义的主观构建,如上大学代表着上进的奋斗者,给大学赋予的这种象征性价值或表达性价值也影响着上大学的期望[③]。从前文看,农民虽然对子女有"成龙成凤"的愿望,但他们也做好了不能实现愿望的心理准备。此外,农民除了希望通过教育实现社会流动和改变命运之外,也追求教育的本体育人价值。所以,从理论上看,当上大学促进社会流动功能弱化后,会产生一些消极影响,但不会完全降低其教育愿望及教育投资意愿。下节则基于访谈内容,具体讨论教育促进社会流动功能弱化对农民教育投资意愿的影响。

---

① 谢爱磊."读书无用"还是"读书无望"——对农村底层居民教育观念的再认识[J].北京大学教育评论,2017,15(3):92-108.
② SEGINER R. Parents' Educational Expectations and Children's Academic Achievements: A Literature Review[J]. Merrill-Palmer Quarterly, 1983, 29(1): 1-23.
③ DETERDING N M. Instrumental and Expressive Education: College Planning in the Face of Poverty[J]. Sociology of Education, 2015, 88(4): 284-301.

第三节　教育投资观

这里的教育投资观主要指教育投资意愿及教育投资的原因。教育投资意愿不仅反映对教育的重视程度,而且更多与教育支持行为相关。本节讨论农民的教育投资意愿,特别把问题设置在教育收益下降的情境中。访谈时,向被访者询问其家庭在教育上的投入状况及投资意愿,并询问"如果一个人大学毕业还没有初中毕业就出去打工挣钱多,您觉得花钱读高中和大学值吗?这样的情况下,还会选择读大学吗?为什么?"之类的问题,以了解被访谈者的教育投资意愿及其背后的原因。

一、教育投资意愿

从被访者的回答看,绝大多数被访者都有较强的教育投资意愿,只要孩子想学习,就愿意提供经济支持,甚至超出家庭经济承受能力也愿意"砸锅卖铁"供孩子上学;而且,即使在读大学不如初中毕业就出去打工挣钱多的情境下,仍然愿意选择读书。只有极少数认为要根据学的情况,要"学有所得",要学得好。还有家长提到性别因素。

(一)"能学到什么程度,我会供到什么程度"

只要孩子愿意读书、能够读书,就愿意提供经济支持,这是最普遍的回答,常见的说法如"只要孩子能考得上,就要供她上学""孩子只要想学习,就要让她读书""能学到什么程度,我会供到什么程度""只要孩子能够上学,都应该尽力去供他"。而且,教育的投入常常是家庭投入中最重要的。

036M-C:"他考研的时候,我是全力支持他的。他妈妈那时候经常背地里讲,我家是农村的,条件又不好,给他念个差不多不就行了吗,我说不是这样的。我说有知识和没有知识肯定是不一样的。还有你这时候看到的只是眼前,他后面的路长呢。他念书能念到什么程度,我全力支持。我经常跟他说,你以后要是做什么大事我可能没钱给你,但是念书这方面我说全力支持。比如说我让他念二专业三专业,他报了一个什么会计,他会计学着学着不去学,这不能怪我呀,学费都交了。他学日语,学费交了两万多块吧,我问他证书有没有拿到,他说还没有。争取考研之后肯定能拿到。还有学个驾照。只要有点能力,肯定供应。"

024 M-W:"如果我们有一百块钱,最多我们都舍不得用一二十块钱,都是留给孩子上学。"

(二)"砸锅卖铁也要供娃读书"

一些家长明确表示,会尽最大力量支持孩子读书,即使超出家庭承受能力,也愿意"砸锅卖铁""倾家荡产"去支持。

007M-W:"只要孩子能考得上,就要供她上学。研究生(硕士)、博士都供。""知识改变命运,孩子只要想学习,就要让她读书,倾家荡产都可以。"

041O-W:"攒下来的钱几乎都用来供娃读书""父母就是打工挣钱也希望娃考上大学……人哪怕打工再苦的也要供娃上学,谁不盼娃出人头地。只要娃成绩好,大人砸锅卖铁也要供娃读书,只要娃能考上,就让娃去上学。"

56岁的052M-E是一个节衣缩食供孩子读书的典型个案。她家境不佳,丈夫生病住院又加剧了生活压力,"因为俺对象(生病)去住院,花了六万多,一分也报不了,加上供给这么两个孩子念书,说句实在的,说不累真是假的。"但是尽全力供两个孩子读书,一个上了本科,一个大专毕业。她对孩子说:"俺供给你们念书确实不容易,俺就是宁可省吃俭用,不吃不喝也得供给你们。"当儿子考虑到父母辛苦想辍学时,她说:"儿啊,俺砸锅卖铁不用你操这个心。"当女儿第一年没考上,愿意花一万块补习费,"她复习(复读)一年考上大学了,我觉得我这一万块钱没白花"。但是,她自己送女儿上大学却没舍得住旅馆而在室外花坛住了一夜。

052M-E:"送闺女上大学的时候,没去住旅馆,就在花坛住了一夜,回来让人家一顿笑话,告诉了好多遍,哈哈……(同行的一个家长说),嫂子,咱们去住旅馆吧。我说你去吧,俺不去。她说你不去俺也不去。后来说,下回来,怎么也不在外头(花坛住一夜)了。(当时)我口袋里一共也没有一百块钱,还去住旅馆呢,我回来钱花得空空的了。"

(三)"(读大学没有打工挣钱多)还会让娃读"

当问及"如果一个人大学毕业还没有初中毕业就出去打工挣钱多,您觉得花钱读高中和大学值吗?这样的情况下,还会选择读大学吗?"81位被访者中有73位是肯定回答,认为值得,"读书肯定值";愿意继续供孩子读大学,"还会让娃读"。

041O-W:"当然是值得的,上大学就全面学,学的知识多,学到的知识就是自己的,咋能没用呢?愿意让娃读大学,在社会上知识更多的人一定能走得更远,对社会有更大的贡献。"

044M-W:"当然选择他们受更好的教育了,以后学知识长本事了能挣更多的钱,挣钱也轻松嘛。我认为多学一点总比少学一点好嘛,管他挣钱多少,现在不是他们能考虑的事情,他们现在唯一能做的就是多学一点知识,以后能有更好的那个生活条件。"

055Y-C:"因为他们现在只是凭着还没初中毕业就找工作挣钱,然后就是这几年可能会比较那啥,他们现在就是趁着年轻的时候年轻力壮好一点,等到再过点年龄的话,就应该都挣不着啥钱。那些大学毕业的东西,文凭在,再然后是有自己的实力在,就是有脑子有知识,都碾压他们好几层,就跟那个网红一样,他们现在是长得好看,看颜值啥的,等到再过几年都可少人在靠它挣钱。""在思想层次上不一样吧,不一样层次的人思想都不一样,好比就跟你高中毕业了,你出去吃个饭,他们一般都是跟那种同村同乡的一起出去,天天都是凑的那种跟上大学的都不一样,然后大学毕业出去了,反正方向都不一样,就跟那同学聚会,不上学的或者可能上学没那么多的,他们聚会整一窝子窝在一起,都是打麻将吃喝,但是上过学的都不一样,他们都能出入高级写字楼、咖啡馆这些。"

(四)"(学不好)白花钱"

在被访者中有较少部分人考虑到教育投资的性价比及其他问题。针对"如果大学毕业还没有初中毕业就出去打工挣钱多,读大学值不值"问题的回答,除了73位回答值得,5位回答中未涉及该问题外,还有3位认为要根据孩子情况;此外,被访者本人虽然认为值得,但提到村上其他人不认可这种教育投资观。

013Y-E与005Y-W都是来自农村的大学生,一个刚毕业,一个大学在读。两者都认可读书的价值。前者希望未来自己的孩子能读大学,但对不同性别有不同的投资观,认为对女孩可以不计性价比地供养读书,男孩则可以"打拼创业"。后者希望将来自己的孩子可以读博、出国深造,对于上述问题的回答是:"分人分情况。如果读高中、读大学的时候,并不能做到学习新的思想,获得更多知识的话,不读也罢;一定要学有所得,学有所思,不然没有意义。"相对于013Y-E与005Y-W,057M-C的想法则更能代表农民中对教育投资持迟疑态度者的投资观。46岁的057M-C初中毕业外出务工,认为上学的主要目的是挣钱,"现在是经济社会离了钱啥事也办不成!我现在反正文化水平也不高,只知道赚钱。没钱什么事也办不成,你大学生你文化水平再高,赚不来钱也白搭"。他对教育投资的看法是,如果读得好能考上名牌大学,赚钱的可能性大,教育投资是值得的;如果学得不好,考不上大学或者考上一般大学但找不到好工作,教育投资则是不值得的,"花钱白花了";如果上大学后还没有初中毕业挣钱多,则肯定是不值得的。对于自己的孩子,他目前的态度也是成绩好就支持,成绩不好则"不打算让他上","上也是白上,白花钱",并明确表示不会花钱为孩子择校择班。

057M-C:"学得不好,你钱不是白花了,上学又学不好,你要学得好我都愿意供应,孩子学得好肯定愿意供应。他学得不好,我都不愿意供,因为花钱也白花了。""他学得不好,考个大学也考不上,那不是白花钱的,还不如早出去打工。""(大学毕业没有初中毕业挣钱多的话)肯定不值呀,你上大学上了几年大学,你花多少钱对不对?你还不如一个没文化水平的挣钱多,你还觉得上学有用吗?肯定都不用我说没用,给谁都这样说没有用……(这种情况下是否选择继续支持读书)看他(能否)学得好,我刚才不是说了学得好,考上名牌大学了还可以。要是一般的大学,跟你说,就业现在都是困难,因为大学生太多了,太多了。""(对于自己孩子目前的态度)(如果)成绩不好,我是不打算让他上。上也是白上,白花钱。我都是实话实说。他要有希望上大学我都让他上。要是没希望肯定是都不让他上。现在有的是掏钱买分了弄啥了,都是搞那些虚伪的,到学校里了,还是学习跟不上,那不是白搭吗?对不对?现在社会上那些上重点高中了,重点初中了,他们现在不是都想掏钱买分吗?可能私底下现在都是买分,差一分用多少钱买,你学习本来不好,你就是花钱进去将来还是跟不上,上学跟不上,也是白搭。我都说他学习好坏随他,反正我肯定不会给他掏钱买分,跟你说,就考上考不上都随他。"

036M-C 本人持非常积极的教育投资观,但他反映所在农村存在选择打工放弃读书的现象。

036M-C:"我是讲(读大学)肯定值的,但是在我们家农村这样讲的多,说上大学干什么哦,上大学还没有初中小学赚钱多,你看我们文盲在外面做工赚了多少多少。"

综上,农民中的绝大多数都有较强的教育投资意愿,愿意"砸锅卖铁"供孩子读书,即使预期的教育投资的经济收益不足,也难动摇其教育投资意愿。但也有少数人注重教育投资的性价比,看重教育投资的经济收益。

二、教育投资收益下降情境下高投资意愿的原因

为什么在大学毕业还不如初中毕业出去打工挣钱多的情境下,绝大多数家长还愿意进行教育上的投资?基于访谈资料,原因有:从长远

来看,读大学收益更好;读大学后不会再做苦力,工作更轻松,发展空间更大;读大学能提升人的综合素质,人生不只是挣钱;不相信大学毕业还不如初中毕业打工挣钱多,坚信教育投资是值得的。

(一)"要看长远利益"

很多人认为,初中毕业打工挣钱多只是暂时的现象,如果读了大学读了研究生,虽然眼前不挣钱,但将来收入会更高。用被访者的话是"(打工)收入是暂时的,学历高可以从长远角度获得更多"(009M-W),"打工是暂时的,读大学是一辈子的事"(068M-E),"人生的道路不只看眼前的收入"(020O-E),"(大学生)升值空间要比高中生大"(070Y-C)。下面是两个代表性观点。

> 038O-E:"那当然还是念书好了。你不念书,打工去,打工他不稳定啊。你读高中大学,大学毕业以后,你有了知识什么事情都能干。你打工去那是临时性的,没把握,不固定。你今年碰巧打工挣几个钱,明年没有打到工呢?那最后嘴都糊不住。"

> 011M-C:"我是感觉值,如果他早一点出去工作,务工,可能是眼前的利益,可能是更高一点,因为有的人读完初中已经出去挣钱了,上班了,可能经济收入上是更好一点。那个读书的呢,读大学的呢,又是读本科啊,研究生(硕士)啊,博士生啊,可能是要花费好大一部分钱吧,他又没有收入,从这一层面上看好像是早一点出去参加工作更好。但是从长远利益来看呢,可能是读书读得多的话更好,因为他以后,就是说能找一份更好的工作,可能比他初中一毕业就去参加工作的工作要好得更多。况且呢,他自己以后的人生的走向啊,职业啊,可能是完全不一样的,结果是完全不一样的。你初中毕业去

参加工作，可能是拿三千块钱的工资，可能你一直干下来，就算有增长，也最多四千五千，但是呢，你读完书出来，读完硕士博士出来之后，那就完全是另一番天地了。我感觉是这样子的，也就是说，给孩子（读大学）呢，钱是出在前面的，这后面呢，收入可能是更可观。从长远利益来看是这样子。"

（二）"有智吃智，无智吃力"

对于受访者来说，未上大学出去打工赚的是辛苦钱，以后发展会受到限制。读大学后，从事的是更轻松的工作，"挣钱少，出力小，少受罪"（063M-E），以后也会有更好更大的发展空间。用036M-C的话是"有智吃智，无智吃力，吃苦力"，北大学生卖猪肉也"照样赚大钱"。以下是其他一些相似的观点。

026Y-C："花钱读书值得，你大学毕业以后你有文凭。打工干的是体力活，假如我去工地搬砖，一个月也能拿六七千，但是这和你坐在办公室喝着茶吹着空调，一个月挣五千感觉是截然不同的。"

030M-E："家庭困难的情况下，他出来打工能够分担一部分责任。如果从长远的角度来讲，那个读书，读大专以上，对后面的发展，绝对要比你早打工的胜几千倍的，最少要几倍吧。他工作不同了，选择的余地大了，空间大。"

075Y-C："不上大学的话，初中就外出打工了，他能干什么呢，无非就是凭力气干活挣钱，曾经我碰到一个人，他初中就去干活了，在工地上搬砖，工地有活他就干，工地没活他就只能歇着，像这样的，是社会在选择他，而不是他在选择社会，只能是被选择。他也给我说过，将来他的岁数大了，又没有一技之长,到时候他怎么办,只能回家种地。另一方面他的工作压力很大,他每天都在工地上干活,他的工资虽然很高,但是他太累了。我感觉这样活着很没有意义。我感觉学习能改变命运,而不学习的话,一旦你被固定在某个阶层,你就很难去突破。"

(三)"受教育不只是为了钱"

很多受访者认为,上大学、受教育不只是为了挣钱,上大学读书能提升阅历能力、改变思维、丰富精神生活、提高综合素质,"读大学可以使人的素质提升,说话、办事都与不上大学的不一样"(062O-E),"念完大学的话,你的阅历知识各方面,我觉得都应该会和初中那时的见识之类的截然不同。而且大学毕业相对于初中毕业而言,可能也会对以后的人生有截然不同的影响"(043Y-W)。"人生在世也不只是为了钱",如果没有文化,即使挣钱多,也是暴发户。

> 058M-C:"这不能说值不值的问题,我觉得这一辈子没有走进大学会后悔一辈子。但是你说以金钱来衡量人生的价值,我不认为这有啥,我觉得这种说法是片面的。现在这社会不能以金钱来衡量一个人的人生价值,有的富二代拆迁了,拆迁的拆迁户有的不用上学,那都很有钱。但是有那上学的,你说跟那相比来说,没有这富二代有钱,但他精神方面确实比较丰富的。这有钱的他精神方面不一定是很丰富,他也是匮乏,他拥有的只有金钱。""我相信知识能改变命运。我的观点就是知识能改变命运,改变一切,最起码能够改变自己。把自己变成一个有知识、有文化、有思想、有头脑的人,而不是说单纯地只有钱那一种。"

078Y-C："如果别人家的孩子都去读大学了，但是自己的孩子却没有读大学，总感觉自己的孩子是个土老帽，这就是为什么有的人被称为富商，有的人被称为土豪，还有人被称为暴发户，这肯定是有区别的。如果学历高还能挣钱，肯定不会被人称为暴发户，对不对？教育是重要的，虽然我当时上学没有好好地上，但是现在回想起来，如果能够回到过去，无论当时我学习有多差，我混也要混到大学毕业，无论学好学差，我是不会后悔的。"

一些农村出身的大学生从自身体验看，也认为读大学有超越金钱之外的收获。

076Y-C："现在我拿时间与金钱成本和他们做比较的话，那肯定是他们比我挣的钱多。但是我感受到的世界，我感受到的一些不可言说的东西，你从周身的氛围和谈吐就可以分辨出来。其实，我个人认为读大学是值得的。有些东西是不能用金钱来衡量的，是无价的东西，你无法衡量出来，比如说你的为人处世，待人接物和谈吐，还有周身的气场和能力，这些都是不能拿金钱来衡量的。"

(四)"(初中毕业打工)挣钱多的那肯定是凤毛麟角"

还有一些被访者并不相信初中毕业外出打工挣钱能超过大学毕业生，即使有，也是极少数个案，"那肯定是个例，不是普遍性"(019M-E)，"这种情况应该是少数吧"(035Y-E)，"那是不可能的，那就是没有找到自己合适的罢了"(004M-W)。而且，他们认识到如果读完大学找不到好工作，那"不上大学更没有好工作"(065M-E)。

062O-E:"上学是农村孩子唯一的出路。上了大学未必能找到好工作,但是,不上大学,一定找不到好工作。"

059Y-C:"因为初中毕业就出去打工,挣钱多的那肯定是凤毛麟角。其实没有那么多,而且他经历的和付出的肯定要特别多,会过得特别辛苦,才能有现在的成就。而且我觉得初中毕业挣钱多的就是幸存者偏差,也有大部分人初中毕业出去工资很低,薪资很微薄。然后读高中和大学可能收入也不是很高,但是普遍水平不会特别低,就是平均线还是要比初中毕业要高一点的,而且拿到工资可能也没有那么辛苦吧。"

三、教育投资观的变迁

(一)从被动支持到主动投资

绝大多数被访者都愿意为子女的教育提供经济支持,但在祖辈和父辈,由于经济限制,多数是一种被动的或"顺其自然"的,孩子能读下去便会支持,读不下去"也没有办法了,家长只能做到这里"(004M-W);甚至读不下去正好是切合父母没钱提供、不想支持之意。

042O-W:"(考上大学的孩子)他乐意读书,怎么苦怎么累他坚持啊……我那前大力支持他读书,那前你看他念书前,家就有几只羊,凡是他念书我就卖羊,卖羊就交学费,那就靠卖那几只羊,养活点羊,就是这么着他读成了。那要都念,哪有那么多羊?也供不起。""(未上大学的孩子)她自己不愿意念,那会又搁上家庭条件达不到那个程度,盘算着念完初中念高中也供不起。反正不念就不念了呗。"

061M-E:"以前,娘爸谁管你,读得进去书就读,读不进去就算了。以前,和我爸说不读书了,他们高兴死了,钱不用花了,还可以往家里挣钱了。"

在这种情况下,当家庭难以同时提供两个或更多孩子读书的经济需求时,会选择成绩更好或更愿意读书的,如上文的042O-W;再如59岁的024M-W有三个孩子,其中两个考上了大专,一个因为交不起学费而辍学。很多时候也会选择男孩而放弃女孩。

024M-W:"本来三个孩子我都是想让他们读到大学,由于那个时候,老大和老二顺着,老大上大学的时候,老二也要上大学,我学费拿不出来,那时候低保、国家优惠政策一样没有。我就拿不出来钱。"

年轻一代不仅愿意为孩子教育提供经济支持,而且教育投资意愿更加主动,表现在:一是将孩子主动送到城里上学;二是当孩子成绩不佳时,愿意给孩子上辅导班甚至找家教;三是不仅重视与考试相关的学科知识的经济支持,还愿意提供兴趣才艺类经济投入。

010M-C:"(过去)我们就顺其自然,让他自己去,没有过分要求。""但是现在就不同了,现在从小学,从幼儿园开始就送到城里去上学,现在的家庭家长比较重视,以前没有,以前我们顺其自然,你会读就读,不会读就算了。以前是这样的思维,现在就不同。现在从幼儿园开始,幼儿园,小学,初中,高中,直至升到大学。"

072Y-C 初中未毕业就外出务工,被访时 25 岁,已经有一个 3 岁的孩子。她认为村里人对孩子的教育越来越重视,孩子从小就被送到城里上学;她也希望像城里人一样培养孩子,让孩子多才多艺。

> 072Y-C:"我想好好培养孩子,想要他接受更好的教育,让他去上补习班啊,特长班啊,让他多才多艺,有一技之长。""那个时候的父母都不重视,现在的父母对孩子的学习、教育都特别重视,以前都没有听说要给孩子找家教老师、课外补习班什么的,那个时候我们都在农村上学,现在的孩子从小都被送到城里去上学。""我们村里的经济水平明显提高了,出去打工的人多了,他们的见识也多了,以前的人都在家里种地,而现在外出务工的人越来越多了,他们见识得比较多,不想让孩子吃那么多苦,就把更多的金钱投入到孩子的教育上。"

(二) 更少重男轻女

一些被访者提到,在支持孩子上学的观念方面,过去有重男轻女现象,认为女孩读书无用,"过去人家多数男孩子上学,女孩子还不给上呢。说女孩子上学没用"(018O-E)。特别在经济紧张情况下,常常选择男孩而放弃女孩,041O-W 家有两个孩子,儿子复读一年考上大学,女儿没考上则未选择让其复读考大学,只上了中专。058M-C 介绍的本村案例也是优先支持男孩。

> 041O-W:"女儿没考上就算了,我们那边农村重男轻女比较严重,家里基本上都是先供男娃读书,当时那个年代能上大学的也全是男娃。"

058M-C:"比如说我们村东头的有一个叫×××(人名),她就是姐弟两个人,但她家庭条件比较困难。她上到高中,虽然说是还想自己往上上,但她的父母因为种种原因还是因为家庭比较贫困,不让她上,只让她弟弟一个人上学,所以说我为她感到惋惜。"

在年轻人这一代中,由于社会发展、经济条件改善、独生子女政策等原因,男女更加平等,"家里经济条件好了,男娃女娃都能上大学"(041O-W)。所访谈的一位家长013Y-E甚至持与过去完全相反的观点,认为要富养女孩,要不计成本供女孩上学。

058M-C:"以前的教育观念就是认识个字就行了,认识自己(的名字)就行了。不需要学那么些知识,特别是女孩子。但现在不一样,现在都是男女平等,在一个家里不管是有男孩或者女孩,父母都是平等地希望他们都好好学习。就是考上自己的理想中的大学,尽量地多学知识,最起码走上社会不容易被社会所淘汰。"

013Y-E:"(如果初中毕业打工赚钱比大学毕业多,上大学是否值得)如果是女儿的话还是值得供钱让她上大学的,如果是儿子我觉得无所谓,反正男孩子可以出去打拼创业,女孩子的话还是得富养。"

综上,可以看到农民的教育投资意愿从被动支持到主动投资、更少重男轻女等趋势,显示农民越来越重视教育。

四、"砸锅卖铁供娃读书"强教育投资意愿之思

(一)"经济人"理性还是缺乏风险意识的盲目投资?

一些研究者认为,农民的教育投资具有"经济人"理性特征,计较投资的收益。如有学者基于某县的个案研究发现,这里的农民对教育的选择"体现了农民作为'经济人'的理性特征",对教育的需求是功利性和工具性的,是作为"借之攀爬到社会上层的梯子"。不过,大学扩招、就业风险没有明显改变农民对教育的期望,农民仍然坚持知识和文凭能带来更多收益的信仰[①]。另有基于某村的个案研究发现,该村外出务工人员看重的是投资所带来的及时的、快捷的经济效益,把教育投资看作是一项没有收益的"消费",因而在其子女的教育投资意愿上表现出了极其消极的态度[②]。

另一些研究者则认为农民的教育投资是缺乏理性风险意识的,甚至是盲目的非理性行为。如有研究者发现,农村贫困家庭的教育投资缺乏风险意识,具有一定的盲目性,不少家庭愿意以举债方式筹集资金供子女上学,大学生就业难风险并未影响贫困家庭的教育投资热情[③]。另一项研究也发现,农村家庭存在高等教育过度投资的强烈愿望,教育投资决策时不进行投资的成本收益分析,忽略教育投资风险[④]。

本研究发现,农民的教育投资意愿很强,甚至有"砸锅卖铁""倾家荡产"等不计成本的教育投资意愿;即使在大学毕业没有初中毕业出去打工挣钱多的情境下,绝大多数人也愿意选择供孩子读大学。在解释教育收益下降仍坚持强教育投资意愿的原因时,农民从长远收益、非经

[①] 王一涛.农民的社会流动与教育——基于英山县的个案分析[D].武汉:华中师范大学,2007:61-84.
[②] 方敏.农村外出务工经济兴起背景下农民对子女的教育意愿研究[D].北京:中央民族大学,2013:36-37.
[③] 贺建清.影响农村贫困家庭教育投资意愿的因素分析[J].教育学术月刊,2014(3):28-31.
[④] 张学军.农村家庭高等教育投资决策研究[D].咸阳:西北农林科技大学,2008:109-111.

济收益、经济收益多少与工作合适度及发展空间的比较收益等方面进行思考。这些解释很多来源于他们的体验如外出务工经历、邻里经验等,而非纯粹的一厢情愿。这些方面表明,农民在进行教育投资时,并非都是"经济人"理性,也非完全没有进行思考的盲目冒险。当然,由于经验及信息不足,农民的教育投资观未必都一定合理。此外,由于中国地区广大,不同地区不同情境中农民的差异也非常大,不排除其他研究者所发现的事实。

(二)强教育投资意愿的意义与风险

强教育投资意愿与重视教育价值、高教育期望一脉相承,反映农民对教育的重视、期待及支持意愿,这些无疑都有助于促进农民子弟的教育获得。在高等教育进入普及化发展阶段、教育促进社会流动功能弱化、有可能产生"教育无用论"的情境下,农民仍有如此高的教育投资意愿,是非常难能可贵的清醒认知,正如农民所认识到的如果读完大学找不到好工作,那么"不上大学更没有好工作"。

但"砸锅卖铁""倾家荡产"类不计成本的教育投资意愿,可能会带来一定风险。比如,有可能引发教育致贫现象,特别是经济负担的代际不公平问题。由于教育回报时间较长,而且随着教育扩张及大学生就业难现象的出现,高等教育投资回报的不确定性加强。农民倾尽所有供孩子读书,而且因为孩子读书而不能工作挣钱的机会成本,必然会导致家庭贫困现象。我们在农村调研时发现,有孩子在上大学的家庭的房子一般比较破旧,那些崭新楼房可能是在城里打工挣钱建的。而且,这种经济负担在代际间是不公平的,常常孩子受益多负担少、父母受益少负担多,"含辛茹苦"虽然是中国父母的自愿,但不应该成为理所当然的事实。

此外,农民主动送孩子进城读书等强教育投资愿意也有一定风险。一是加重了家长与孩子的压力,如 003M-W 所言:"农村的孩子,现在就要进城读书,县城的孩子要去市级,去更好的地方读书。孩子的压力大,家长的压力也大。"二是农村内部分层与分化加剧。过去农民子女都是就近在村里上学,现在部分经济条件好、对教育比较重视的农民将子女送到县城上学,一个村子的孩子接受不同质量的教育,必然带来教育获得上的分化乃至最终的经济等其他方面的分化。此外,由于人们对城市学校的选择和乡村学校的遗弃,也加剧了乡村学校的没落与凋敝。

最后需要说明的是,消除风险的主要思路并不是要降低农民的教育投资意愿,现代社会中农民要想改变境遇、阻断贫困的代际传递的唯一合法途径即教育。所以,需要保护与支持农民的教育投资意愿,改变的思路应是政府加强对教育的投入与贫困家庭的教育支持,减轻农民子女读书的经济负担,让农民不需要"砸锅卖铁""倾家荡产"供孩子读书;努力提升农村教育质量,落实城乡一体化发展战略,让农民能在乡村学校享受与县城学校一样的教育质量。

本章小结　"强"教育观念

本章基于对 81 位出生于农村的不同年龄阶段者的访谈资料的分析,讨论其教育价值观、教育期望、教育投资意愿等教育观念。

1. 表现出高教育认可、高教育期望、强教育投资意愿等特征

总体看来,被访者都比较认同教育的价值,认为读书有用,教育的价值主要体现在改变命运、获得知识与技能、提升素养、为国家与社会服务、光宗耀祖及家庭传承等方面,既重视教育的工具性价值,也关注教育的本体性价值。被访者有较高的期望,绝大多数都期望可以读大学,一些人期望可以读到研究生,"越往上越好""望子成龙,望女成凤"是不少人的愿望。教育投资意愿也较强,只要孩子愿意读书、能够读

书,就愿意提供经济支持,"能学到什么程度,我会供到什么程度"是较常见的表达,甚至超出家庭经济承受力也愿意"砸锅卖铁"供孩子上学;而且,即使在读大学不如初中毕业就出去打工的情境下,仍然愿意选择读书。综合以上,我们可以称作一种"强"教育观念。

也有极个别被访者认为读书的主要价值即找工作、挣钱。所以,读书读得好才有用,如果读了大学找不到一份好工作、挣不到钱,读书则无用。这种情况下,教育投资是否值得,取决于是否能考上名牌大学以及赚钱的可能性,如果考不上好大学意味着可能找不到好工作、挣不了钱,那么教育投资则是不值得的,"钱白花了"。

2. 从观念变迁角度看,呈现"心有余而力不足—顺其自然—主动择校""工具价值—本体价值""生存取向—地位取向—发展取向"趋势

从变迁视角看,虽然总体上被访者都很重视教育,有较高的教育期望与较强的教育投资意愿,但由于经济条件、社会需求、教育供给等原因,从年长到年轻一代,展现出一些变迁趋势。祖辈(出生于1960年及以前)所处年代,想重视教育但常常存在心有余而力不足的情况("没法重视"),对教育的价值需求很多是生存取向如出门认路、医院看病、银行取钱及待人处事等,"有文化""有学问"是受过教育者的标识。父辈(出生于1961—1989年)所处年代重视教育但常常"顺其自然",对孩子的经济支持比较被动,孩子成绩好、考上大学,愿意"砸锅卖铁"支持,但如果成绩差、不愿意上学也往往会放弃教育;对教育的价值需求除了生存取向,还呈现地位取向,希望能够通过教育走出农村、改变命运。孙辈(出生于1990年及以后)年代,父母对孩子的教育支持更加主动,特别反映在送孩子去城市上学的择校意愿与行为上;对教育的价值需求除了地位取向,也呈现追求自我的发展取向,这在农村出生但已经考上大学的年轻一代身上表现得更为明显。当然,1960、1990的年代划分不是绝对精确,各地情况也不相同,这里只是表示一种发展趋势。

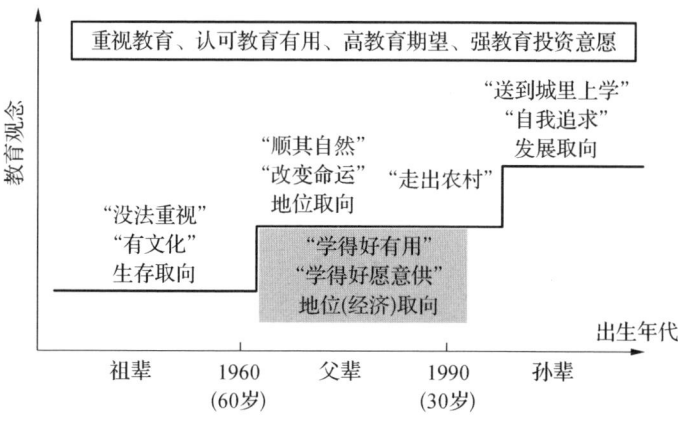

图 2-1　农村教育观念及其变迁

3. 教育价值观、教育期望与教育投资观的"三观"互动

教育价值观、教育期望与教育投资观是相互关联并彼此递进的几个概念。越认可教育价值,认可读书有用,越可能具有较高教育期望和较强教育投资意愿。越看重教育的工具价值如找工作、挣钱,越注重教育投资的经济效益,在高等教育普及化发展、大学生就业难、教育促进社会流动功能弱化等导致高等教育经济收益下降的情境下,越容易降低教育投资意愿,并影响其教育期望。当不仅重视教育的工具价值,也重视教育的本体价值以及表达性价值时,更可能持较高的教育期望和教育投资意愿,且不容易被高等教育投资收益下降的因素所影响。

农村教育观念群体性特征与差异

第三章

第三章　农村教育观念群体性特征与差异

传统的社会学理论认为社会阶层结构决定观念与意识,并最终决定行动,即一定社会结构中的人们带有相似的思想意识与行为。但随着各种后现代主义思想的兴起,一些学者认为阶级越来越成为一个过时的概念,社会分层碎片化,个人的价值态度和生活方式也越来越与阶级属性脱离,呈现"碎片化"特征。我国最主要的群体差异表现为城乡差异,农村的教育观念有区别于城市居民的群体性特征吗?本章主要分析教育观念的差异性,一是农民与其他群体相比的差异性,二是农民内部的差异性。

第一节　教育观念的城乡差异[①]

一般来说,家庭社会经济地位影响教育观念。较早明确提出教育价值观(educational value)概念及分析框架的克兰克等人,指出教育价值观受历史文化传统、社会阶层、个人特征等各方面因素影响,同时教育价值观又影响人们的教育参与及其效果。如一般来说,所处社会阶层越高,越强调教育的价值,而且更倾向于获得高选拔性(selective)的教育,追求的更多是个人的自我实现,而不是出于实际生活压力和向上流动的需要;而低社会阶层的人,不仅更不重视教育的价值,而且希望获得的知识能够直接有应用价值,因而选择更加实用的专业如商学、工程技术、经济等。[②] 我国的一些研究表明,农民对教育的工具价值需求更强,更多看重教育的功利性价值。但随着社会的发展,人们对教育的

[①] 这部分内容参照以下两篇论文内容:余秀兰.父母社会背景、教育价值观及其教育期望[J].南京师大学报(社会科学版),2020(4):62-74;余秀兰.普通教育抑或职业教育:教育价值观视域下的选择[J].高等教育研究,2020,41(1):68-76.

[②] KRAJNC A, DISMAN M, AGGER R. The Measurement of Educational Values of Adults: A Cross-National Approach[C]. Adult Education Research Conference, Chicago, Illinois, April 6-9, 1972: 1-26.

价值需求也越来越多元化,低社会阶层的教育价值观也不都局限于工具价值。

在教育期望方面,既有研究表明家庭社会背景影响教育期望,低阶层家庭由于客观条件的限制会产生相对较低的自我预期。但也有研究发现,低社会阶层同样可能抱有高教育期望,在重视教育的儒家文化国家中更为明显。除了社会背景类客观结构性因素的影响,文化观念类因素也影响教育期望。国外有研究发现,父母关于子女教育目标达成的信念(如对孩子学习成绩的信心、对自己教育孩子能力的信心、对孩子智力的信心、对与成就相关的教育价值的相信)显著影响父母教育期望,社会背景变量如种族、群体、孩子的性别等并不直接影响父母教育期望,但可能通过与父母信念的关系而间接影响父母期望;[1]还有研究发现,亚洲父母比美国父母对孩子有更高的教育期望,因为他们确信教育目标是通过努力能够达到的,而不是仅仅由能力决定。[2] 我国有学者还研究了传统生育观、性别观念、现代化观念对父母教育期望的影响。[3][4] 教育价值观念作为文化观念的重要内容,也影响着教育期望。如克兰克认为教育价值观影响着教育参与、教育兴趣、教育期望等。[5] 有学者从教育消费的视角研究人们感知到的教育价值对其留学行为的影响,将感知的教育价值分为实用价值、社会价值、情感价值、知识价值、条件价值,研究发现中国学生选择境外高等教育主要是受到其实用

---

[1] WENTZEL K R. Parents' Aspirations for Children's Educational Attainments: Relations to Parental Beliefs and Social Address Variables[J]. Merrill-Palmer Quarterly, 1998,44(1):20-37.

[2] STEVENSON H W, STIGLER J W. The Learning Gap: Why Our Schools are Failing and What We Can Learn from Japanese and Chinese Education[M]. New York: Summit Books, 1992.

[3] 王玥,杜芳雨.农村女孩与非女孩家庭对子女期望差异研究——以辽宁省为例[J].南方人口, 2016,31(5):21-34.

[4] 陈旭峰.农民地位代际流动何以可能?——农民市民化水平对子女教育期望影响的实证研究[J].人口与发展,2013,19(6):43-51.

[5] KRAJNC A, DISMAN M, AGGER R. The Measurement of Educational Values of Adults: A Cross-National Approach[C]. Adult Education Research Conference, Chicago, Illinois, April 6-9, 1972: 1-26.

价值的吸引。[①] 还有学者区分了工具性教育价值与非工具性教育价值，并研究两种教育价值观对教育期望的影响，如有学者在关于社会网络对于父母教育期望的研究中发现，父母持有"教育促进个体发展"的价值观念显著影响其教育期望，但"教育作为社会流动的工具"的观念对教育期望影响不显著。[②] 我国也有学者研究文化观念对父母教育期望的影响，但用的是户口、民族、兄弟姐妹数、子女性别这些替代变量来表示文化观念。[③] 另有研究生在其学位论文中研究了学生本人所持的教育观（对上大学重要性、上大学是否值得的看法）对其高等教育需求（期望）的影响。[④]

我国的城乡差距是社会区分的主要体现，与城市人相比，农村人在教育价值需求、教育期望方面表现出不同的群体特征吗？农村人的教育期望受其教育价值观影响吗？

这里基于问卷调查数据进行分析。采用自编问卷，调查人们的教育价值观、教育期望等教育观念及其城乡差异。问卷发放时间为 2017 年底至 2018 年初，调查对象以有孩子的家长为主，问卷发放主要采取网络问卷星调查，辅以纸质问卷，最终的有效问卷为 1 267 份。调查对象的具体情况如表 3-1 所示。

[①] LAI L S L, TO W M, LUNG J W Y, LAI T M. The Perceived Value of Higher Education: The Voice of Chinese Students[J]. Higher Education, 2012,63(3):271-287.

[②] ROTH T, SALIKUTLUK Z. Attitudes and Expectations: Do Attitudes towards Education Mediate the Relationship between Social Networks and Parental Expectations? [J]. British Journal of Sociology of Education, 2012,33(5):701-722.

[③] 刘保中,张月云,李建新.社会经济地位、文化观念与家庭教育期望[J].青年研究,2014(6):46-55.

[④] 林建.高中生个人高等教育需求研究[D].重庆:西南大学,2007.

表 3-1　家长问卷调查样本基本信息

变量	属性	数量/人	百分比/%	变量	属性	数量/人	百分比/%
性别	男	363	28.7	学历	小学及以下	17	1.3
	女	904	71.3		初中	181	14.3
年龄	19—29	84	6.6		高中/中专/中职/中技	251	19.8
	30—39	668	52.7		大专	208	16.4
	40—49	456	36.0		本科	404	31.9
	50—59	46	3.6		硕士及以上	206	16.3
	60以上	13	1.0	个人年收入	≤3万	213	16.8
职业	企事业负责人/管理者	242	19.1		4—6万	367	29.0
	专业技术人员	390	30.8		7—12万	422	33.3
	办事人员/职员	191	15.1		13—19万	140	11.0
	商业/服务业	157	12.4		≥20万	123	9.7
	产业工人	90	7.1		缺省	2	0.2
	农民	79	6.2	户籍类型	城市	869	68.6
	其他	118	9.3		农村	398	31.4

调查中所涉及的变量及其测量如下。

1. 社会背景变量

性别、年龄、户籍、收入、职业、受教育水平是本研究测量父母社会背景的变量。这些变量的测量都是以选择题方式,其中,职业类型分为企事业负责人/管理者、专业技术人员、办事人员/职员、商业/服务人员、产业工人、农民、其他七个选择;教育水平分为小学及以下、初中、高中/中专/中职/中技、大专、本科、硕士及以上六个选择,并根据其对应的教育年限分别赋值为 6、9、12、14、16、19 年。收入有年收入、家庭年收入、相对收入三题。经过主成分分析发现,可以将收入的三题聚合成一个因子(三因素的负荷分别为 0.835、0.855、0.779,一个因子解释的方差占总方差的68.822%),克隆巴赫系数为0.744,因而将三题项的值转化成标准分,计算平均值,合并成新的收入变量。

2. 教育价值观

关于教育价值观,我国学者比较多地是从社会或国家层面,讨论社会主导的教育价值观,如将教育价值观分为"个人本位""知识本位""社会本位"。本书讨论的是个体层面的教育价值观。对于个体教育价值观的测量,前人的研究大体分为两类:(1)测量个体对教育的重视程度或关于教育对未来生活重要性的认识,以"在学校表现出色是否重要""上大学对我未来想做的工作是必需的"等问题来测量。[1][2][3] (2)测量教育对于个体的不同类型的价值,如有学者把(高等)教育当作一种消费,从大学生对所在大学提供的教育服务所感受到的价值和满意度来测量教育价值,把大学的价值分为功用价值(提供学位与经验)、社会价值、情感价值、认知价值等;[4]有学者把教育价值分为"教育作为社会流动"的工具价值和"教育促进个体发展"的非工具价值;[5]或分为经济价值("我认为获得高薪工作是接受高等教育最重要的原因"等)和非经济价值("上大学的最大得益是结识对将来发展有帮助的朋友"等);[6]也有学者分为教育效用、家族荣誉、个人发展、民族传承、社会声望等维度[7][8]。

---

[1] FULIGNI A J. The Academic Achievement of Adolescents from Immigrant Families: The Role of Family Background, Attitudes, and Behavior[J]. Child Development, 1997, 68(2): 351-363.

[2] FULIGNI A J, ZHANG W X. Attitudes toward Family Obligation among Adolescents in Contemporary Urban and Rural China[J]. Child Development, 2004, 74(1): 180-192.

[3] 赵力燕,李董平,徐小燕,等.教育价值观和逆境信念在家庭经济压力与初中生学业成就之间的作用[J].心理发展与教育,2016,32(4):409-417。

[4] LAI L S L, TO W M, LUNG J W Y, LAI T M. The Perceived Value of Higher Education-The Voice of Chinese Students[J]. Higher Education, 2012, 63(3): 271-287.

[5] ROTH T, SALIKUTLUK Z. Attitudes and Expectations: Do Attitudes towards Education Mediate the Relationship between Social Networks and Parental Expectations[J]. British Journal of Sociology of Education, 2012, 33(5): 701-722.

[6] 陆根书.高中生高等教育需求影响因素分析[J].集美大学学报教育科学版,2006(3):3-12.

[7] 牛春娟,郑涌.西南少数民族教育价值观的调查研究[J].心理科学,2010,33(1):198-200.

[8] 杨宝琰,万明钢.城乡高中教育机会分配的影响因素及作用模式:结构决定抑或行动选择[J].教育研究,2014(10):26-34.

基于已有理论和已有研究,本研究初步将个人教育价值观操作化定义为个人对教育的重视程度(教育的重要性程度)以及教育满足其某些需求的价值。为具体了解人们希望教育所带来的价值类型,先访谈了26位各类人员,询问他们(或让他们的孩子)"接受教育是为了什么""接受教育对他们来说有什么价值"之类的问题。根据访谈内容整理成四种价值需求:知识技能、能力素养、家庭面子、国家社会。基于前人研究[①]与访谈结果,编写了教育价值观问卷。问卷采用里克特量表记分法,从"完全不同意"到"完全同意"分别记1分到5分。经过探索性因子分析,最终确定教育价值观的五个维度:教育必要性(表示对教育重要性程度的认识)及能力素养、实际效用、国家社会、家庭面子(四种价值类型),五个因子的克隆巴赫系数分别为0.642、0.896、0.840、0.898、0.791。

3. 教育期望

指的是父母对子女的教育期望。本研究中反映父母教育期望的有三题:一是对教育层次的选择,其中,选择大专及以上的赋值为1,否则为0,命名为"大学期望",表示有读大学的期望;选择硕士及以上的赋值为1,否则为0,命名为"读研期望",表示有读研的期望;二是对大学层次的选择,命名为"名校期望",选择原"211"和"985"高校赋值为1,否则为0;三是对普通教育和职业教育的升学路径的选择,命名为"普职选择",选择普通高中—本科院校即普通教育的赋值为1,选择中职—高职或普通高中—高职即选择职业教育的赋值为0。

表3-2是相关变量的描述性分析。

[①] 这里主要借鉴了 FULIGNI A J(1997)、FULIGNI A J 和 ZHANG W X(2004)、赵力燕等(2016)、牛春娟和郑涌(2010)的研究,特别是教育无用观/教育必要性的几题("上大学不如趁早出去打工、做生意赚钱""上大学不如学门手艺或技术有用""没有文化照样可以生活得很好""上学能识字、会算术就行了,用不着上大学")直接来自牛春娟和郑涌(2010)的研究。

第三章 农村教育观念群体性特征与差异

表3-2 家长教育价值观和教育期望的描述性分析

	均值	标准差	1	2	3	4	5	6	7	8	9
1. 性别(0 女性,1 男性)	0.287	0.452									
2. 年龄	3.400	0.712	0.086**								
3. 户籍(0 农村,1 城市)	0.686	0.464	−0.071*	0.146**							
4. 收入	0.000	0.823	−0.036	0.054	0.383**						
5. 企事业管理者	0.191	0.393	0.083**	0.036	0.216**	0.315**					
6. 专业技术人员	0.308	0.462	0.062*	0.024	0.230**	0.149**	−0.324**				
7. 办事人员/职员	0.151	0.358	−0.096**	−0.037	0.105**	−0.025	−0.205**	−0.281**			
8. 商业服务人员	0.124	0.330	−0.090**	0.006	−0.148**	−0.091**	−0.183**	−0.251**	−0.158**		
9. 产业工人	0.071	0.257	0.015	−0.020	−0.203**	−0.221**	−0.134**	−0.184**	−0.117**	−0.104**	
10. 农民	0.062	0.242	0.003	0.017	−0.325**	−0.271**	−0.125**	−0.172**	−0.109**	−0.097**	−0.071*
11. 其他职业	0.093	0.291	−0.005	−0.045	−0.169**	−0.107**	−0.156**	−0.214**	−0.135**	−0.121**	−0.089**
12. 教育水平	14.233	3.243	0.037	−0.116**	0.535**	0.484**	0.257**	0.352**	0.050	−0.259**	−0.299**
13. 教育必要性	4.391	0.614	−0.030	0.015	0.011	−0.002	0.014	0.008	−0.022	0.017	−0.035
14. 能力素养	4.696	0.439	−0.124**	−0.026	−0.025	−0.012	−0.024	0.017	−0.012	−0.011	0.034
15. 实际效用	4.274	0.638	−0.109**	0.032	−0.147**	−0.126**	−0.083**	−0.024	−0.009	0.057*	0.065*
16. 国家社会	4.277	0.633	−0.077**	0.066*	−0.135**	−0.120**	−0.035	−0.088**	−0.013	0.037	0.081**

149

续表

	均值	标准差	1	2	3	4	5	6	7	8	9
17. 家庭面子	3.774	0.818	0.004	0.054	−0.095**	−0.091**	−0.044	−0.004	−0.050	0.015	0.058*
18. 大学期望(0 非大学,1 大学)	0.923	0.266	−0.001	−0.031	0.150**	0.134**	0.072*	0.076*	0.005	−0.117**	−0.059*
19. 名校期望(0 非名校,1 名校)	0.652	0.477	0.005	−0.086**	0.244**	0.276**	0.149**	0.128**	0.011	−0.107**	−0.191**
20. 普职期望(0 职校,1 普校)	0.874	0.332	0.014	−0.098**	0.209**	0.168**	0.106**	0.130**	0.027	−0.095**	−0.108**
			10	11	12	13	14	15	16	17	18
11. 其他职业			−0.083**								
12. 教育水平			−0.321**	−0.145**							
13. 教育必要性			−0.018	0.023	−0.054	(0.642)					
14. 能力素养			0.006	−0.002	−0.054	0.279**	(0.896)				
15. 实际效用			0.027	0.016	−0.170**	0.168**	0.513**	(0.840)			
16. 国家社会			0.074**	0.030	−0.210**	0.220**	0.585**	0.536**	(0.898)		
17. 家庭面子			0.067*	0.002	−0.122**	0.055	0.347**	0.562**	0.540**	(0.791)	
18. 大学期望(0 非大学,1 大学)			−0.061*	0.011	0.238**	0.111**	0.063*	−0.005	−0.031	−0.044	

150

第三章 农村教育观念群体性特征与差异

续表

	均值	标准差	10	11	12	13	14	15	16	17	18	19
19. 名校期望（0 非名校，1 名校）			−0.093**	−0.051	0.409**	0.088**	0.107**	0.005	0.019	0.024	0.369**	
20. 普职期望（0 职校，1 普校）			−0.207**	−0.009	0.318**	0.055	−0.005	−0.082**	−0.074**	−0.060*	0.480**	0.311**

注：$N=1\,267$；* 代表 $p<0.05$，** 代表 $p<0.01$（双尾显著性检验）；括号中数字为变量的克隆巴赫系数。表中第 5 至第 11 表示的是职业，赋分方法是该职业为 1，非该职业为 0；年龄是年龄段选项的类别变量；收入为处理过的标准分。

151

一、教育价值观的城乡差异

(一) 价值需求排序

根据访谈整理了五类教育价值需求,分别为增长知识与能力、增加文明素养、获得更好收入和地位、服务国家与社会、获得尊重和光宗耀祖,可以将前两者看成教育的本体育人价值,后三者看成教育的工具价值。根据表3-3,总体上大家看重教育的本体育人价值超过教育的工具价值,其中"增长知识与能力"的价值,有42.7%(农村43.3%、城市42.4%)的人将其排在了第一;有26.1%(农村23.3%、城市27.5%)的人将"增加文明素养"排在第一。在工具价值中,更看重通过教育获得更好收入与社会地位的价值,即教育促进社会流动的价值;教育给个体及家庭带来荣耀这类传统价值最不被看重,有67.8%(农村64.8%、城市69.2%)的人将其排到了最后。就城乡差异看,在"获得更好收入和地位"价值需求方面,城乡有显著差异,农村较城市的第一、第二选择更多,但也有更大比例的第四、第五选择;农村比城市更看重"服务国家与社会"价值需求,有23.2%的农村人将此作为第一选择,而城市人对此项价值的第一选择只有15.0%;农村人也更注重"获得尊重和光宗耀祖"的价值,但城乡选择的卡方检验不显著。

表3-3 家长看重的教育价值需求排序

	第一/%	第二/%	第三/%	第四/%	第五/%	皮尔逊卡方值及显著性
获得更好收入和地位						
城市	17.5	14.5	32.2	30.2	5.5	13.695***
农村	17.7	15.2	23.5	34.4	9.1	
总体	17.6	14.7	29.5	31.5	6.7	
增长知识与能力						

续　表

	第一/%	第二/%	第三/%	第四/%	第五/%	皮尔逊卡方值及显著性
城市	42.4	35.7	15.9	4.6	1.4	1.032
农村	43.3	33.4	16.2	5.3	1.8	
总体	42.7	35.0	16.0	4.8	1.5	
增加文明素养						
城市	27.5	28.4	23.8	7.6	2.8	4.388
农村	23.3	38.5	27.8	8.4	2.0	
总体	26.1	38.4	25.0	7.8	2.5	
获得尊重和光宗耀祖						
城市	1.8	2.0	5.0	22.0	69.2	7.058
农村	4.1	2.3	6.3	22.5	64.8	
总体	2.5	2.1	5.4	22.2	67.8	
服务国家与社会						
城市	15.0	8.3	22.1	34.4	20.2	17.481***
农村	23.2	7.8	23.7	25.8	19.4	
总体	17.6	8.1	22.6	31.7	19.9	

注：*** 代表 $p<0.001$。

（二）城乡教育价值观差异的描述性分析

经过探索性因子分析，将上述的五类教育价值需求合并为四类：能力素养、实际效用、国家社会、家庭面子，再加上对教育价值的重视程度"教育必要性"，共五个因子。可以看出：首先，不同群体对教育都很重视（"教育必要性"均分4.391），对教育的各类价值也很看重，对教育各类价值的重视排序也大致相同的，即能力素养＞实际效用和国家社会＞家庭面子，得分最高的是"能力素养"（均分4.696），表明调查者希望孩子接受教育是为了提高能力与素养，如开阔视野、培养品德、促进能力发展、提升气质与修养等;其次是"国家社会"(均分4.277)和"实际效用"(均分4.274),前者指的是希望孩子接受教育能更好报效国家、为国家做贡献、传承祖国文化、参与政治等,后者指的是让孩子接受教育是为了找到好工作、学习专业知识与有用技能、获得更高收入和更好人脉等。分数最低的是"家庭面子"(均分3.774),即接受教育是为了更有面子、光宗耀祖等。

从差异看,对于"教育必要性"的态度,差异不显著;农村户籍者较城市户籍者更重视教育的各类价值,其中"实际效用""国家社会""家庭面子"几项价值需求都差异显著,但"能力素养"价值需求的差异不显著,这表明虽然各类群体都最看重教育的本体价值("能力素养"),但相对而言,弱势群体更看重教育的各类工具价值。

表3-4 教育价值需求的城乡差异

	能力素养	实际效用	国家社会	家庭面子	教育必要性	教育改变命运
城市	4.689	4.211	4.219	3.721	4.396	3.627
农村	4.712	4.412	4.403	3.888	4.381	3.975
差异及显著性	−0.023	−0.202***	−0.184***	−0.167**	0.015	−0.348***
均值	4.696	4.274	4.277	3.774	4.391	3.736

注:问卷采用里克特量表记分法,从"完全不同意"到"完全同意"分别记1分到5分。差异指的是城市均值—农村均值。** 代表 $p<0.01$,*** 代表 $p<0.001$。

"教育改变命运",是人们接受教育的重要价值需求,总体上属于以上所归类的"实际效用"价值。问卷中有专门一题调查"改变命运"的价值(表3-4),对其回答的均值虽低于其他四类教育价值需求,但也比较高。特别地,农村户籍者均值显著高于城市户籍者。从图3-1来看,总体上有70.5%的家长完全同意或比较同意"让孩子接受教育是为了改变命运",而农村家长选择"比较同意"和"完全同意"的比例高达78.3%。

第三章 农村教育观念群体性特征与差异

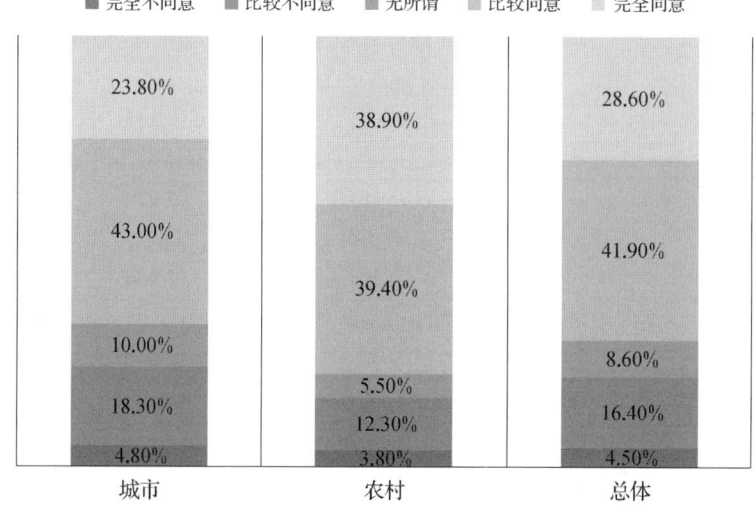

图 3-1 对"让孩子接受教育是为了改变命运"态度的差异

(三) 社会背景变量对教育价值观的影响

为更好地了解农村教育观念群体特征,需要更详细地分析各种社会背景变量对教育价值观的影响。经过多重共线性检验,这些社会背景变量的方差膨胀系数(VIF)最大值为3.005,其余皆小于3,都远小于10,表明多重共线性较轻。从表3-5可以发现,教育水平与教育价值观负向关系显著(除了"家庭面子"维度),此外,性别、户籍也负向影响部分教育价值观,即女性相较于男性,更看重教育为孩子带来的能力素养、实际效用、国家社会的价值,农村籍的父母比城市籍的父母更看重教育的实际效用价值。但是,收入与职业的影响不显著。此外,总体来说所列举的社会背景变量对教育价值观的解释力较小,R^2值偏小。

表 3-5　家长社会背景对其教育价值观的影响

	教育必要性	能力素养	实际效用	国家社会	家庭面子
常量	**4.707*** **(0.146)**	**4.899*** **(0.104)**	**4.559*** **(0.148)**	**4.569*** **(0.147)**	**3.861*** **(0.193)**
性别(参照组:女性)	−0.038 (0.039)	**−0.124*** **(0.028)**	**−0.173*** **(0.040)**	**−0.121*** **(0.039)**	−0.017 (0.052)
年龄	−0.005 (0.026)	−0.016 (0.018)	0.045 (0.026)	**0.058*** **(0.026)**	0.061 (0.034)
户籍(参照组:农村)	0.051 (0.048)	−0.011 (0.034)	**−0.156*** **(0.049)**	−0.080 (0.048)	−0.081 (0.063)
收入	0.004 (0.025)	0.007 (0.018)	−0.048 (0.026)	−0.028 (0.026)	−0.040 (0.034)
职业(参照组:商业服务人员)					
企事业管理者	0.070 (0.070)	0.058 (0.050)	0.000 (0.071)	0.087 (0.071)	0.030 (0.093)
专业技术人员	0.062 (0.065)	0.087 (0.046)	0.056 (0.066)	0.032 (0.065)	0.082 (0.086)
办事人员/职员	−0.013 (0.069)	0.031 (0.049)	0.000 (0.070)	0.032 (0.069)	−0.045 (0.091)
产业工人	−0.121 (0.082)	0.069 (0.058)	0.007 (0.084)	0.077 (0.083)	0.090 (0.109)
农民	−0.087 (0.087)	0.018 (0.062)	−0.142 (0.089)	0.024 (0.088)	0.089 (0.116)
其他	0.041 (0.075)	0.029 (0.053)	−0.041 (0.076)	0.032 (0.076)	−0.011 (0.099)
教育年限	**−0.024*** **(0.008)**	**−0.011*** **(0.006)**	**−0.020*** **(0.008)**	**−0.031*** **(0.008)**	−0.019 (0.010)
R 方	0.012	0.022	0.054	0.056	0.024

注:* 代表 $p<0.05$,** 代表 $p<0.01$,*** 代表 $p<0.001$。

综上,总体上,包括农村户籍在内的所有被调查者都很重视教育及教育的各类价值,且重视教育的本体育人价值大于工具价值;农村户籍者对各类教育价值需求的均分大于城市户籍者,在"实际效用""国家社会""家庭面子"几个因子上都显著高于城市户籍者,即更重视教育的工具价值(见表3-4);综合考虑社会背景变量,农村户籍者也更看重教育的工具价值("实际效用"),教育年限的影响更为明显,与各类教育价值观呈负向关系,但社会背景变量对价值观的总体影响不大(见表3-5)。这就是说,农村户籍者更看重教育的各类价值,特别是工具价值,但综合起来户籍等社会背景变量对教育价值观的解释力不大。

二、教育期望的城乡差异

以往研究探讨了家庭社会经济背景等客观的结构性因素对父母教育期望的影响,也有研究者关注文化观念因素的影响。这里在讨论教育期望城乡差异的基础上,既关注个体的社会背景变量的结构性因素影响,也讨论作为重要的文化观念因素的教育价值观念因素的影响。

(一)城乡教育期望差异的描述性分析

由表3-6可见,农村户籍者教育期望普遍较高,有86.4%的家长期望子女读大学,77.1%家长不期望子女读职业教育,此外名校期望、读研期望的比例也分别达到48.0%和16.3%。但相较于城市户籍者,农村户籍者对子女的大学期望、名校期望、读普通教育而非职业教育期望显著更低,读研期望也更低但差异不显著。

表3-6 家长对于子女教育期望的群体差异

	大学期望	名校期望	读研期望	普职选择
城市/%	95.1	73.1	19.0	92.1
农村/%	86.4	48.0	16.3	77.1
卡方值及显著性	28.69***	75.68***	1.30	53.40***

注:*** 代表 $p<0.001$。

(二)社会背景因素对教育期望的影响

从表3-7可见,只有单独户籍变量时,户籍显著影响各类教育期望,城市户籍者比农村户籍者有更高的大学期望、名校期望,更愿意选择普通教育而非职业教育。但当放入其他社会背景变量时,户籍的影响都不显著了。其他背景因素中,教育水平对教育期望的影响最为显著,正向影响各类教育期望;年龄越轻者,教育期望越高;收入也正向影响名校期望。

表3-7 家长的社会背景对其教育期望的影响

	大学期望1	大学期望2	名校期望1	名校期望2	普职选择1	普职选择2
常量	**1.852*** **(0.146)**	−1.337 (0.929)	−0.080 (0.100)	**−2.187*** **(0.555)**	**1.213*** **(0.119)**	0.111 (0.716)
户籍(参照组:农村)	**1.104*** **(0.214)**	0.243 (0.280)	**1.079*** **(0.126)**	0.182 (0.173)	**1.238*** **(0.173)**	0.313 (0.234)
性别(参照组:女性)		−0.128 (0.252)		0.012 (0.149)		0.036 (0.211)
年龄		−0.032 (0.172)		**−0.216*** **(0.098)**		**−0.431**** **(0.133)**
收入		0.148 (0.163)		**0.304**** **(0.096)**		−0.029 (0.131)
职业(参照组:商业/服务人员)						
企事业管理者		0.407 (0.456)		0.180 (0.264)		0.640 (0.388)
专业技术人员		0.228 (0.379)		−0.058 (0.235)		0.463 (0.332)
办事人员/职员		0.097 (0.383)		−0.066 (0.247)		0.151 (0.332)
产业工人		0.576 (0.395)		−0.411 (0.293)		−0.067 (0.328)
农民		**0.867*** **(0.426)**		0.583 (0.308)		−0.495 (0.330)
其他		**0.949*** **(0.442)**		0.122 (0.269)		0.409 (0.347)

续 表

	大学期望1	大学期望2	名校期望1	名校期望2	普职选择1	普职选择2
教育水平		**0.271*** **(0.052)**		**0.248*** **(0.031)**		**0.223*** **(0.041)**
-2Log Likelihood	658.409	605.552	1 563.550	1 389.283	909.392	812.626
内戈尔科 R方	0.050	0.145	0.078	0.245	0.075	0.208

注：* 代表 $p<0.05$，** 代表 $p<0.01$，*** 代表 $p<0.001$。

（三）教育价值观对教育期望的影响

表3-8显示了控制父母的社会背景变量之后，父母教育价值观影响其对子女读大学期望的情况。结果显示，"教育必要性"和"能力素养"两个教育价值观维度显著影响大学期望，即父母非常重视子女教育，或者认为教育是为了提升子女的能力与素养，则更期望子女读大学。综合考虑各种影响因素，除了价值观，父母受教育水平显著影响其对子女的大学期望；农民相比于商业服务人员，更期望子女读大学。其他社会背景变量如性别、年龄、户籍、收入、多数职业类型都不显著影响父母对于子女上大学的教育期望。

表3-8 家长对于子女读大学期望的影响因素

	模型1	模型2	模型3	模型4	模型5	模型6	模型7
常量	−1.337 (0.929)	**−4.018*** **(1.135)**	**−4.268*** **(1.435)**	−2.305 (1.202)	−1.735 (1.242)	−1.026 (1.087)	**−5.274*** **(1.516)**
性别（参照组：女性）	−0.128 (0.252)	−0.121 (0.253)	−0.047 (0.254)	−0.102 (0.253)	−0.122 (0.252)	−0.123 (0.252)	−0.044 (0.258)
年龄	−0.032 (0.172)	−0.047 (0.169)	−0.023 (0.170)	−0.037 (0.172)	−0.034 (0.172)	−0.031 (0.172)	−0.020 (0.169)
户籍（参照组：农村）	0.243 (0.280)	0.248 (0.281)	0.260 (0.281)	0.287 (0.282)	0.248 (0.280)	0.243 (0.280)	0.264 (0.283)
收入	0.148 (0.163)	0.170 (0.162)	0.156 (0.163)	0.157 (0.162)	0.148 (0.163)	0.149 (0.163)	0.192 (0.163)

续 表

	模型1	模型2	模型3	模型4	模型5	模型6	模型7
职业（参照组：商业/服务人员）							
企事业管理者	0.407 (0.456)	0.426 (0.457)	0.382 (0.456)	0.412 (0.456)	0.404 (0.456)	0.409 (0.456)	0.400 (0.458)
专业技术人员	0.228 (0.379)	0.248 (0.380)	0.185 (0.379)	0.224 (0.379)	0.229 (0.379)	0.239 (0.380)	0.221 (0.380)
办事人员/职员	0.097 (0.383)	0.162 (0.388)	0.080 (0.384)	0.088 (0.383)	0.096 (0.383)	0.093 (0.383)	0.139 (0.388)
产业工人	0.576 (0.395)	0.721 (0.405)	0.550 (0.398)	0.568 (0.396)	0.567 (0.396)	0.583 (0.395)	0.726 (0.408)
农民	**0.867*** (0.426)	**0.870*** (0.426)	**0.846*** (0.426)	**0.899*** (0.427)	**0.857*** (0.426)	**0.878*** (0.427)	**0.942*** (0.435)
其他	**0.949*** (0.442)	**0.901*** (0.444)	**0.901*** (0.443)	**0.959*** (0.442)	**0.942*** (0.442)	**0.949*** (0.442)	**0.890*** (0.445)
教育年限	**0.271***** (0.052)	**0.272***** (0.051)	**0.276***** (0.052)	**0.272***** (0.052)	**0.273***** (0.052)	**0.268***** (0.052)	**0.265***** (0.051)
教育必要性		**0.626***** (0.152)					**0.551**** (0.161)
能力素养			**0.608**** (0.223)				**0.641*** (0.320)
实际效用				0.218 (0.172)			0.097 (0.240)
国家社会					0.088 (0.182)		−0.278 (0.255)
家庭面子						−0.076 (0.137)	−0.169 (0.180)
-2Log Likelihood	605.552	589.989	598.871	604.008	605.323	605.246	584.353
内戈尔科 R方	0.145	0.173	0.157	0.148	0.146	0.146	0.183

注：* 代表 $p<0.05$，** 代表 $p<0.01$，*** 代表 $p<0.001$。

表3-9显示的是父母对于子女读名校的教育期望的影响因素。在控制了父母的一些社会背景变量后,教育价值观的五个维度都显著影响父母对于子女的名校期望,但在总模型(模型7)中,当放入所有价值观维度时,只有"教育必要性"和"能力素养"仍然有显著影响。综合考虑各种影响因素,除了价值观,父母受教育水平、年龄及收入都显著影响其对子女的上名校的期望,教育水平越高、越年轻、收入越高的父母,越期望子女上名校。模型4中,农民比起商业服务业人员,更期望子女读名校。其他社会背景变量如性别、户籍、多数职业类型都不显著影响父母对于子女上名校的期望。

表3-9 家长对于子女读名校期望的影响因素

	模型1	模型2	模型3	模型4	模型5	模型6	模型7
常量	−2.187*** (0.555)	−4.138*** (0.753)	−5.914*** (0.950)	−3.808*** (0.747)	−4.393*** (0.756)	−3.225*** (0.650)	−6.850*** (1.005)
性别(参照组:女性)	0.012 (0.149)	0.023 (0.150)	0.115 (0.153)	0.066 (0.151)	0.059 (0.150)	0.012 (0.150)	0.094 (0.153)
年龄	−0.216* (0.098)	−0.222* (0.097)	−0.204* (0.098)	−0.230* (0.098)	−0.243* (0.098)	−0.227* (0.098)	−0.225* (0.098)
户籍(参照组:农村)	0.182 (0.173)	0.174 (0.173)	0.193 (0.175)	0.237 (0.175)	0.222 (0.175)	0.204 (0.174)	0.202 (0.176)
收入	0.304** (0.096)	0.306** (0.096)	0.305** (0.097)	0.322** (0.097)	0.320** (0.097)	0.313** (0.097)	0.310** (0.097)
职业(参照组:商业/服务人员)							
企事业管理者	0.180 (0.264)	0.157 (0.266)	0.128 (0.268)	0.182 (0.266)	0.135 (0.267)	0.176 (0.265)	0.119 (0.270)
专业技术人员	−0.058 (0.235)	−0.077 (0.237)	−0.140 (0.240)	−0.078 (0.238)	−0.086 (0.239)	−0.086 (0.237)	−0.141 (0.241)

续 表

	模型1	模型2	模型3	模型4	模型5	模型6	模型7
办事人员/职员	−0.066 (0.247)	−0.060 (0.249)	−0.099 (0.251)	−0.067 (0.248)	−0.086 (0.250)	−0.057 (0.248)	−0.080 (0.253)
产业工人	−0.411 (0.293)	−0.389 (0.297)	−0.488 (0.297)	−0.419 (0.295)	−0.456 (0.296)	−0.438 (0.295)	−0.465 (0.300)
农民	0.583 (0.308)	**0.604*** (0.307)	0.574 (0.310)	**0.630*** (0.310)	0.581 (0.309)	0.569 (0.309)	0.579 (0.311)
其他	0.122 (0.269)	0.103 (0.270)	0.093 (0.271)	0.133 (0.271)	0.106 (0.271)	0.128 (0.271)	0.093 (0.273)
教育年限	**0.248*** (0.031)	**0.257*** (0.031)	**0.262*** (0.031)	**0.256*** (0.031)	**0.267*** (0.032)	**0.255*** (0.031)	**0.272*** (0.032)
教育必要性		**0.422*** (0.107)					**0.299** (0.114)
能力素养			**0.747*** (0.152)				**0.454*** (0.200)
实际效用				**0.352** (0.106)			−0.035 (0.144)
国家社会					**0.470*** (0.107)		0.150 (0.149)
家庭面子						**0.256** (0.081)	0.116 (0.105)
-2Log Likelihood	1 389.283	1 373.633	1 364.200	1 378.309	1 369.902	1 379.236	1 353.484
内戈尔科 R方	0.245	0.259	0.268	0.255	0.263	0.254	0.277

注：* 代表 $p<0.05$，** 代表 $p<0.01$，*** 代表 $p<0.001$。

关于家长对孩子的普职选择期望见表 3-10。在控制相关社会背景变量的情况下（模型 2），对于教育的重视程度显著影响教育选择，越重视教育，越倾向于选择普通教育；但是持不同类型的教育价值观对选择普教还是职教的意愿没有显著影响。为进一步探讨不同类型教育价值观与教育类型选择之间的关系，把教育水平作为调节变量，分析它对于不同类型教育价值观和教育选择意愿之间关系的影响。由模型 3 可见,有三个调节效应显著,即教育水平增强了教育的能力素养价值与选择普通教育意愿之间的正向关系,增强了教育的实际效用价值、服务国家与社会价值和选择普通教育意愿之间的负向关系。具体来说,当家长教育水平越高时,若其越重视教育培养能力素养的价值,越可能选择普通教育,即后二者的正向关系越强;若其越重视教育的实际效用及服务国家与社会价值,越不可能选择普通教育,即二者的负向关系越强,而选择职业教育的可能性越大。也就是说,只有达到一定教育水平,人们不同类型教育价值观需求才会影响教育类型的选择意愿。

表 3-10 家长对于子女普职选择期望的影响因素

	模型 1	模型 2	模型 3
常量	0.111(0.716)	−0.652(1.316)	−1.817(1.362)
性别(参照组:女性)	0.036(0.211)	0.012(0.215)	−0.053(0.217)
年龄	**−0.431** (0.133)**	**−0.407** (0.133)**	**−0.346* (0.137)**
户籍(参照组:农村)	0.313(0.234)	0.221(0.237)	0.177(0.239)
收入	−0.029(0.131)	−0.016(0.132)	−0.069(0.133)
职业(参照组:商业/服务人员)			
企事业管理者	0.640(0.388)	0.601(0.388)	0.571(0.393)
专业技术人员	0.463(0.332)	0.427(0.333)	0.399(0.337)
办事人员/职员	0.151(0.332)	0.177(0.334)	0.135(0.337)
产业工人	−0.067(0.328)	−0.006(0.333)	−0.108(0.337)
农民	−0.495(0.330)	−0.518(0.333)	−0.506(0.339)
其他	0.409(0.347)	0.367(0.349)	0.427(0.354)
教育年限	**0.223*** (0.041)**	**0.230*** (0.042)**	**0.310*** (0.048)**

续 表

	模型 1	模型 2	模型 3
教育必要性		**0.311*(0.140)**	**0.321*(0.140)**
国家社会		−0.059(0.220)	−0.242(0.275)
能力素养		0.211(0.303)	**1.207**(0.378)**
实际效用		−0.386(0.215)	**−1.302***(0.346)**
家庭面子		0.065(0.144)	0.081(0.186)
教育水平×国家社会			**−0.302*(0.153)**
教育水平×能力素养			**0.635***(0.144)**
教育水平×实际效用			**−0.558**(0.165)**
教育水平×家庭面子			−0.013(0.133)
-2Log Likelihood	812.626	804.306	776.622
内戈尔科 R 方	0.208	0.219	0.255

注：* 代表 $p<0.05$，** 代表 $p<0.01$，*** 代表 $p<0.001$。

需求影响选择，越重视教育越偏向选择普通教育，但人们不同类型的教育价值观需求未能对普通教育和职业教育类型的选择产生显著影响。这可能是因为：目前我国的职业教育与普通教育除了在层次上有高低区分外，其区分于普通教育的特色并不明显。事实上在很多人的印象中，我国的职业教育无论在提升能力素养的内在价值上，或是在带来工作与收入实际效用、服务国家与社会、提升家庭与自身荣誉方面，都不如普通教育，也就是说职业教育不能满足人们的各类教育价值需求。教育水平调节教育价值观类型和教育选择意愿的关系，可能因为随着教育水平的提高，人们掌握的教育信息更多，对普通教育与职业教育的价值与区分了解更多；此外，教育水平较高的人可能更为理性，其教育选择意愿更多由自己的价值需求所决定，更少受到传统观念与社会流行观念的影响。

综上,城市户籍者对子女的大学期望、名校期望、普教而非职教期望都更高,但当综合考虑其他社会背景因素时,户籍的影响不再显著。此外,社会背景因素中的教育水平正向影响三类期望,受教育水平越高,教育期望越高;年龄负向影响教育期望,越年轻者教育期望越高。影响家长教育期望的教育价值观因素方面,"教育必要性"和"能力素养"两个维度显著影响大学期望和名校期望;"教育必要性"显著影响普职选择,其他教育价值观对普职选择影响不显著,但家长受教育程度调节教育价值需求与普职选择的关系。

第二节 农村教育观念的内部差异

除了分析城乡差异,还需要了解农村内部的教育观念差异。为此,2018年暑假,笔者带领研究生深入H省和G省两地的农村进行调研。H省为中原大省,调查的农村属于H省西北部的HH县,该县2021年农村居民人均可支配收入20 174元,城镇居民人均可支配收入36 384元;所调查时间2018年农村居民人均可支配收入16 196元,城镇居民人均可支配收入30 748元。G省为西部某省,在G省主要调查的是省会城市城乡接合部区的农村,同时也去该省的另一个较偏僻的L县乡村,做了少量问卷。2021年Q区城镇常住居民人均可支配收入42 985元,农村常住居民人均可支配收入21 259元;2018年,城镇与农村分别为34 462元、16 211元。2020年L县官网数据,该地城镇居民人均可支配收入30 363元,农村居民人均可支配收入10 246元;2017年城镇与农村分别为27 772元和9 297元。我们采取进村访户及偶遇式方式,由调查员采取一对一提问、填问卷方式。所获有效样本312份,因为是暑假期间,调查对象中外出务工者较少,老年人占相当大的比重。

表 3-11 是所调查样本的基本情况。

表 3-11　农村调查样本基本情况

变量	属性	数量/人	百分比/%	变量	属性	数量/人	百分比/%
性别	男	122	39.1	学历	小学及以下	106	34.0
	女	190	60.9		初中	121	38.8
年龄	19—29	27	8.7		高中及以上	78	25.0
	30—39	67	21.5		缺省	7	2.2
	40—49	66	21.2	是否低保	是	14	4.5
	50—60	90	28.8		否	297	95.2
	60以上	62	19.9		缺省	1	0.3
地区	H地	187	59.9	工作状况	在家务农	199	63.8
	G地	124	39.7		邻近打工早出晚归	55	17.6
	缺省	1	0.3		外地务工	20	6.4
					其他	38	12.2

调查内容与上述调查大体相似,但根据农民自身特点也有些差异。各变量的描述性统计结果如表 3-12。

第三章 农村教育观念群体性特征与差异

表 3-12 农村家长教育价值观和家庭教育的描述性分析

	均值	标准差	1	2	3	4	5	6	7	8	
1. 性别（女性 0 男性 1）	0.391	0.489	1								
2. 年龄	4.300	1.249	0.140*	1							
3. 经济	2.620	0.647	0.009	−0.096	1						
4. 工作地点（家 0 外 1）	0.073	0.261	0.142*	−0.154*	−0.054	1					
5. 教育水平	8.830	2.518	0.118*	−0.371***	0.283***	0.101	1				
6. 孩子数	2.100	0.701	−0.005	0.259***	−0.048	−0.015	−0.183**	1			
7. 居住地（西 0 中 1）	0.601	0.490	0.009	0.092	0.268***	−0.014	0.241***	0.032	1		
8. 辅导能力	3.048	1.446	0.076	−0.302***	0.170***	0.083	0.490***	−0.123*	0.070	1	(0.749)
9. 亲子互动	3.645	1.202	−0.118*	−0.367***	0.083	0.078	0.331***	0.000	−0.066	0.413***	(0.833)
10. 教育无用	1.853	0.799	0.011	0.106	−0.091	0.009	−0.128*	0.088	0.086	−0.094	(0.649)
11. 前途命运	4.542	0.646	−0.156**	0.113*	−0.051	−0.059	−0.217***	0.111*	−0.059	−0.050	(0.753)
12. 家庭面子	4.070	1.047	−0.062	0.358***	−0.093	−0.111	−0.226***	0.134*	0.203***	−0.090	(0.796)
13. 国家社会	4.718	0.529	−0.032	0.217***	−0.011	−0.109	−0.254***	0.072	0.042	−0.135*	(0.760)
14. 能力素养	4.799	0.407	−0.018	0.212***	−0.100	−0.178**	−0.127*	0.125*	0.042	−0.044	(0.752)
15. 生存价值	4.431	0.815	0.017	0.223***	−0.123*	−0.202***	−0.072	−0.006	0.054	−0.049	(0.684)

续 表

	均值	标准差	1	2	3	4	5	6	7	8
16. 大学期望(无 0 有 1)	0.875	0.332	−0.022	0.021	−0.119*	0.021	−0.044	−0.124*	−0.132*	−0.063
17. 名校期望(非 0 名 1)	0.658	0.475	−0.024	−0.109	−0.142*	0.020	−0.057	−0.024	−0.191**	0.090
			9	10	11	12	13	14	15	16	17
9. 亲子互动			1								
10. 教育无用			−0.223***	1							
11. 前途命运			0.107	−0.057	1						
12. 家庭面子			−0.032	0.146**	0.500***	1					
13. 国家社会			−0.037	−0.100	0.491***	0.376***	1				
14. 能力素养			0.012	−0.074	0.387***	0.336***	0.436***	1			
15. 生存价值			−0.075	0.111*	0.218***	0.447***	0.223***	0.329***	1		
16. 大学期望(无 0 有 1)			0.031	−0.078	0.017	−0.058	0.058	0.105	−0.035	1	
17. 名校期望(非 0 名 1)			0.192**	−0.095	0.119*	−0.048	0.011	0.055	−0.075	0.300***	1

注：N=312；* 代表 $p<0.05$，** 代表 $p<0.01$，*** 代表 $p<0.001$（双尾显著性检验）；括号中数字为变量的克隆巴赫系数；年龄、经济为类别变量。

1. 社会背景变量

常规的变量有性别、年龄、地区、教育水平(受教育年数)等,与上述问卷相同;工作状况分为在家务农、邻近打工且早出晚归、外地务工三类,统计计算时将前两类合并为"在家",后一类为"外地";经济状况是非常困难、比较困难、中等、比较富裕、很富裕五个选项,分别赋值1—5分。

2. 教育价值观

维度与上述相似,但问卷题目有所简化并有部分改动,以"教育无用"替代了"教育必要性"[①];增加了教育的地位价值和生存价值的区分,前者指教育改变命运、提升社会地位的价值,命名为"前途命运",包括"改变命运""找到一份好工作""获得更高收入""有更好的前途和地位",后者指获得基本生存技能,命名为"生存价值",包括"获得基本生活技能(如能识字、认路、计算)""能够谋生""学习职业技术"。对教育价值需求类型进行因子分析,KMO值为0.834,相关维度及克隆巴赫系数如下:读书无用0.649、前途命运0.753、国家社会0.760、文明素养0.752、家庭面子0.796、生存价值0.684。

3. 家庭教育及孩子成绩

家庭教育包括辅导能力和亲子互动,前者包括"我能够辅导孩子作业""我能够在孩子学习上遇到困难时提供建议",后者如"我每天都监督孩子做作业、学习""我经常与孩子讨论他(她)在学校的事情"等,克隆巴赫系数分别为0.749、0.833。孩子成绩分为很差、比较差、中等、比较好、很好五个等级,分别记1—5分。

4. 教育期望

大学期望与名校期望的操作化定义如前。该问卷没有普职选择一

[①] "教育无用"的题项如"上大学不如趁早出去打工、做生意赚钱""没有文化照样可以生活得很好""读书无用"等。"教育必要性"是"教育无用"的反向记分,问卷的题项相同。题项主要借鉴:牛春娟,郑涌.西南少数民族教育价值观的调查研究[J].心理科学,2010,33(1):198-200.

项,而是初中后教育选择,包括在家务农、出去打工、上职高再就业、上普高读大学四个选项。

一、农村教育价值观的差异

(一) 教育价值观差异比较

由表3-13可见,被调查者并不认同读书无用(均分1.853),对教育的各类价值需求都较强,其中注重教育对提升文明素养的本体价值(4.799)大于教育的工具价值,工具价值中最注重教育为国家社会服务的价值(4.718),其次是改变命运地位的地位价值(4.542)和基本生活的生存价值(4.431),最不看重的是家庭面子价值(4.070)。这与第一节调查的排序总体趋势相同。

从差异看,年龄大者、教育水平低者、经济条件差者、在家务农者,相较于年轻者、教育水平高者、经济条件好者、邻近及外出务工者,其"教育无用"观更强,且前三者差异显著,但其对各类教育价值的需求通常却更强烈,也可以说相对"弱势"者,"教育无用"观更强,但对教育的价值需求却更强。H地和G地总体上也是这个趋势,H地比G地"教育无用"观更强(但不显著),除"前途命运"外,H地各类教育需求的均值都高于G地,其中教育的"国家社会"及"家庭面子"价值需求显著性更强。

表3-13 农村教育价值观的差异比较

	教育无用	能力素养	国家社会	家庭面子	前途命运	生存价值
年龄						
青(<30)	1.956	4.654	4.617	3.686	4.500	4.543
中(30—60)	1.758	4.792	4.691	3.970	4.538	4.350
老(>60)	2.152	4.887	4.860	4.597	4.573	4.672
F值和显著性	**6.372****	**3.244***	**3.064***	**11.398*****	0.130	**4.159***

续 表

	教育无用	能力素养	国家社会	家庭面子	前途命运	生存价值
性别						
女	1.846	4.804	4.732	4.122	4.622	4.419
男	1.865	4.790	4.697	3.989	4.416	4.448
F值和显著性	0.041	0.098	0.321	1.197	**7.760****	0.092
地区						
H地	1.911	4.813	4.736	4.247	4.511	4.467
G地	1.770	4.778	4.691	3.815	4.589	4.376
F值和显著性	2.321	0.537	**6.852****	**13.248*****	1.086	0.920
工作地点						
在家务农	1.872	4.838	4.799	4.248	4.564	4.546
邻近打工	1.713	4.733	4.521	3.849	4.441	4.303
外出务工	1.865	4.533	4.517	3.742	4.388	3.883
F值和显著性	0.878	**5.919****	**7.881*****	**5.369****	1.236	**7.994*****
教育水平						
小学及以下	2.014	4.871	4.868	4.409	4.703	4.531
初中	1.822	4.756	4.658	3.908	4.508	4.339
高中及以上	1.698	4.769	4.616	3.878	4.389	4.435
F值和显著性	**3.912***	2.595	**6.852****	**8.850*****	**6.058****	1.586
经济条件						
差及较差	1.985	4.835	4.704	4.179	4.525	4.546
中等及以上	1.792	4.782	4.725	4.020	4.549	4.377
F值和显著性	**3.966***	1.162	0.105	1.559	0.093	2.901
总体均分	1.853	4.799	4.718	4.070	4.542	4.431

注：*代表 $p<0.05$，**代表 $p<0.01$，***代表 $p<0.001$。

（二）家庭背景因素对教育价值观的影响

综合考虑各背景因素的影响，对所调查者的教育价值观的回归分析如表 3-14。经过共线性统计，各前因变量 VIF 值均小于 2，说明有较少的共线性。可以看出：（1）总体上，农民的教育价值观差异并不很大，其中"家庭面子""生存价值""前途命运"价值需求受社会背景因素影响稍大。（2）从年龄看，虽然年龄越大越可能认可"教育无用"，但并不显著；年龄显著正向影响各类价值需求，特别是教育的"家庭面子"价值和生存价值。(3)从性别看,相比于男性,女性更看重教育的"家庭面子"与"前途命运"价值。(4)从教育水平看,教育水平越低者,越看重教育服务"国家社会"价值、"家庭面子"价值、"前途命运"价值。(5)从地区来看,H地比G地的"教育无用"观更强,或者说G地比H地更重视教育的价值,但H地对教育带来的"家庭面子"价值需求更看重。(6)在家工作的比外出务工的更重视教育的能力素养价值和生存价值。

综合起来,所调查者都很重视教育,有较强的各类教育价值需求。相对"弱"势者如年龄大者、女性、教育水平较低者、在家劳动者,对各类教育价值需求更强。此外,G地比H地更重视教育,H地比G地更重视教育带来的"家庭面子"价值。

表3-14 影响村民教育价值观的个体社会背景因素

	教育无用	能力素养	国家社会	家庭面子	前途命运	生存价值
常量	**2.235***** (**0.388**)	**4.604***** (**0.198**)	**4.685***** (**0.254**)	**3.520***** (**0.434**)	**4.583***** (**0.313**)	**4.008***** (**0.372**)
年龄	0.014 (0.046)	**0.054*** (**0.024**)	0.058 (0.030)	**0.268***** (**0.051**)	0.049 (0.037)	**0.168***** (**0.044**)
性别(女0男1)	0.033 (0.104)	−0.029 (0.053)	−0.049 (0.068)	**−0.313**** (**0.117**)	**−0.203*** (**0.084**)	−0.088 (0.100)
教育年限	−0.033 (0.025)	−0.008 (0.013)	**−0.050**** (**0.016**)	**−0.061*** (**0.028**)	**−0.050*** (**0.020**)	−0.001 (0.024)
地区(G0 H1)	**0.260*** (**0.110**)	0.038 (0.057)	0.045 (0.072)	**0.284*** (**0.124**)	−0.053 (0.089)	0.046 (0.106)
工作地点(家0外1)	0.080 (0.194)	**−0.238*** (**0.100**)	−0.103 (0.127)	−0.062 (0.218)	−0.021 (0.157)	**−0.512**** (**0.187**)
经济条件	−0.143 (0.082)	−0.047 (0.042)	0.084 (0.054)	−0.092 (0.092)	0.027 (0.066)	−0.105 (0.079)
孩子数	0.057 (0.073)	0.055 (0.038)	0.007 (0.048)	−0.011 (0.082)	0.058 (0.059)	−0.018 (0.070)

续 表

	教育无用	能力素养	国家社会	家庭面子	前途命运	生存价值
辅导能力	−0.028 (0.040)	0.014 (0.021)	−0.003 (0.027)	0.070 (0.045)	0.035 (0.033)	0.023 (0.039)
R 方	0.054	0.085	0.104	0.195	0.080	0.113

注：* 代表 $p<0.05$，** 代表 $p<0.01$，*** 代表 $p<0.001$。

综合差异比较与回归分析结果，首先，存在年龄大者、教育水平低者、经济条件差者、在家务农者等相对"弱者"的"教育无用"观更强的现象，但总体均值较低，回归分析的差异结果不显著，R 方值较小，即总体上都比较认可教育的价值，差异并不大。其次，总体对各类教育价值需求也较大，并且存在相对"弱者"对教育的各类价值需求更强的总体趋势，其中"家庭面子"排在最后，其受社会背景因素影响最大，年龄大者、教育水平低者、女性的需求都显著更强。从地区差异看，H 地的"教育无用"观更强，对教育的各类价值需求也呈现总体更强的趋势。

二、农村教育投资意愿的差异

问卷中有三道题反映教育投资意愿的题项，分别是"只要能读到大学，花再多钱也愿意""大学毕业没有初中毕业就出去打工挣钱多，也愿意上大学""大学毕业找不到好工作也愿意读大学"，可以分别称为"投资意愿强度""收入风险承担""工作风险承担"。从"非常不同意"到"非常同意"赋值为 1—5 分。

（一）教育投资意愿的差异比较

表 3-15 显示，总体投资意愿较强，所调查村民愿意尽最大力量供子女读大学，甚至在面临可能的如找不到好工作、大学毕业收入不如打工等投资风险，投资意愿仍然很强。这与第二章质性访谈资料分析结果是一致的。

表3-15的差异分析表明,虽然在均值上存在大小区分,如年老者投资意愿强度更大,收入风险承担意愿更强,中年者则工作风险承担意愿更强;受教育水平低者比受教育水平高者、G地比H地的教育投资意愿强度更大,收入风险和工作风险承担意愿也更强。但统计检验表明,总体的教育投资意愿的差异较小,只有不同教育水平者的教育投资意愿强度方面存在显著差异,不同工作地点者的教育投资意愿强度及收入风险承担意愿方面存在显著差异。

表3-15 农村教育投资意愿的差异比较

	投资意愿强度	收入风险承担	工作风险承担
年龄			
青(<30)	4.44	4.37	4.30
中(30—60)	4.70	4.53	4.64
老(>60)	4.84	4.55	4.48
F值和显著性	2.876	0.397	2.177
性别			
女	4.71	4.48	4.59
男	4.69	4.59	4.56
F值和显著性	0.083	1.124	0.108
地区			
H地	4.66	4.47	4.53
G地	4.76	4.61	4.65
F值和显著性	1.238	1.690	1.164
工作地点			
在家务农	4.78	4.63	4.62
邻近打工	4.47	4.35	4.36
外出务工	4.75	3.95	4.85
F值和显著性	**4.151***	**6.281****	2.608
教育水平			
小学及以下	4.85	4.62	4.63
初中	4.76	4.52	4.55
高中及以上	4.43	4.40	4.55
F值和显著性	**8.761*****	1.318	0.230

续 表

	投资意愿强度	收入风险承担	工作风险承担
经济条件			
差及较差	4.76	4.52	4.55
中等及以上	4.68	4.52	4.59
F 值和显著性	0.741	0.000	0.129
总体均分	4.70	4.52	4.58

注：* 代表 $p<0.05$，** 代表 $p<0.01$，*** 代表 $p<0.001$。

（二）社会背景因素对教育投资意愿的影响

表 3-16 的回归分析结果表明，综合考虑各社会背景因素，受教育年限负向显著影响教育投资意愿强度；相较于外出务工者，非外出务工者的收入风险承担意愿更强，其他因素的影响都不显著，各 R 方值也较小。

表 3-16　影响村民教育投资意愿的个体社会背景因素

	投资意愿强度	收入风险承担	工作风险承担
常量	**4.799*** (0.340)**	**4.667*** (0.454)**	**4.028*** (0.456)**
年龄	0.077(0.040)	−0.005(0.054)	0.049(0.054)
性别（女 0 男 1）	−0.047(0.092)	0.136(0.123)	−0.084(0.122)
教育年限	**−0.064** (0.022)**	−0.024(0.029)	0.005(0.029)
地区（G 0 H 1）	−0.075(0.096)	−0.102(0.130)	−0.168(0.129)
工作地点（家 0 外 1）	0.144(0.170)	**−0.544* (0.228)**	0.428(0.228)
经济条件	−0.001(0.072)	0.049(0.097)	0.127(0.097)
孩子数	0.037(0.064)	0.076(0.086)	0.062(0.087)
辅导能力	0.044(0.035)	−0.050(0.048)	−0.019(0.047)
R 方	0.083	0.049	0.027

注：* 代表 $p<0.05$，** 代表 $p<0.01$，*** 代表 $p<0.001$。

综合考虑差异分析和回归分析结果，村民的教育投资意愿较强，也愿意承担大学毕业后找不到好工作和收入不佳的风险，且农民间总体差异不大。只在不同教育水平者及是否外出务工者间存在差异,教育水平低者有更高的投资意愿,非外出务工者有更强的收入风险承担意愿。

三、农村教育期望的差异

（一）教育期望的差异比较

教育期望,首先是关于孩子义务教育后的教育选择,如图3-2所示,所调查村民绝大多数都希望孩子上普高、读大学（87.2%）,读职校后就业的只有7.9%,选择外出务工的4.6%,选择在家务农的只有1位（0.3%）。其次是关于大学期望、名校期望、读研期望,有87.5%的人希望孩子能读大学（包括大专和本科）,65.8%的人希望读原"211""985"类名校,38.9%的人希望读硕士和博士。

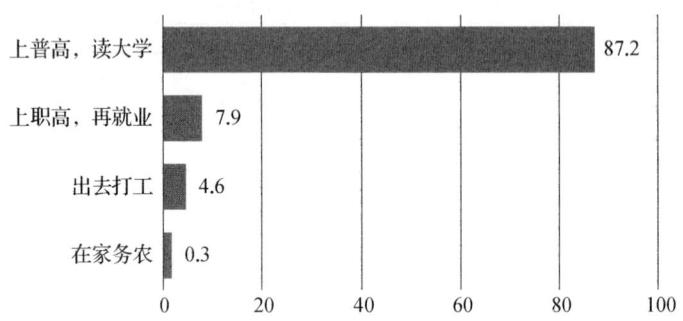

图3-2　村民对于子女义务教育后的教育期望（%）

从差异比较结果看,如表3-17所示,G地村民对子女的大学期望、名校期望、读研期望都显著高于H地,经济条件差者的教育期望更高,外出务工者的教育期望也普遍更高。

表 3-17　村民教育期望的差异比较

	大学期望	名校期望	读研期望
年龄/%			
青(<30)	76.9	7.0	30.8
中(30-60)	89.4	66.2	43.1
老(>60)	84.7	60.3	27.1
卡方值和显著性	3.815	1.685	5.799
性别/%			
女	88.0	66.7	38.6
男	86.6	64.3	39.5
卡方值和显著性	0.146	0.169	0.025
地区/%			
H 地	83.8	58.0	33.0
G 地	92.7	76.4	48.0
卡方值和显著性	**5.231***	**10.792****	**6.897****
工作地点/%			
在家务农	88.6	64.2	40.4
邻近打工	83.0	66.7	24.5
外出务工	90.0	68.4	50.0
卡方值和显著性	1.308	0.212	5.784
教育水平/%			
小学及以下	89.5	67.3	43.8
初中	86.4	67.5	39.8
高中及以上	86.3	61.0	31.3
卡方值和显著性	0.626	1.034	3.076
经济条件/%			
差及较差	92.8	76.0	44.3
中等及以上	85.0	60.9	36.4
卡方值和显著性	3.688	**6.635***	1.741
总体/%	87.5	65.8	38.9

注：* 代表 $p<0.05$，** 代表 $p<0.01$，*** 代表 $p<0.001$。

（二）影响村民教育期望的因素

首先看个体背景因素的影响。由表 3-18 可见，总体上村民的社会背景因素对教育期望的影响不大，孩子数量负向影响大学期望，孩子越少，越有可能有大学期望；家长辅导能力正向影响名校期望，越有辅导能力越倾向于对孩子有名校期望；经济条件、教育水平分别对大学期望和读研期望有负向影响。此外，G 地比 H 地的村民对子女更可能有名校期望。

其次看教育价值观的影响。"教育无用"观负向影响各种教育期望，其中对读研期望的负向影响显著；持有改变"前途命运"价值需求的，其更有可能对孩子持有名校教育期望。

表 3-18 影响村民教育期望的因素

	大学期望 1	大学期望 2	名校期望 1	名校期望 2	读研期望 1	读研期望 2
常量	**4.958**** **(1.881)**	2.846 (3.140)	2.018 (1.248)	1.158 (2.422)	1.726 (1.223)	4.374 (2.426)
年龄	0.318 (0.182)	0.293 (0.197)	−0.063 (0.138)	0.008 (0.148)	−0.050 (0.132)	−0.001 (0.145)
性别（女 0 男 1）	−0.268 (0.434)	−0.348 (0.458)	0.045 (0.306)	0.114 (0.321)	0.129 (0.295)	0.121 (0.307)
教育年限	0.088 (0.108)	0.071 (0.114)	−0.113 (0.076)	−0.105 (0.080)	**−0.207**** **(0.075)**	**−0.223**** **(0.080)**
地区（G 0 H 1）	−0.821 (0.521)	−0.640 (0.542)	**−0.745*** **(0.330)**	−0.634 (0.346)	−0.213 (0.308)	−0.039 (0.327)
工作地点（家 0 外 1）	0.346 (0.835)	0.348 (0.868)	−0.054 (0.572)	−0.113 (0.597)	0.704 (0.517)	0.684 (0.547)
经济条件	**−0.953*** **(0.436)**	**−1.114*** **(0.471)**	−0.385 (0.252)	−0.499 (0.272)	−0.256 (0.226)	−0.339 (0.239)
孩子数	**−0.719*** **(0.282)**	**−0.833**** **(0.295)**	0.004 (0.212)	−0.075 (0.218)	−0.299 (0.221)	−0.339 (0.237)
辅导能力	−0.153 (0.174)	−0.141 (0.182)	**0.294*** **(0.126)**	**0.297*** **(0.131)**	0.118 (0.118)	0.115 (0.121)
孩子成绩	0.036 (0.266)	−0.106 (0.284)	0.148 (0.181)	0.069 (0.191)	0.226 (0.180)	0.094 (0.190)
教育无用		−0.281 (0.273)		−0.182 (0.193)		**−0.523*** **(0.213)**

续 表

	大学期望1	大学期望2	名校期望1	名校期望2	读研期望1	读研期望2
能力素养		0.929 (0.550)		0.368 (0.434)		0.020 (0.419)
国家社会		0.358 (0.447)		−0.223 (0.337)		−0.151 (0.332)
家庭面子		−0.247 (0.324)		−0.100 (0.219)		0.008 (0.201)
前途命运		0.043 (0.449)		**0.643*** **(0.294)**		0.117 (0.281)
生存价值		−0.300 (0.375)		−0.395 (0.247)		−0.244 (0.209)
-2Log Likelihood	174.176	166.725	293.957	283.732	304.561	295.425
内戈尔科 R 方	0.140	0.191	0.106	0.158	0.100	0.147

注：* 代表 $p<0.05$，** 代表 $p<0.01$，*** 代表 $p<0.001$。

综合起来，村民对子女读大学的期望很高，较少家长愿意选择让孩子初中毕业后读职校及外出务工，约有六成以上的家长期望子女读名校，近四成的家长有让孩子读研究生的期望。村民的教育期望有地区差异，特别是读名校的期望。村民个体社会背景因素对其教育期望影响不大，子女数负向显著影响大学期望，自身辅导能力正向显著影响名校期望，但经济能力及教育水平则对部分教育期望呈负向影响。教育价值观中的"教育无用"观和"前途命运"价值需求显著影响读研期望与名校期望。

第三节　教育观念与社会阶层之间的弱相关现象

农村人重视教育,对各类教育价值都有强烈的需求;有很强的教育投资意愿,甚至愿意接受读大学后找不到好工作和收入不佳的投资风险;近九成者希望子女上大学,对子女的教育期望很高。这些特征与上一章的质性研究结果基本一致,已进行了相关讨论,不再赘述。这里主要讨论差异比较反映的问题。

一、农村教育观念是否具有区分性的群体性特征?

传统社会学一般认为,文化与社会阶层是匹配的,社会阶层的形成,除了经济方面的因素,文化与阶层意识的形成是其重要内容和标志。如英国历史学家汤普森就从传统、道德、价值体系等方面考察阶级状况,其《英国工人阶级的形成》指出,阶级既形成在经济中,也形成在文化中。当各行业工人之间形成了利益认同意识,并反对其他阶级利益时,新的工人阶级就形成了。布迪厄所说的惯习、区隔、文化资本等概念,也表达了不同社会阶层具有相似文化观念的观点。但文化社会学的产生打破了社会结构的支配性,特别是在后现代语境中,学者们强调文化的主动性和多元性,全社会不再只有统整单一的文化,文化也不再是社会结构的附庸。一些学者认为阶级已经成为一个过时的概念,社会分层碎片化,个人的价值态度和生活方式也越来越与阶级属性脱离,呈现"碎片化"特征。[①]

关于中国的社会分层,李春玲将社会学界几个有影响的观点概括为:孙立平的"断裂社会"理论、陆学艺等人的"中产化现代社会"观点、

[①] 李春玲.断裂与碎片——当代中国社会阶层分化趋势的实证分析[M].北京:社会科学文献出版社,2005:18-24.

李强和李培林等提出的"碎片化趋势"理论以及李路路的"结构化"理论。李春玲本人的实证研究得出的结论是,断裂化、中产化、结构化、碎片化现象在中国当前经济分化中都有表现,但当前的主流是多层分化的结构化趋势,即分化形态上表现为多层分化,分化趋势特征上表现为结构化。① 方长春认为,断裂化、碎片化、结构化、定型化、金字塔型、倒丁字型等概念是学者们分别从不同的角度对当前中国阶层分化特征的描述,中国社会上层表现出更多的封闭性和结构化特征,社会下层的利益分化状况适合用"碎片化"来描述。② 这些表明,关于中国社会阶层结构是否已经形成甚至固化,观点各不相同。而在价值、观念方面,是否形成阶层特点,就更难说了。李培林认为,原有的社会阶层经由社会观念达到集体行动的逻辑发生了某种断裂,社会观念的利益化和个体化倾向明显,社会观念呈碎片化的现象。③ 刘精明和李路路关于城镇居民居住空间、生活方式、社会交往和社会认同的研究发现,在居住、交往和认同维度上,阶层化构成了更为主要的趋势,而在生活方式上阶层化的趋势比较模糊。④

至于教育观念,本研究的调查发现农村户籍者的教育观念与城市户籍者差异不大。首先,都很重视教育,并且重视教育培养人的能力素养的本体价值超过教育的工具性价值;城乡差异在于农村户籍者对教育的工具性价值需求比城市户籍者更强,特别是对教育带来收入、地位等实用价值的需求更强,更希望通过教育改变命运。城乡户籍者都对子女抱有很高的教育期望,虽然城市户籍者的教育期望更高,但综合考

---

① 李春玲.断裂与碎片——当代中国社会阶层分化趋势的实证分析[M].北京:社会科学文献出版社,2005:前言1-8,557.
② 方长春.断裂、碎片抑或结构化:对当前中国阶层分化的再认识[J].人文杂志,2008(3):172-178.
③ 李培林.中国经济社会发展的问题和趋势[EB/OL].(2011-12-13)[2022-05-13].http://www.71.cn/2011/1213/655525.shtml.
④ 刘精明,李路路.阶层化:居住空间、生活方式、社会交往与阶层认同——我国城镇社会阶层化问题的实证研究[J].社会学研究,2005(3):52-81.

虑其他背景因素时，户籍因素并不显著。这表明，城乡户籍者教育观念虽有一些差异，但差异不大，农村教育观念也没有呈现明显的区隔性群体特征。

　　为什么会如此？首先，我国有重视教育的传统，普通老百姓一直有通过教育改变命运的信念，历史上的科举考试及现在的高考都为老百姓通过考试改变命运提供了制度基础。其次，近百年来我国社会变动较多，出现了多次社会转型，导致社会阶层间的差距并不像西方社会那么顽固。就城乡差距来说，我国城乡差距虽然是一个历史性问题，农村社会经济发展以及教育发展水平都低于城市，但这些年推动农业社会向工业社会快速转型发展的政策，也缩小了城乡差距。新中国成立以后，我国就在推动工业化和城镇化进程，特别是改革开放以来，国家把城镇化纳入国家战略。城镇化发展的过程中，大量农业人口流向城市向非农行业转移。2005年起，中央推行的社会主义新农村建设，则是一种将城市文明推广到农村的城镇化推进方式。[①] 近些年，"城乡一体化"发展战略更加快了农村的发展。据第一次全国人口普查数据，我国1953年的乡村人口占比86.74%，第七次全国人口普查数据，至2020年11月1日止，我国居住在乡村的人口比例仅占36.11%。有研究认为，在中国的快速工业化过程中，农业和非农业部门之间的横向流动性急剧增加，这种流动抵消了部分由市场经济转型带来的社会流动性下降。[②] 工业化进程和城市化转型的同时，也是市民化的过程，意味着乡村生活方式向城市生活方式转变，大量农村人进入城市务工影响着与改变着农村人的意识和观念。近些年互联网的发展，更为城乡观念的融合提供了条件。教育观念方面，在今天的农村，人们对孩子的教育大

---

　　① 李强,陈宇琳,刘精明.中国城镇化"推进模式"研究[J].中国社会科学,2012(7):82-100.
　　② ZHOU X, XIE Y. Market Transition, Industrialization, and Social Mobility Trends in Postrevolution China[J]. American Journal of Sociology, 2019,124(6):1810-1847.

多都很重视，很多家庭还为了孩子接受更好的教育而选择将孩子送到县城学校，有了城市人相似的择校行为。在这样的背景下，农村的教育观念也较少可能出现区隔性的群体特征。

二、教育观念是否与社会结构具有一致性？

按照传统社会学思想，教育观念受社会阶层等结构因素制约，如布迪厄认为不同社会阶层养成的惯习，使人们基于对客观可能性的判断而有不同的教育期望，因而工人阶级一开始就会根据成功的可能性把自己限定在较低的教育层次上，不会对子女有高的教育期望。很多研究也都证实了社会结构因素对教育期望等教育观念的制约作用。但文化社会学希望把文化观念从结构主义的束缚中解放出来，这些学者反对将文化还原为阶级、利益、权力，坚持文化的多元化与自主性，文化已经不再必然与社会地位相对应。也有实证研究表明，一些社会背景变量并不影响父母的教育观念，如国外有研究发现社会背景变量如种族、孩子的性别、所居群体特征并不对父母教育期望直接产生影响[1]；虽然农民对教育的工具性需求较强，但他们对教育也有更广泛的非工具性价值需求，希望孩子通过接受教育获得知识以丰富生活，并产生理想的性格特征。[2] 一些社会经济地位不佳者抱有高的教育期望，除了因为能带来工作与收入的工具性价值，还因为教育的表达性价值如上大学代表努力奋斗者形象；[3]地方文化、制度、政策都会影响人们的教育观念，地方的改革措施可能激发人们产生超越其现实不利情境的高教育

---

[1] WENTZEL K R. Parents' Aspirations for Children's Educational Attainments: Relations to Parental Beliefs and Social Address Variables[J]. Merrill-Palmer Quarterly, 1998, 44(1): 20-37.

[2] BAKER V J. Education for Its Own Sake: The Relevance Dimension in Rural Areas [J]. Comparative Education Review, 1989, 33(4): 507-518.

[3] DETERDING N M. Instrumental and Expressive Education: College Planning in the Face of Poverty[J]. Sociology of Education, 2015, 88(4): 284-301.

期望。①

本书的调查数据表明,尽管社会经济背景会制约一些教育观念,如城乡比较中发现教育水平正向显著影响教育期望;与社会背景条件一致的还有农村内部比较中的"教育无用"观,年龄大者、教育水平低者、经济条件差者、在家务农者的"教育无用"观更强(尽管回归分析表明差异并不显著),而家长"教育无用"观又负向显著影响其对子女的读研期望。此外,家长自身的辅导能力也与其对子女的名校期望呈现一致性,辅导能力越强,期望子女读名校的可能性越大。但社会背景条件相对弱势者的教育观念并没有受到大的限制,相反甚至在有些方面出现相反的趋势。城乡比较研究发现,农村户籍者对各类教育价值需求都高于城市户籍者,教育水平、性别也与各类教育价值需求呈负相关,部分呈现越"弱"势者教育需求越高的现象;教育期望方面没有呈现这种负向关系,教育水平高者、越年轻者的教育期望越高,城市户籍者也较农村户籍者教育期望更高,但综合其他社会背景因素后,户籍的影响不再显著。"弱者"不弱(甚至更强)的现象在农村内部差异分析中表现得也比较明显,年龄大者、教育水平低者、经济条件差者、在家务农者对各类教育价值需求更强;在教育投资意愿上,教育水平低者有更高的投资意愿,非外出务工者有更强的收入风险承担意愿;教育期望方面,经济能力及教育水平对部分教育期望也呈负向影响。

以上表明,个体的社会经济地位与某些教育观念是正向匹配的,但有些教育观念的社会阶层差异不显著,有些教育观念反而与社会经济地位呈现反向趋势。那么,为什么在教育观念上会存在"弱者非弱"这样的"反常"现象?

---

① FRYE M. Bright Futures in Malawi's New Dawn: Educational Aspiration as Assertions of Identity[J]. The American Journal of Sociology, 2012, 117(6): 1565-1624.

首先,这与我国重视教育的传统文化和制度相关。我国历史上的科举考试为传统社会中平民向官员的垂直向上流动提供了一个通道,通过教育改变命运有深厚的历史根基,"朝为田舍郎,暮登天子堂""书中自有黄金屋"是激励人们通过读书改变命运的写照。我国高考制度恢复以来,大量平民学子也通过自己的努力考上大学并获得了升迁性的社会流动。在这样的社会文化中,重视教育、重视努力也成了一种文化,无论穷富,无论城市与农村,都希望孩子接受良好教育以获取更好的前途与地位。有国际比较研究也证实,亚洲父母(中国大陆、中国台湾及日本)比美国父母对子女的教育期望更高,其原因主要源自文化差异,亚洲人更相信学业成功可以通过努力来获得,而不仅仅由能力决定,所以通常都要求孩子获得尽可能多的教育。①

其次,处境不利者尤其希望通过教育来改变命运,对教育的需求和期望可能更高。有学者认为,社会地位对于其教育观形成既有"枷锁"效应又有"鞭策"效应,"枷锁"效应即社会地位对教育观的制约,指的是社会地位与教育观念的一致性;"鞭策"效应即低社会地位者在教育观念方面有更强需求的现象,如低文化地位流动人口在迁入地的工作生活中由于面临教育、生存等问题而产生无助感,这种无助感有较高可能转化为对子女接受高等教育的强烈愿望。② 我国有学者关于家庭背景对子女教育期望的研究发现,作为家庭背景的父辈职业地位变量没有显示出明显的作用,不同职业阶层出身的子女在大学教育期望方面没有明显的不同,甚至父辈职业地位为管理者/专业技术人员和一般技术工人/监管者两个阶层的子女,其上大学期望低于农业劳动阶层的子女(尽管没有显著性),"在某种程度上,由于中国特殊的城乡二元结构,农

---

① STEVENSON H W, STIGLER J W. The Learning Gap: Why Our Schools are Failing and What We Can Learn from Japanese and Chinese Education[M]. New York: Summit Books, 1992.
② 童馨乐,潘妍,杨向阳.寒门为何难出贵子? 基于教育观视角的解释[J].中国经济问题,2019(4):51-67.

村出生的学生更为迫切地希望上大学,从而改变自己的命运"。[1] 也有国际比较研究发现,美国的亚裔父母虽然面临一些结构性障碍,但他们比美国白人对教育赋予更高的工具价值,更多将教育看作孩子向上流动的有效通道,因而有更高的教育期望。[2]

三、 我国地区教育观念是否存在"中部塌陷"?

本研究对中部 H 省和西部 G 省的农村进行了调查,H 省为中原大省,也是高考竞争激烈的大省。G 省这些年受到国家政策的支持,教育发展较快,但毕竟处于西部。调查的结果表明,H 省相较于 G 省的"教育无用"观更强,但对各类教育价值需求更强(除教育带来收入与地位提升的"前途命运"价值),特别是教育带来的"家庭面子"价值;G 省的教育投资意愿更强(虽然回归分析中不显著),教育期望更高,特别是父母对于子女读名校的期望显著高于 H 省。即从整体上看,除了教育价值需求外,G 省比 H 省在教育观方面更为积极。之前有研究得出结论,区别于欠发达地区,发达地区的农村教育需求旺盛,几乎不存在"教育放弃"现象,农村家庭对高等教育需求呈现"非功利性"色彩。[3] 本研究没有调查发达地区的农村,但中部地区的 H 省农村比西部地区的 G 省农村在"教育无用"观、教育期望等教育观念上更为消极,这与预想的有些不同。

出现这种结果,首先,可能与调查样本有一定关系,G 省虽然身处西部,但所调查的部分样本是省会城市的城乡接合部的农村,当地的农

---

[1] 王甫勤,时怡雯.家庭背景、教育期望与大学教育获得——基于上海市调查数据的实证研究[J].社会,2014,34(1):175-195.
[2] GOYETTE K, XIE Y. Educational Expectations of Asian American Youths: Determinants and Ethnic Differences[J]. Sociology of Education, 1999, 72(1):22-36.
[3] 王一涛,钱晨,平燕.发达地区农村家庭高等教育支付能力及需求意愿研究——基于浙江省的调查[J].高等教育研究,2011,32(3):46-50.

村居民人均可支配收入还高于H省的农村。其次,可能与近些年来出现的"中部塌陷"有关。所谓"中部塌陷"描述的是我国20世纪90年代以来社会经济发展不平衡现象。市场经济及国家关于东部优先发展政策刺激了东部经济快速增长,国家西部大开发等支持政策又推动了西部的加快发展,而中部地区经济发展水平相对缓慢,出现了"在发展水平上落后于东部,在发展速度上落后于西部"的现象,造成了中部宏观经济格局的"凹陷"。① "中部塌陷"也体现在教育领域,有研究基于对我国31个省份的教育人力、财力和物力资源数据的分析发现,我国教育发展与"东部好于中部、中部好于西部"的传统认知存在较大误差,安徽、江西、河南、湖北中部四省的教育发展水平既低于北京、上海及其他东部沿海省份,也低于西部的众多省份,成为教育发展方面的"塌陷"地区。② 另有研究也发现,我国义务教育中的中部地区学校的基础设施建设、师资队伍建设、经费投入等方面多项生均指标明显落后于东部和西部地区,存在义务教育发展的"中部塌陷"。③

据《中国统计年鉴》数据,对所调查的两地农村进行进一步比较的数据也似乎证实了"中部塌陷"现象。相较于中部H省,所调查的西部G省,除了因为G省Q区位于省会城市城乡接合部的农村,经济及教育不太落后之外(见前文数据),更重要的是由于国家对西部经济、教育的大力支持,G省虽然在一些总指标上还不如H省,但这些年发展的增速很快,给人一种蓬勃向上的感觉。以农村人均可支配收入为例,G省从2013年的5 897.8元到2018年(本调查进行时)的9 716.1元,增长了64%;而H省从2013年的8 969.1元到2018年的13 830.7元,增

---

① 杨胜刚,朱红.中部塌陷、金融弱化与中部崛起的金融支持[J].经济研究,2007(5):55-67.
② 王远伟.我国"教育中部塌陷"现象解读——基于省际教育数据的实证分析[J].教育发展研究,2010,30(3):42-47.
③ 尚伟伟,陆莎,李廷洲.我国义务教育发展的"中部塌陷":问题表征、影响因素与政策思路[J].北京大学教育评论,2020,18(2):172-186.

长了54%，二者相差10个百分点。教育的发展更是如此，从农村学校的生师比看，2018年G省与H省农村小学生师比分别是15.26（乡村在校学生数1 199 573，专任教师数78 596）、15.63（乡村在校学生数3 576 593，专任教师数228 877），G省小于H省。乡村初中生师比G省与H省分别是13.54（乡村在校学生数269 605，专任教师数19 909）、12.66（乡村在校学生数859 716，专任教师数67 904），G省大于H省，但相较于2014年G省的16.88（乡村在校学生数568 893，专任教师数33 712）、H省的11.72（乡村在校学生数881 054，专任教师数75 154），G省进步了3.34，H省后退了0.94。

我们在H省的农村进行调查时，发现了这样几类问题。

1. 教师质量问题，表现为有正式编制的教师少，教师流动性大，质量偏低

我们的访谈地是参加访谈的一位研究生S的老家，她在访谈笔记中写道：

"十五年前的村小里，变的是：教师的流动性更大，非正式教师比例变大，学生更少。不变的是：硬件条件没有改进，教师工资没有提高，班主任仍是全科教师。"

访谈一位村小女教师，她曾在上海的一所学校工作5年，因怀孕生孩子回到老家村小，准备生两个孩子后再出去找工作，她担任英语、语文两课的教学，一个班的班主任，并兼任这个班的所有"副"课。她说，该村小约有20位老师，其中半数以上是聘任的非正规教师，主要是一些具有高中以上文凭的中年女性，缺一大半编制。所聘任的老师月收入1 000元左右，有正式编制的老教师月收入能有4 000—5 000元。访谈中还遇到一位音乐教育专业毕业的老师，除教音乐外，还教二年级语

文;也有学美术的老师教数学。去一个家庭做调查,遇到一位即将上六年级的孩子,他不会用普通话与我们交流,说听不懂我们的普通话,但可以用不连贯的普通话阅读调查问卷的提示语,可以听懂电视中的普通话。他说学校老师上课也用方言。

2.家校关系较差,老师与家长相互抱怨,尊师重教的传统乡俗遭到破坏

一方面,被访老师认为,家长平时不主动与老师沟通,但一旦发生事情就找老师、怪罪老师,抱怨家长不尊重老师,老师没有权威。还有一位老师,当我们问到义务教育阶段学生辍学,老师是否应该想办法让孩子回来上学时,该老师回答:辍学的孩子一般都是不爱学习、成绩不好的,老师正希望他们不来上学。

另一方面,被访的家长则认为老师不负责任,水平不够。一位被访家长的孩子被老师惩罚在家反省,不让上学,她非常不满。

(她问我们)"你说,小孩子去上学,在学校里调皮捣蛋一些,被老师抓住训斥了一顿,老师请家长去学校,让把孩子带回家来反省,什么时候反省好了老师同意了,才能去上学。你说这老师做得对不对?"

(她情绪有些激动地抱怨)"我跟你说,我家小孩儿,就是因为那老师,被罚回家反省一个多星期,后来就更不愿意学了! 小孩子调皮,你老师不好好劝不好好开导,不想办法让他好好学,就直接让家长领回来停课反省,那小孩儿哪儿还能愿意学呢? 我家孩子不爱读书,那个老师要负很大的责任。"

对老师的信任感降低。一位家长认为自己的孩子没上高中,是让老师给耽误了。初中毕业时,老师推荐上技校,结果听了老师的话上技

校。技校学不到东西,没毕业就不上了。

此外,由于编制外的代课老师较多,这些老师的教育水平低、专业水平差、收入低,村民的尊重感也在降低。

3. 对教育价值的质疑

H省绝大多数被访谈者都很重视教育,认同"教育改变命运"的说法。但一位老人表示了不同的看法。下面是部分访谈的内容。

"大爷,读书能够改变命运,您同意这种说法吗?"

"我不同意。读书能够改变的东西很少,一个人的命运并不是读不读书就可以改变的,命运和读书没有关系的。一个人是什么样的命啊,其实都是有定数的,你看古代的那些帝王将相,他能到那个位置真的和读书有多大关系吗?这都是命数,定了的。"

"不上大学将来在社会上很难混,您觉得这种说法对吗?"

"我觉得不太对。成功主要还是靠个人的努力,这样说的话,不上大学那些初中毕业、高中毕业的人就没法在社会上生存了吗?但是也有很多人在社会上生活得很好的,都是个人的努力,上了大学就混得好了?我觉得是不一定的。"

"您让您的孩子接受教育是为了获得一份好工作,更高的收入,对吗?"

"我希望是这样的,但我本身不同意这种看法。读书的人不一定能找到好工作,也不一定有更高的收入,还是得看个人的努力程度,读书和这些没有必然的关系。"

"那您送他读书是为了让他有更加良好的品德吗?"

"良好的品德,这和孩子本身有关,有的读了很多书的,品德败坏也是有的,那这样能说是读书把人教坏了吗?所以这个说法也不太对,但是我希望他是能有更加良好的品德的。"

当被访者家庭遭遇教育未能带来预想的回报时,他们也会质疑教育价值。一位被访者有两个孩子,一个已经大学毕业,读的是收费较高的"三本"类高校,大学毕业后找工作困难。由于家里还有病人,经济困难,女儿上大学的费用都是女儿自己打工挣得的。她认为上大学不值得,花了那么多钱,还不容易找工作,完全不同意"读书能够改变命运",不同意"教育对一个人的未来生活很重要""不上大学将来在社会上很难混",完全同意"上大学不如趁早出去打工、做生意赚钱""上大学不如学门手艺或技术有用""没有文化照样可以生活得很好"。

一些家长对孩子的教育过于顺其自然,把责任完全交给学校老师。访谈中,一位家长说自己的孩子读高中的时候,孩子学习上存在问题,老师每个月都会打2—3次电话给家长,但他们从来都没去理会,他们认为孩子的学习是学校老师应该管的事情。

此外,所调查的农村还有一个明显的现象,即村民住房的好坏与家里孩子的教育获得成负向关系,家中有大学生的,房子往往比较破旧;家中有比较漂亮的楼房的,孩子往往在城里打工。这种现象也会在一定程度上影响村民的教育观念。

> 看村民住宅的好坏,大致可以判断孩子的成绩,一手抓经济,一手抓教育是不太行得通的,家里重视教育,家里就会失去一个主要劳动力(多是母亲),读书会读穷是真实的。[①]

所调查的H省村民虽然总体对教育很重视,期望孩子能读好的大

---

① 来自研究生的调研笔记,所调研的村子是该生从小生活的老家。

学,愿意花钱供子女上学。但以上情况也表明,如同经济上的"中部塌陷",中原大省 H 省的教育可能出现了一些相似的问题,突出地表现在农村师资力量的薄弱,美术老师兼教数学、音乐教师兼教语文、班主任承包所有"副"课,这类现象几十年没有什么变化。师资质量直接影响教育质量,加上经济增长缓慢、社会转型、大学扩招及毕业生就业难等大环境,农村淳朴的尊师重教的传统民风受到影响,出现村民不信任、不尊重老师现象,一些人(特别是有过教育投入得不到预期回报时)也会质疑教育价值。一方面,教育观念可能是文化传统导致,比如被访的大爷将社会地位看作"命数"决定的,H 省对教育带来光宗耀祖类价值需求的看重,等等;另一方面,上述不佳的教育质量、师资水平,不良的经历及负面的见闻,都可能让村民对教育产生消极的看法,经济发展及教育发展上的"中部塌陷",可能导致教育观念上的"中部塌陷"。当然,也可能是消极的教育观念影响了经济及教育发展的"塌陷"。由于调查样本的有限性,本书不能判断这种教育观念上的"中部塌陷"是否具有普适性,但是一个值得继续关注的现象。

本章小结　教育观念之"弱者非弱"

本章主要分析农村教育价值观、教育期望、教育投资观等教育观念的差异性,讨论农村人的教育观念有无群体特征,群体内部有无差异性。研究有以下发现。

首先,重视教育,教育的投资意愿高,教育期望高。所调查的农村户籍者都很重视教育,"教育无用"观并不强烈;对教育的各类教育价值需求都比较强,其中重视教育培养人的能力素养价值大于教育的工具性价值;村民对其子女持有较高的教育期望,绝大多数家长希望孩子能够读大学,较少有家长愿意让孩子义务教育后务农、外出务工及就读职业学校；村民的教育投资意愿强烈，并愿意承担读大学后找不到好工作和收入不佳的风险。

其次，从城乡差异的比较看，农村户籍者具有更高的教育工具性价值需求，对子女的教育期望比城市户籍者低，但城乡差异不大。农村户籍者对教育的各类价值需求都更高，特别是教育的"实际效用""国家社会""家庭面子"等工具性价值。城市户籍者较农村户籍者对其子女的大学期望、名校期望、读普通教育而非职业教育的期望都更高，但综合考虑其他个体社会背景因素时，户籍的影响不再显著。

再次，从农村内部比较看，各类教育观念的总体差异不大，年龄大者、女性、教育水平低者、经济条件差者、在家务农者等传统意义上的相对"弱者"的教育观念并不弱，反而在某些方面呈现相反趋势。年龄大者、教育水平低者、经济条件差者、在家务农者的"教育无用"观虽然更强，但回归分析表明差异并不显著，这些村民对各类教育价值需求反而更强；在教育投资意愿上，教育水平低者有更高的投资意愿，非外出务工者有更强的收入风险承担意愿；教育期望方面，经济能力及教育水平对部分教育期望也呈负向影响，但家长自身的辅导能力、对教育的改变"前途命运"的价值需求正向显著影响其对子女的名校期望，家长"教育无用"观负向显著影响其对子女的读研期望。

最后，部分教育观念存在地区差异，如H省的"教育无用"观更强，但对教育的各类价值需求则很强，特别是教育带来的"家庭面子"需求显著高于G省；G省家长对子女的教育期望更高，特别是名校期望显著高于H省。

综合看来，城乡之间、农村内部、地区间的教育观念都存在一定差异，但总体差异不大。这种差异，既呈现教育观念与社会经济地位的一致性或社会经济地位对教育观念的制约，也呈现"弱者非弱"现象，即教育观念与社会经济地位的非一致性或教育观念的独立性，甚至社会经济地位低者在教育观念方面需求及期望更高的现象。

教育观念对教育获得的影响

第四章

已有文献表明教育观念影响教育获得，特别地，儒家文化中对教育的重视、对努力的强调等，都会影响孩子的教育获得，这种影响对于弱势群体家庭的作用更为明显。本章要讨论的即农村教育观念对农村学生教育获得的影响，先基于问卷调查数据进行量化分析，再根据访谈内容作更深入的理解与解释，最后特别分析"寒门出贵子"的文化观念因素。

第一节　家庭背景因素对学习成绩影响的定量分析

基于对 H 省和 G 省问卷调查数据，分析家庭背景因素对农村学生教育获得的影响，特别是教育观念因素。数据的基本情况见第三章的第二节。所涉及的变量有：(1) 社会背景变量，包括年龄、性别、教育水平(受教育年数)、所处地区(G 省还是 H 省)、工作地点(在家还是外出务工)、经济条件(1—5 等级)、孩子数、辅导能力(1—5 等级)；(2) 教育观念，是主要的自变量，包括"教育无用"观[①]、教育的各类价值需求(前途命运、家庭面子、国家社会、能力素养)、教育投资意愿("只要能读到大学，花再多钱也愿意")、大学期望、名校期望、读研期望、职业期望，其中前三者为里克特量表的 5 分计分，三类教育期望是"有"和"无"的二分变量，职业期望分为三类，一类是"国家机关事业单位工作人员、政府公务员""企业/公司管理人员""科学家、工程师、教师、医生、律师等专业技术人员"，合称"上层职业期望"，二类是"艺术表演类人员""专业运动员""技术工人""商业服务业人员""产业工人""农民"，合称"中下层职业期望"，三类是"无所谓""其他(含'随孩子自己')"，合称"职业期望

[①] "教育无用"观指的是对教育价值的否定，借鉴了牛春娟等人教育价值问卷中"教育效用"的部分题项，如"上大学不如趁早出去打工、做生意赚钱""没有文化照样可以生活得更好"。参考原文：牛春娟，郑涌.西南少数民族教育价值观的调查研究[J].心理科学，2010，33(1)：198-200.

不确定";(3)因变量为学习成绩,是家长对子女学习成绩的主观评价,问题题目是"你孩子的学习成绩——",有很差、比较差、中等、比较好、很好五个选项,分别计1—5分。

一、影响学习成绩的家庭背景因素

基于表4-1,可以有以下发现。

首先,模型一是社会背景变量对学习成绩的影响。可以看出,家庭的孩子数量与孩子的学习成绩呈现显著负相关,家长的辅导能力则显著正向影响孩子成绩,其他变量影响不显著。

其次,模型二是教育观念因素对学习成绩的影响。"教育无用"观与职业期望显著影响学习成绩,当家长的"教育无用"观念越强,其孩子的学习成绩越差;相对于家长对子女的低职业期望,家长越是期望子女从事管理者、专业技术人员、政府机关人员等较高层次的职业,其子女的学习成绩越好。

最后,模型三是综合模型。显著影响学习成绩的仍然是孩子数、辅导能力、"教育无用"观及职业期望,其中孩子数与"教育无用"观负向影响学习成绩,辅导能力正向影响学习成绩,家长职业期望高者比职业期望低者的孩子学习成绩更好。这表明,家庭客观结构因素(孩子数、辅导能力)与观念因素("教育无用"观、职业期望)都对孩子的学习成绩产生影响,从模型一与二的 R 方值来看,二者所起的作用差不多相当。

表4-1 影响学习成绩的家庭背景因素

	模型一	模型二	模型三
常量	2.591***(0.418)	4.250***(0.692)	3.088***(0.863)
年龄	0.023(0.050)		0.056(0.053)
性别(女0男1)	−0.053(0.111)		−0.049(0.110)
教育年限	0.042(0.027)		0.034(0.028)

续　表

	模型一	模型二	模型三
地区(G 0 H 1)	−0.025(0.116)		0.084(0.119)
工作地点(家 0 外 1)	0.208(0.202)		0.254(0.200)
经济条件	0.093(0.086)		0.041(0.086)
孩子数	**−0.174*(0.078)**		**−0.170*(0.078)**
辅导能力	**0.101*(0.044)**		**0.092*(0.044)**
教育无用		−0.250***(0.063)	−0.257***(0.067)
上层职业期望(对照组:中下)		**0.432**(0.158)**	**0.419*(0.164)**
职业期望不确定(对照组:中下)		0.183(0.163)	0.308(0.175)
大学期望(有 1 无 0)		−0.166(0.169)	−0.150(0.179)
名校期望(名 1 非 0)		0.021(0.118)	0.025(0.126)
读研期望(有 1 无 0)		−0.018(0.115)	−0.023(0.125)
前途命运		−0.027(0.096)	0.002(0.102)
家庭面子		−0.008(0.057)	−0.028(0.069)
国家社会		−0.016(0.116)	0.010(0.120)
能力素养		−0.003(0.145)	0.031(0.153)
投资意愿		−0.107(0.086)	−0.065(0.094)
R 方	0.112	0.117	0.211

注:* 代表 $p<0.05$,** 代表 $p<0.01$,*** 代表 $p<0.001$。

二、家长教育水平影响孩子学习成绩的中介因素

从上面的分析中我们可以看到,家长的辅导能力及"教育无用"观显著影响孩子的学习成绩,那么辅导能力及"教育无用"观念是否受家庭背景影响呢？更进一步地说,家庭背景是否通过影响辅导能力及"教育无用"观念来影响孩子的学习成绩呢？这实质上是家庭背景影响孩

子学习成绩乃至教育获得的机制问题。

表4-2的数据分析表明,家长教育水平正向影响辅导能力、负向影响"教育无用"观、正向影响学习成绩,但当这三个变量同时置于模型,教育水平对于学习成绩的影响不再显著,辅导能力及"教育无用"观念是家长教育水平影响孩子学习成绩的中介因素。这说明家长教育水平通过影响辅导能力及"教育无用"观念而影响了孩子的学习成绩,家长教育水平越高,其辅导孩子的能力越强,孩子的学习成绩也会越好;家长教育水平越高,越不可能认为教育无用或越认可教育的价值,这种观念有助于孩子的学习成绩。

此外,也对职业期望作为中介因素作了检验,发现家庭背景变量对职业期望的影响不显著,这说明职业期望并非家庭背景影响孩子学习成绩的中介变量。这也说明,农村不同家庭背景的家长对孩子的职业期望差异不大,职业期望不受家庭背景的影响而独立对学习成绩产生影响。

表4-2 影响学习成绩的中介因素

	辅导能力	"教育无用"观	学习成绩1	学习成绩2	学习成绩3
常量	**1.382**[*] （0.591）	**2.196**^{***} （0.383）	**2.087**[*] （0.842）	**3.472**^{***} （0.804）	**3.088**^{***} （0.863）
年龄	**−0.133**[#] （0.070）	0.018 （0.046）	0.044 （0.054）	0.044 （0.051）	0.056 （0.053）
性别(女0男1)	0.120 （0.161）	0.029 （0.104）	−0.042 （0.115）	−0.015 （0.106）	−0.049 （0.110）
教育年限	**0.257**^{***} （0.035）	**−0.040**[#] （0.023）	**0.071**^{**} （0.026）		0.034 （0.028）
地区(G 0 H 1)	−0.042 （0.170）	**0.261**[*] （0.110）	0.004 （0.122）	0.104 （0.115）	0.084 （0.119）

续 表

	辅导能力	"教育无用"观	学习成绩1	学习成绩2	学习成绩3
工作地点(家0外1)	0.000 (0.300)	0.080 (0.194)	0.243 (0.208)	0.271 (0.198)	0.254 (0.200)
经济条件	0.058 (0.127)	−0.145# (0.082)	0.090 (0.089)	0.058 (0.085)	0.041 (0.086)
孩子数	−0.112 (0.113)	0.060 (0.073)	−0.189* (0.081)	−0.173* (0.077)	−0.170* (0.078)
辅导能力				0.108** (0.039)	0.092* (0.044)
教育无用				−0.259*** (0.066)	−0.257*** (0.067)
上层职业期望(对照组:中下)			0.454** (0.170)	0.418* (0.163)	0.419* (0.164)
职业期望不确定(对照组:中下)			0.246 (0.180)	0.297* (0.173)	0.308* (0.175)
其他教育观念a			不显著	不显著	不显著
R方	0.281	0.053	0.136	0.201	0.211

注：# 代表 $p<0.1$，* 代表 $p<0.05$，** 代表 $p<0.01$，*** 代表 $p<0.001$。
a 其他教育观念包括：三类教育期望(大学期望、名校期望、读研期望)、四类教育价值需求(前途命运、家庭面子、国家社会、能力素养)以及教育投资意愿，都不显著，这里简化表达。

综上，客观家庭背景与家长主观教育观念都会影响孩子的学习成绩，前者包括家长教育水平、辅导能力及家庭孩子数量，后者包括"教育无用"观、对孩子的职业期望，而且家长教育水平通过影响其辅导能力和"教育无用"观而影响孩子学习成绩，但是职业期望不受家庭背景的影响而独立对学习成绩产生影响。

第二节　教育获得影响因素的质性分析

由于问卷调查的局限性,以上定量研究只分析了部分家庭背景因素对学生学习成绩的影响,这里基于 81 位访谈数据对影响农村学生教育获得的因素作更全面细致的分析,并主要关注文化观念因素。访谈样本基本情况见第二章。

一、学生个体:"自觉"与"用功"

在问及哪些因素对成绩有影响时,回答最多的是孩子自身因素,包括学习动力与努力、个人天赋与能力、学习习惯与方法,其中个人动力与努力又是个人因素中被提及最多的。

天赋与能力方面,不同人之间存在差异,影响了学习成绩,072Y-C 认为脑子聪明的孩子,"老师一讲他就会";075Y-C 也认为智力因素影响了学习成绩,聪明的孩子学得快,"智力问题,那些脑子聪明的学生学习都会很快,但是那些脑子不是那么聪明比较笨的学习就会很慢",而且"天赋是天生的,无法改变的"。

> 078Y-C:"我感觉这还要看孩子聪明不聪明,有些孩子他听一遍就会了,有些孩子听好几遍他也不会,这不能说他没有好好听,而是说他的脑子开化得慢。""我经常说的一句话就是,如果你不是这块地的葱,你把它放在这里,它自己爬也会爬出来。什么意思呢,意思是有些小孩不适合读书,你让他混到大学毕业,他也会一无所有。"

动力与努力、学习习惯与方法指的是学生自己是否愿意学习、是否努力、是否有好的学习习惯,这些都影响着学习成绩,如061M-E所说:"(影响成绩)原因当然是自己的原因。他要是自己喜欢读书,又努力,脑子想着读书,那就不一样了。"这些涉及教育观念因素,下面详细分析。

(一)"想不想学"及"自不自觉"

孩子自身是否愿意学习,是否自觉,是否主动学习,是否有学习动力,这是影响学习成绩的重要内在动因,所以被访者说得最多的就是自己"想不想学""好不好学""自己自不自觉,努不努力"。只要想学,就会努力。如果"不想学""读不进去""贪玩",不是读书的"材料",则没有办法。

> 055Y-C:"自己的意愿,他要想上大学的话肯定会很努力,但是如果要是他不想上大学,你咋给他说都没有用。"
>
> 046O-W(2个孩子,女儿研究生,儿子高中辍学):"(儿子)高一的时候读书,我叫他读他不愿意读,他说不管读书还是不读书都是为了挣钱,他就跑到外面干活去了。""(女儿)能考上大学,是她自己勤奋地学习,她的大脑没有(儿子)聪明,但是她能够扎实地学习。""如果这个学生实在不想学的话,那家长也没有办法,这就是他的命,他就是这么个材料。"

学习的动力可能来自父母的期望,如同013Y-E所说,"因为父母希望我能考上大学,所以我就努力去考了"。可能来自改变命运的信念及对外面世界美好生活的向往,如022Y-W,"因为原来家里面比较穷,想着就是能通过上学,改变一些家里面的经济状况。然后的话,第二方面可能就是自己通过去外面上学了以后,可能对一些东西的看法会不一样"。也可能是对家庭的回馈或为了家庭的面子。

父母期望。060Y-E:"就我自己来说,我可能不太想让他们失望,因为不说从小到大学习好什么,但起码觉得自己还是属于比较中等偏上的这种。我爸妈其实也会对我寄予一些很大的期望。比如说我考得不好了,或者是我怎么样,他们也会失望很大,不想让他们失望,因为那个时候,就是我的世界里是没有别的重要的事情的,只有学习,所以说抱着不想让他们失望的(心情),然后自己也想好好学习。我爸其实不会对我有什么那种话语上的压力,但是有时候他会表现出很明显对我的期望,所以有时候我会觉得如果我没有达到他的期望,我自己会觉得内心很对不起他,很愧疚。"

改变命运。058M-C:"(孩子考上大学的原因)第一就是她自身比较努力,非常刻苦,她知道知识的重要,她看见我们这一辈就是因为没有文化受尽了体力劳动之苦,所以她发愤想改变一家人的命运,同时也改变自己的命运,所以说她就是非常努力。"

家庭面子。076Y-C:"我觉得我能上大学的原因在于自己的坚持。其实,不是说我成绩有多好,而是说我自己的内心比较要强,在当时上大学已经耗费了我全部的能力。父母从小就觉得我很坚强,如果我考不上大学就会让他们觉得很丢面子,所以我考大学一方面也是想要维护他们的面子。"

回馈家庭。059Y-C:"我其实是留守儿童,我爸妈都在北京工作,在我一岁半的时候就和我爷爷奶奶一起生活……因为我爷爷奶奶待人特别好,特别疼爱我们这一辈……我觉得我一定要考上大学以后挣钱了来孝顺他们。所以我觉得在很大程度上他们都是我最大的动力。"

为什么有些学生能产生以上动力,有些则不能,除了家庭原因,可能来自学生自身觉悟,用被访者的语言是"自觉";也可能是受某件事情的触动,或者就是偶然醒悟。去 G 省农村调查时,遇到两个个案:一个非常普通的家庭,父母文化水平较低,有两个孩子,基本是散养方式,哥哥从小学习习惯就好,自觉做完作业再做其他的事,一路优秀,考上××交通大学,在交大完成本科和硕士学位,即将去牛津读博士,但其妹妹成绩则较差,未能考上一本院校。另一位刚刚考上××民族大学的女生说,她是留守儿童,没人看管其学习,自己的觉醒是初中二年级,当时学校发生了一件事,学生间的矛盾致使一位学生离世,她觉得发生这样的事情可能是因为在小地方,想不开;如果是在大地方,见识更多,可能就不会发生这种事。所以触发她要用功学习、走出去的想法。此外,一个成绩好的同学也影响了她。这个同学每天很早就出去读书,她事先并不知道,有一天叫她一起去读书,她跟着去了,吃惊于同学这么用功,以后就跟她一起学习。下面 011M-C 和 080Y-W 也表达了相似的意思。

011M-C:"影响学习成绩的因素呢,第一个就是看他个人的想法,他觉得如果学习有用,或者说是对他自己以后的人生规划更有帮助,他可能就会自觉地去读书,如果他觉得学习没有多大用处,我早早地出来一样赚钱,我多读几年书出来还是一样地赚这么多钱,一样的工作……所以这是个人观念上的问题,如果他是自觉地去学习,可能会更好。如果是家长啊老师啊硬是赶着追着啊,他自己没有那种自省式的那种学习,自发性的学习,可能就不行。所以关键还是要靠自己。"

080Y-W:"有一点偶然性,我自己也不知道为什么,突然在高中那个时候醒悟,开始用心学习了,然后自己就非常用功读书了。"

这种能够理解读书的意义并且愿意努力学习的孩子,常常被称为"懂事"。

061M-E:"我女儿懂事,肯努力,如果她不懂事,她又怎么会努力?像她弟弟就不懂事,也不努力。"

062O-E:"俺儿特别懂事,认学①,上高中时,即使上厕所,也拿着书看。"

(二)是否"用功"

用功、努力、肯吃苦,是被访者认为的好成绩和考上好大学的必要条件,如061M-E在谈到自己女儿考上大学的原因时,即说"我女儿用功、肯吃苦"。055Y-C介绍身边考上大学的例子,"她真的很努力,然后行为习惯还很好,每天很努力很努力地学习,找她玩也不出来玩"。058M-C介绍村上的省文科状元,"原因是他自身比较努力,比较刻苦,他家里祖祖辈辈都是务农的,都是文化层次比较低,全靠他自己发愤图强、努力才考上这么好的学校,才考上了我们全省最令人骄傲的文科状元"。057M-C不相信天赋,"我不相信这啥聪明天赋,都是靠勤奋学习学来的,一看过目不忘,又聪明的孩子,但是很少。大部分都靠自己努力学习才能跟上去,贪玩肯定不行"。下面三位都是农村大学生,回忆了自身苦读的经历。

059Y-C:"第一个原因肯定是学习时间以及学习的质量

---

① 认学,努力学习的意思。

非常有保障。高中的时候,一般早上5点到教室,然后晚上10点结束。当时午休能睡上个5分钟都觉得特别特别地满足了。而且在一天当中这么长的学习时间里边学习质量也非常有保障。"

080Y-W:"我那个时候学习非常刻苦。除了正常的学习时间,我晚上还会熬夜到11点多学习,然后早上6点多就得起床。在学校的学习氛围很紧张,一般过着三点一线的学习生活。"

076Y-C:"一开始的时候自觉性不够高,然后到后来的时候,就会对自己比较狠了,就咬咬牙,也就过去这个坎了,其实当时这个坎很难过的,尤其是这种备受折磨的高负荷考试状态下,也让自己跨过去了。"

个人努力也包括专注于学习,有恒心、有毅力、有自控能力,"肯定靠自身的毅力,自己有毅力就不容易受诱惑"(010M-C),要"看你的意志力,能不能坚持下去"(035Y-E)。

077Y-C:"比较自律,别人在玩的时候,他们还在学习,别人说笑的时候,他们还在努力。他们在寒暑假的时候,会制订学习计划;但是没有自律性的学生就只是在家里玩手机,不努力学习。"

056O-C:"还是要自己好好努力,好好考,自己没那个心思不好好上学,心思不在学习上,那肯定也不行。""说别的都没用,还是自己的心意和努力,这是一个正经的根本。"

成绩不好的主要原因是不自觉、不努力、不用功、贪玩。

045M-W:"影响学习成绩的关键主要是看自己努力不努力,像女子①这时候根本不学,不说其他原因,她现在寒假期间早上睡到九点,九点以后才起床,每天都几乎是九点,只有一个早上是八点半起床。""考上好大学的原因主要是个人,个人不努力,家庭啊其他啊都没办法。"

057M-C:"成天搁后边吆喝着白搭,写着作业,吃着零食,你说能写好吗!一边写着作业,一边玩着手机。过去看他了,他写两下,不看了他就玩手机吃零食,根本都没有认真学。"

(三)有无"好习惯""好方法"

影响学习成绩的还有学习习惯与方法,包括合理安排学习时间、专心学习、抗干扰能力等。要有好的学习习惯与方法,如:"要有好的学习习惯"(001M-W),"学习方法也很重要"(035Y-E),习惯好则一切顺理成章、水到渠成,就"能够尽快适应学习这一方面"(055Y-C)。

001M-W:"总的来说,还是要从小养成好的学习习惯。把好习惯养成了,也就是把基础打好了,学习等各方面就比较轻松,各方面都好了,最终考的大学也会比较好一些。"

078Y-C:"学习好的孩子放学回家就先去做作业,然后再玩。学习差一点的孩子会想着我先去玩,然后去做作业,反正就是应付应付。"

习惯不好则会影响学习,"行为习惯不好,干啥都不能做好"(055Y-C),特别是不专注、容易受环境干扰的孩子,其学习成绩更易受

---

① 指自己的女儿。

影响。

　　059Y-C:"这个人他心思特别地敏感。他上学的时候,可能一点小事就很容易干扰到他,以至于他课堂上的时候可能会走神之类的,但是我觉得其实这人和人之间真的是有差距。"

学习方法问题有时是智力问题,但更多可能是后天环境形成的,比如未能习得学校课程学习及考试的规则,布迪厄将这种规则称为"掌握模式"。055Y-C 介绍其两位同学,可以作为习得及未习得当前教育的掌握模式的两类人。

　　055Y-C:(一位)"就像我们班一个女生,她学习超级超级超级努力。天天人家都回宿舍睡了,她不睡,坐在那里学习,下课了人家去吃饭,她都要跑着去跑着回来,我刚进餐厅她都把馍拿出来了。但是她成绩就是提不上去。可能是学习方法不对,老师经常去找她谈心,但还是没有用。然后就是记笔记,能把所有的东西都记下来,书上记得密密麻麻的。我的天呀,红笔蓝笔黑笔写得超级满,都快把老师的标点符号都记下来,但成绩就是提不上去。"(另一位)"因为他/她玩的时候就是使劲地玩,但是学习的时候就是超级认真学,你去找他/她都不理你,就是学习投入到那种程度,你喊他/她都感觉听不见的那种,然后他/她研究一道题,那么研究透吃透它,然后就一套卷子,整一个错题本积累一下,然后错题吃透,就是做一道会一道那种,就是可认真踏实那种。比如说就跟我之前有个同学,他/她就是学习超级超级好,然后平常看他/她吊儿郎当地不咋学习吧,其实他/她就是默默地付出可多。别人看他/她表面,然后他/她认真学习的时候,他/她就是效率可高,就是他/她学一个小时就超过别人学半天的那种。但是别人玩的时候他/她也是超级放开了玩。"

二、家庭:"创造好的条件"与"辅导不了"

从家庭方面来看,影响孩子教育获得的主要因素是家庭的支持,这种支持既有物质上提供保障,更包括和谐的家庭环境、精神上的鼓励、学习上的引导与督促、榜样的作用等。大多数家庭都希望尽可能为孩子读书"创造好的条件",正如004M-W所说:"自己当时没有好好学习,也学得不好。到了孩子这时候就要让孩子好好学习,给他们创造有利条件,让孩子去学,孩子才能考上现在的大学。"018O-E也表示:"家庭能提供他们生活的一切坚强后盾,在学习上不论遇到什么困难,只要家庭能帮他们解决的,我们全力支持。"

(一)经济上能否"供得起"

经济条件是影响教育获得的重要因素,"如果没有钱,你就没法继续上大学吧"(055Y-C),"我觉得家庭还是要有一点经济能力,家庭要供得起孩子上学"(072Y-C)。在经济条件较差的过去,经济因素限制了很多人的上学机会,87岁的038O-C回忆过去说:"那时候吃早上无晚上,哪有钱读书?"69岁的042O-W也说:"那前儿念书根本就是念不起……你连口粮钱都挣不回来,那你念啥书哈?"

当前经济已经不是影响教育获得的主要因素,正如051Y-E所说,"一般现在大家上学都上得起,考得上和考不上的不会是因为穷而没有学上"。被访的家庭一般都会最大努力地为孩子读书提供经济支持,让孩子们"不需要考虑家庭经济这些因素的困扰,能够安安心心读书"

第四章　教育观念对教育获得的影响

(070Y-C)。随着经济条件的好转，一些家庭还会为孩子提供上辅导班、择校等支持。

满足学习上的经济需求。"经济上，与学习相关的需求尽量满足"(009M-W)，"首先就是经济上面，他有什么需要，只要学习上有什么需要，我肯定（大力支持）"(034Y-E)，"一方面是经济支持，你需要钱买东西的时候，家长会给你提供，不会阻挠你"(075Y-C)，"在物质方面尽量给予满足，比如说买个学习资料、学习用品，我们会尽量地满足"(058M-C)。

支持课外辅导和择校。"父母一条心，支持孩子学习，该花钱补课就补课"(007M-W)，"家长文化水平较低，能做到的只能是努力赚钱，可以送孩子去补习薄弱学科"(008M-W)，"小学开始在镇上的××中心小学，后来五年级的时候，姐姐去了县里的高中读书，父母也想办法把我转到了县里的小学上学，之后就是去了县里的实验初中，进了县高中的强化班"(049Y-E)。

但是，农村的经济状况还存在内部差异，当一些家庭经济状况不佳时，对孩子读书的支持程度会降低，更可能采取顺其自然的态度，孩子能读下去则支持，读不下去不会强求，更不会送辅导班、进县城择校；甚至会因为孩子成绩原因而不继续支持。孩子在这种家庭也会感觉到经济的压力，并可能影响其读书的决心。

影响支持的程度。010M-C："经济条件跟不上，他们自己会读就继续读，不会读就早点打工，这点也是个因素。有的他经济条件好一点的,他就会读也读,不会读也读,也要强迫他。"040O-W:"没考上的就是家里条件好的就让复读,条件不好的就根据娃,娃需要补习就让娃补习,不愿意补习就在屋劳动。"

给孩子带来压力。021Y-W:"要是家庭条件不好,他如果在学校他一定有些负担啊,他会想:我在这里念书,爸爸妈妈在农村苦啊,苦了钱还供应我上学……我是不是不想念了。"

不支持。075Y-C:"像我们家族有一个妹妹,她爸爸就不支持她学习,天天说她不行,要钱也不怎么给,那她现在就不上学了。"

(二)"家庭氛围"及榜样

被访者认为家庭的重要作用是为孩子的学习提供一个好的氛围,"尽量地给他们创造一个良好的学习环境,就是回家能够坐下,认认真真、安安静静地学习"(058M-C)。

好氛围首先指家庭和睦、家庭关系和谐,不让孩子因为家庭矛盾而影响学习,"夫妻不和闹离婚,孩子肯定不行"(030M-E),"父母两个人不吵架,关系好,对孩子学习肯定好,但现在离婚的比较多"(072Y-C),"父母不和总是打仗的,肯定有影响啊"(053M-E)。

075Y-C:"因为我们家一直都很和谐,我爸妈很支持我学习,所以我可以安心学习,不会被家庭的事情影响,这一点也很重要。"

052M-E:"没有考上大学的孩子,这些家庭不是父母不努力,小娃也很努力,但是相对地讲嘛,父母这边给孩子产生了不利的因素,比如啊,像我们这边,风俗较严重的啊,经常看到父母喝酒抽烟,闹家庭矛盾的都有,都对孩子产生一点压力,让孩子(产生感觉),看你们这种,还不如不好好读。相反来讲,有一个好的家庭,他给孩子起一个好的示范作用,不在孩子旁边吵架,父母之间有什么自己在内部之间消化,经常给孩子营造一个和谐的氛围,不要给孩子产生压力,让他们好好读书。""家长啊,可以给自己的子女起一个很好的模范作用,首先就是家庭和睦。给孩子创造一个和谐的氛围,不要给孩子压力,或者有别的想法,让他专心读书。""第一,就是家庭很和睦,这是影响孩子的一个基本。他家庭条件好,家庭和睦,对孩子的学习是很有帮助的。"

其次,好氛围也指家长有好的行为习惯,能为孩子起到榜样作用,"要给孩子树立榜样作用,只有父母带头做,孩子才会向父母看齐,慢慢学着做"(072Y-C)。相反,如果父母习惯不好,则会给孩子带来负面的影响。

076Y-C:"所以家庭氛围对孩子的影响非常大。比如我爸妈他们很喜欢玩手机抖音之类的,对抖音、火山小视频的痴迷程度不亚于吸烟喝酒,我觉得不太好,这就使我弟弟在学习的时候也在玩手机,我爸妈教育他不能老是玩手机,要出去玩什么的,他就说你们不就是拿着手机玩的吗。我感觉家长树立一个良好的榜样对孩子有深远的影响。"

049Y-E:"虽然说小学阶段父母一直在做生意,管得比较少,但是我觉得他们在生活中给我产生了一些后来对我学习的一些影响,比如自律、自立这样的好习惯。然后,随着年龄越来越大,这些习惯还是影响着我。"

最后，家庭氛围还表现在积极的生活态度、对读书学习的重视，以及有意识地为孩子营造有利的学习环境。

055Y-C："其实家庭氛围超级重要，如果他爸妈成天喝酒打架，会带给孩子很多不良的影响，然后天天也是吃喝打那种。但如果家里边有一个书香氛围，就是每天比较积极向上的那种氛围的话，小孩们应该也都可以积极向上，至少面对事情的时候都是乐观的心态。"

012Y-E："当然家庭是比较大的因素，家里人都比较支持，主要是这个氛围吧，氛围给我带来想学习的心理。""有些家庭根本就不期望孩子读很多的书，那证明就是不太支持你，没有支持，你对学习就很难产生积极的态度，所以对学习就提不上兴趣，这就是家庭的原因。"

050Y-E："比如家庭环境，有没有学习的地方，有没有营造学习的环境，不能就是你在这边学习，然后别人在旁边看电视或者做什么的。"

（三）"精神层面的鼓励"及"惩罚性教育"

很多家长认为，由于自己的文化水平有限，不能给孩子学习上的实质性辅导，只能给予精神上的鼓励，"大人也帮不了他什么，只是给他精神上的支柱，最主要还是靠他自己去学"（027M-C）。这种精神上的鼓励包括家长对教育的重视，对孩子的鼓励及教育期望等，"家庭带给学生信念或者是鼓励孩子学习"（026Y-C）。所以，家长对孩子最常说的就是督促要好好学习，"经常教育他要好好读书"（031M-E），"孩子回来，经常给说你好好学"（002O-W），"反正他们从小就给我灌输教育的重要性"（035Y-E），"不断地向孩子灌输好好学习的思想，让他们好好

第四章 教育观念对教育获得的影响

学习"(072Y-C)。

005Y-W:"家长从小就灌输,学习几乎是唯一出路,不能考上大学,就要回家种田。而且没有回头的机会,不可以复读。""精神层面的鼓励,他们会一直鼓励你,不会一直说你这不行,那不行,一直给你消极的态度。相反,他们会给你一些正能量,让你能够更好地学习。"

051Y-E:"更多的是告诉他学习的重要性,毕竟现在这个时候,我们这边家长的学历都没有孩子高,孩子学习的知识他们也不懂,他们也只能跟孩子讲道理告诉他为什么要学习,学习有什么好处。"

052M-E:"就是教(导孩子)学习重要,具体学习帮助不了,就是从思想上咱就意识到学习很重要,咱就知道学习是一个很重要的事,没有学习好,上哪儿去都不行。别的方面咱也起不了什么作用。钱上咱也帮不了,比如说请个好家教啊,咱也没有,就靠自己努力。"

对孩子抱有教育期望,重视教育。在农村的一些家族,重视教育会形成氛围,在家族中传承及相互影响。

011M-C:"我是觉得我们家庭也占一部分,因为我和他爸爸都比较重视他的学习,想让他在同龄人里面,知识呀,文化呀,学历呀,不比别人差,要比别人更好一点,这样对他是有更大的帮助,我们呢,因为也只有一个孩子,就是希望他以后能够自食其力。"

036M-C:"我们家整体一个大环境是比较重视读书。其实我自己就是初中生,但是……人家都说我是书香门第。二爹爹他是老师,爹爹念私塾,说他家当时好多钱都是给他念书的。但是他是有时念书有时不念。二爹爹当时也是全家培养他。姑奶还是抱来的,姑奶现在七十多岁,抱来的都让她念小学,让她识字。还有小爹爹也识字,现在也有七十岁左右。所以你说我家那时候那么穷,都给他念书。所以说我家大环境好。"

一些家长用身边的榜样鼓励孩子努力学习。

022Y-W:"父母一定是孩子最重要的老师,父母能够给孩子提供的、灌输的思想是多看身边的人,就是你不要看比你差的人,多看看你身边比你好的人。其实你身边比你好的人,不一定说是他什么方面都比你好,但是你要去学习别人身上好的东西,他为什么有这个能力。""父母他们其实更多的也没有能力给你提供学习上的帮助,只能让你看看身边的人或者是他们会给你举一些例子。"

058M-C:"还有在用周围的实例来影响他们学习,告诉他人家某某一个人是怎样通过自己的努力考上了理想的大学,就是潜移默化地来改变他们的观念,让他们知道学习的重要。"

还有些家长会采取惩罚性的措施(如打骂、过激言行)来激励孩子努力上进,这种方式可能激发孩子的学习动力,或强制孩子学习,但也可能引起相反的效果。

061M-E:"不上学就打,打完之后当父母的又特别心疼。

为了让他(孩子)知道干活有多累,你四叔(孩子的爸爸)让他从一楼向楼上背地板砖,天越热越让他背,最后考上×××职业技术学院。"

051Y-E:"初二那段时间,学习成绩不好,家长也不鼓励我,他们就每次只说你别念了。情节严重的,我出去玩一会后回来,他们就会非常生气,会说出一些很难听的话,比如说'你别念了,明天我就跟你老师说,书包收拾收拾,你回来跟我下田去做活'。而且我有一次还真的就是出去玩的时间长了,回来后他们就把我书抢过去,想把我的书撕掉,还把我拉下田,叫我跟他们去做农活。然后就是说一些很难听的话去批评。""家长对你都否定了肯定会伤害到你的自尊自信,因为要是家长一直批评你,就会让你觉得学习好像就只能得到批评,得不到别的,就感觉学习没意思,对学习产生厌恶。就可能,以后学习就不会太主动,更多的是被动。"

也有家庭对教育并不足够重视,比较放任孩子,不同的态度导致了不同的教育结果。

040O-W:"家庭观念最大的差异就是没考上大学的娃,家里的父母认为不上学又不用交学费,还可以早点为家里干活,觉得上学没用。"

021Y-W:"有很大的区别的。有些家庭自己的小孩说是不想读书了,他也有能力去供的,但是他还是听从小孩的,太宠自己的孩子,他的小孩说是不想读书他就支持。但是有些家庭就不一样了,不管怎么说,他还是必须把孩子送上学的。"

039M-W:"能考上学的孩子家庭还是重视知识,尊重知识,引导娃好好学习,给娃提供条件,有的父母目光比较短浅,想着娃能早点成为劳力,给家里挣钱,就不让上了。"

(四) 引导、督促及"辅导不了"

部分教育水平较高的家长能对孩子进行一些实质性引导,比如引导形成好的习惯、进行学习督促和学业辅导。但绝大多数家长在这些方面是比较欠乏的,在学业辅导上很无力。

首先是养成好的学习习惯。如001M-W是乡村教师,特别注重对孩子学习习惯的培养。

> 001M-W:"对于我们家这个条件来说,对孩子的学习,一直是比较重视。从上幼儿园开始,就给孩子养成好的学习习惯。每天回家做作业、吃饭,各个事务有规律的排成一系列,慢慢地变成习惯,习以为常。慢慢也就不需要大人过多的指导,因为从小就养成了。"

其次是督促、引导,督促孩子完成作业,引导孩子学习的方向。036M-C虽然只受过初中教育,但整个家族的教育氛围比较浓厚,前辈中有做过当地老师的,家族被当地人称为"书香门第",他很注意对孩子的引导。当自己不能辅导孩子时,则指导孩子求助他人,并通过辅导班解决辅导不足问题。

> 036M-C:"还有我们督促。我从(我儿子)小时候一直有这样想法,就是我自己身上走的弯路,一定不能在他身上重演。然后我从他小学时就跟他讲,基础最重要。不讲你在学校名列前茅,什么尖子前几名,至少要是一个中上等成绩。等

到你开窍的时候,就有提升空间。基础不牢,地动山摇。""当时他经常问我题目,四年级以前我还能教他,四年级以后我就不行了。我就跟他说,你不能问老师,不能问同学吗?你要是考上大学我还必须是教授,你要是初中我还必须念到高中?我就跟他妈说,让他补习。其他孩子补习没有效果,我儿子补习有效果。他自己不愿补,我让他补。我后来经常跟他说是胡萝卜加大棒把他弄去。后来学习成绩看着涨。到了高中更不用烦神,成绩一次比一次好。他考试是临场型的,考到最后一次(高考)考得最好。"

不能辅导孩子是农村家长面临的普遍问题,"因为不识字不能给予学习上的具体帮助"(018O-E),"自身是小学生,小孩不会的题,问了我也不知道,还挺尴尬"(028M-W),"主要靠自己学,家长带会带偏"(030O-E),"比如辅导作业什么的,俺辅导不了。像俺儿子跟俺那时候学的不一样,我教了教他,觉得是对的,儿子却说,'妈妈你教的题一道都不对',以后就放弃了"(052M-E)。

042O-W:"没文化的人你帮助啥?我这一辈子啥也帮助不了,瞎字不识你帮助啥?哎,反正他学好就学好,凡是他学不好那也就得那样了。你就靠他(自己),没啥帮助。那老师做家访对我说是回来那个教育教育孩子,讲讲课,我说那我讲不了,我瞎字不识我讲啥,那前(老师)上我这来做好几回家访来呢。"

057M-C:"俺对孩子的教育反正只能是经济上的帮助,别的事无所能及,因为啥?她(指孩子妈妈)是小学毕业,我这初中毕业,现在我说了有点笑话,小学生题现在有时候问我都不会了。以前还写信，现在信也不用写了，我是提笔忘字的，看着时候认识，写的时候写不出来了，都忘了，知道吧？现在再说打电话挺方便，有视频啥的，不像以前的书信来往还能练练字，现在这社会发展得太快了，知道不？都不用动笔写了，你现在算账的话，手机上都带有计算器，是不是？都挺方便，所以说不练了，时间上用不上，这字看到认识但你写不出来。就这种情况。我们小孩子问我好多都不会。再说现在跟以前学的，我看好多都变了，就一二年级学的跟我们那时候的都不一样，好多都不一样，课文我看好多都没学过，基本上变完了。"

当家长自己无法辅导孩子时，一些经济条件较好而又比较重视教育的家长则如同上文的036M-C，选择让孩子上辅导班。但即使有钱上辅导班，也不能解决问题的根本，不少家长面对孩子教育问题常常感到无助。

078Y-C："我感觉辅导的话，现在小学还能凑合，但是到了初中和高中的话，可能就不行了，我现在学的差不多都忘完了。唯一对孩子最大的帮助就是花金钱去让他受教育，去学，补课，只能出这些力，其他的到了初中我还真帮不上。""你自己本来就没有文化，你告诉的，孩子也不一定听。你比如，老师告诉他一加一等于二，如果你告诉他一加一等于二，他就不一定去听，我感觉孩子特别听老师的话，我也不知道因为啥，这可能就是当老师的原因吧。如果一道题有两个答案，你说这个是对的，他说老师没有讲过，这样就不对。"

057M-C："要求严格的应该好一点，但是咋说，没法说，气死我了，她不听话。咋说她也不愿好好学，我是愿意出钱，她只要好好学。我今年回来,她说她英语跟不上,我说给她报一对一的老师辅导班,她不愿意学。我也没办法,我都说她了,学得好坏都是她自己的,我也要不走。学好也是她的,学坏也是她的,学得好了多上几年,学得不好了早点去打工,我都抱着这种态度,说她又不听,是不是?比我都厉害。现在小孩子不能不听话就打,现在小孩子打不敢打,说也不敢说,动不动地气了,动不动给家长发火了。"

(五)外出务工家长的"为难"

留守儿童的家庭教育缺失,也是被访家长感受到的影响孩子学习成绩的原因,如同071M-C所说,"我感觉我和小孩他爸常年不在家,肯定会让他们缺乏一些教育,父母没有陪伴在孩子身边,这会影响孩子的学习成绩"。而且,父母长期不在家,也会影响亲子关系。但是,如果不外出务工,家庭经济收入来源又成问题,所以家长感到"挺为难的"(057M-C)。

057M-C:"留守儿童从我内心上说肯定受影响,不如跟着爸爸妈妈在一块。俺那孩子叛逆不听我的话,叫他学,他不学,我觉得可能感情上说不算很深,因为啥?不到一岁都丢家里,他爷爷奶奶管着,俺这成年在外面打拼,一年回来一次。那也没办法,为生活吧,现在国家土地政策30年不动,你再说咱这边工厂又少,地又少,30年不动,俺这5口人就我一个人有地,你说我要在家工厂又少,就种地能养活住这5口人吗?养活不住。我必须得出去拼搏,咱这边经济又落后,不像沿海地带经济发达,是不是?到处都是厂。咱这边厂也少。再说有厂在家也挺累的,一个月挣一两千块钱都不够家里开销,现在是开销一天比一天多,赚得少花得多。你搁外边经济发达地方一个月还能多赚几个钱。你现在在家里咱这边经济主要还是不行,还是沿海地带经济行。你守着孩子肯定是感情深了,但是物质上不行,对不对?在物质上给他了感情却没了。反正是挺为难的,跟你说,我们这个年纪,上有老下有小也是压力挺大,没办法。再说有点能耐,谁也不愿背井离乡上外边去,对不对?""主要是外边出去打工的多,留守儿童多,希望国家对这留守儿童引起重视就行。别的也没啥,主要是因为厂少,在家没地还得出去打工,出去打工,孩子还得留在家里,你带孩子上班上学弄啥挺不方便。还是把他们留在家里。俺要是有条件,俺把孩子带外边去,都不在家了。是不是?说到底还是没办法。"

三、学校:"责任心"与"好老师不愿意待在农村"

校园学习环境、师资水平都直接影响学生成绩,家长们认识到,"学习环境包括老师,还有身边的同学很重要"(009M-W),"到一个学习氛围比较好的学校也能促进孩子更好地学习,有一个更好的学习效果"(039M-W),特别是师资水平的影响最为重要。

079Y-W:"如果老师没有责任心的话,尤其是我们小的时候,并没有太强的判断力,这个时候老师没有好好管教你,小的时候方向就偏了。但是如果遇到一个好老师,这个老师很有责任心,从小给你指出正确的方向,这对你以后的路是非常重要的。"

第四章 教育观念对教育获得的影响

一些从农村考出来的优秀学生,一般都能体会到学校老师的重要,"老师的影响也很大,遇到的老师都十分负责"(005Y-W)。

070Y-C:"我觉得对于一个学生来说,学业路上老师是非常重要的,我很庆幸我初中的时候遇到了一个好的班主任,他也是我的语文老师,后来遇到了高中时候的班主任也是非常好,不仅是在学习上面给予指导,而且在心理疏通上面也是非常细心,然后给予帮助。""我记得我高中的时候就给自己很大的压力……后来因为心态不是特别好,后面考砸了。然后班主任就总是会把我拉出去讲话,他就跟我说,你看扎头发的皮筋,是不是如果你每天都用那根皮筋一直绑着,一直让它紧着,过一段时间之后它就松不回去了,是不是它就坏了?以此来启发我,就是学习要有的放矢,要张弛有度。但是我当时其实还没有体会到这一点,但是他的这种观点,在我以后读大学,甚至是现在的学习路上、生活路上都有很大的帮助。"

但是,一些被访者也反映了农村师资差、老师不负责任的情况。还有的反映农村学校与教学无关的事情过多("斜撇子"多),影响了正常教学。

010M-C:"现在的幼儿园到初中到高中,都是往城里跑。所以农村师资力量不管再怎么改革,现在还是偏差。他们水平不够,像你姐姐在××(地名),大学文凭她教小学,我们这里都初中文凭就教小学。你看这个层次相差多远。甚至还有初中没毕业的,在这里代课。"

065M-E:"现在的农村小学教育阶段,正式的教育内容没有'斜撇子'多①,影响了学校的正常教学……如,对学生的安全教育方面,×××市安全教育平台(网站),让学生注册安全教育平台,让家长学法律,让签订环境污染协议书……"

家长们对课外辅导班现象也比较反感,特别是部分教师课堂内上课不认真,却在课外办辅导班,收费补课。

  078Y-C:"现在的老师也不认真教学了,我确实感觉是这样的。本来放暑假是干嘛的,是让孩子休息放松的,结果都让孩子去补课了。你不补课,就跟不上,课堂上学的东西你也学不会,稍微脑子慢一点的,老师一扫而过,就根本没有反应过来是什么事,没有听懂。"
  057M-C:"现在虽说国家重视教育,不叫老师搁外边办辅导班,但是现在有老师还是上课他不讲重点,有的孩子上辅导班后分数提高了,那是老师在家自己偷办辅导班。"

此外,农村教师流动性大,特别是优秀教师的流失,也是家长们抱怨的问题。

  057M-C:"像俺那边小学一年级换老师,二年级换老师,一到六年级,一年一换老师,不是跟班走……年年换老师,我说对学生也有影响。"
  036M-C:"我们家那边学校的环境其实还可以,但是这两年就不行了。之前那个时候,好多人都还在家,好老师也留在

---

① 即现在的农村小学与教学无关的琐事较多。

农村。最近好老师越来越少,好老师不愿意待在农村,都走掉了。这几年的教育环境是越来越差。学习好一点的孩子都上县城,想方设法走了……反正这两年环境越来越差。之前学校规模还不小,以前一个年级还有两三个班,现在一个年级就二三十人,规模萎缩得不得了。"

四、区域环境:"手机诱惑"与"交的朋友"

区域环境包括所在地区经济水平、文化观念等,此外,这里把同伴影响也视作环境因素。经济条件曾经是影响农村学生教育获得的主要因素,但目前主要是文化观念因素的影响,而网络与电子产品的普及,加上留守儿童无人监管的现实,以及同伴群体的影响,这些因素的组合已经成为影响农村学生教育获得的新因素。

过去,一方面农村经济条件会限制人们的教育机会,社会对教育的需求也不高,因而对教育不够重视,但另一方面,贫寒的情境也会激发人们通过教育改变命运的动力。

002O-W:"(过去)一个是经济差,教育上没有现在的质量高,没有这么重视,那时候农民以劳动为主,就让孩子少上学了。"

058M-C:"在他的周围好像好多都是没有文化没有知识的,感觉到他们生活在底层,天天辛辛苦苦的,非常不容易。然后看到有许多周围的莘莘学子都是靠着自己的努力而走出了这个小县城,所以他自己就发愤图强,下定决心好好学习,考上自己最理想的大学。"

现在,农村的经济条件改善,但一些地方仍然不够重视教育。有被访者反映所在村子学习氛围不好,大人打麻将,小孩不学习。经济条件的改善还导致孩子们物质方面的攀比心重,把精力放在物质追求上。

035Y-E:"我们家村子学习氛围不好……我们家村子都不怎么重视教育,孩子很早就让他打工。大人在一起打麻将,小孩子全都在一起打架、疯。"

057M-C:"现在的小孩子主要我觉得还是惯得了,物质生活上,俺那时候吃不饱穿不好,也过得开心,现在的孩子我觉得跟以前不一样,攀比心太高了,知道吧? 又是比着穿名牌鞋的,谁爸开啥好车的,我觉得跟以前是不一样。这个社会跟以前的社会是没法比了。"

网络、智能手机的普及,给农村孩子带来很大的诱惑,影响了孩子的学习,"一玩手机和电脑就无心学习了"(072Y-C);对于留守儿童来说,由于缺乏监管,对其影响更大。

044M-W:"现在的网络时代,那个网络对小孩的学习也是影响很大的,好多小孩就不想学习,就只想玩游戏,他怎么能学习好呀。"

065M-E:"现在的小孩回家没有学习的,并且有这样一种说法,'要想坏了孩子,给他买一部手机'。农村的义务教育完蛋啦。上大学的(学生)都很少啦,上好大学的就更少啦。"

同伴群体的影响也较大。如果身边是愿意读书上进的同学,则会相互鼓励;如果身边多是不爱读书的,也势必受到影响。

010M-C："交的朋友好,学习好,他就自然会在这种氛围中得到启迪;如果你跟到不好的,不三不四的,经常喝酒啊,抽烟啊,甚至上网啊,这样学习就肯定没有成果。"

030M-E："村上的几个孩子在一起,跟贪玩的孩子在一起肯定不行的,跟好的在一起,成绩肯定会上去。"

综上可见,影响教育获得的因素包括学生个体、家庭、学校、区域环境等方面。(1)学生个体方面,除了天赋、能力之外,学习动力与努力是被提到的最重要的因素,"想不想学""自不自觉"及"是否用功"即是否愿意与主动学习、是否努力,是影响学习成绩的重要内在因素;此外,有无"好习惯""好方法",包括合理安排学习时间、专心学习、抗干扰能力等,也直接影响学习成绩。(2)家庭方面,影响孩子教育获得的因素主要是家庭的支持,这种支持既指物质上提供保障,经济上能否"供得起";也指非物质的支持,包括和谐的家庭环境、精神上的鼓励、学习上的引导与督促、榜样的作用等。农村家长一般都愿意为孩子的学习"创造好的条件",但由于教育能力有限、外出务工需要等因素,在学业支持上存在一些问题,影响了孩子的教育获得,如不能监督陪伴、无力辅导、缺乏有效教育方法及与学校老师的沟通能力。(3)学校方面,校园学习环境、师资水平都直接影响学生成绩,家长们认识到"学习环境包括老师,还有身边的同学很重要",特别强调教师的责任心,抱怨部分教师不负责任以及农村优秀教师流失问题,"好老师不愿意待在农村"。(4)区域环境方面,所在地区经济水平、文化观念以及同伴群体等都会影响学生的教育获得,当前文化观念因素已经替代经济因素成为区域影响的重要因素,互联网及智能手机的诱惑加上留守儿童无人监管的现实,成为影响农村学生教育获得的新因素。

第三节 寒门出"贵子"的文化观念因素[①]

"寒门难出贵子"是我们的日常用语,转化为学术语言即由于家庭背景的限制,底层贫穷家庭子女难以实现升迁性的社会流动。社会学理论比较一致的观点是,个体社会地位的获得,除了有宏观的社会结构和国家制度的原因外,还受个体所拥有的社会资源及运作这些资源的能力影响。家庭背景作为一种先赋性资源,正是个体所拥有的主要社会资源;但是,一些自致性因素如教育,也会影响地位获得。现代社会,教育被看作促进阶层流动和地位获得的最重要的自致性因素。这方面最经典的研究是布劳、邓肯的地位获得模型,里程碑式的研究表明,儿子的地位能否高于父亲的地位,最重要的因素是儿子受到多少教育。[②]这就是说,要想突破家庭限制获得升迁性社会流动,要想寒门出"贵子",最重要的突破口是让孩子接受教育。但孩子能达到多少教育水平又是受家庭背景影响的,因为不同家庭所拥有的社会资本、经济资本和文化资本不同。出身寒门的孩子,经济资本是顽固的劣势,很难改变;而文化资本虽然也受家庭背景影响,却有一定的能动性,是可以突破的地方。所以,这里想探讨的即文化观念因素如何帮助寒门学子获得学业成功。

这里的数据来源于对 A 大学的学生访谈资料。[③] A 大学为全国排名前 10 的著名高校,故进入 A 大学意味着有较高的教育获得,并可能获得较好的职业与地位。我们对 A 大学的 17 位贫困生进行了访谈

[①] 这部分内容参照:余秀兰,韩燕.寒门如何出"贵子"——基于文化资本视角的阶层突破[J].高等教育研究,2018,39(2):8-16.
[②] [美]伊恩·罗伯逊.社会学[M].黄育馥,译.北京:商务印书馆,1994:505.
[③] 南京大学教育研究院硕士生韩燕、金秋、李冰蕾、陈静参与了访谈资料的收集与整理,韩燕参与了论文写作的讨论,一并致谢。

(编号为 H1-17);为进行比较,还同时访谈了 7 位非贫困生(编号为 F1-7)。被访学生有医学、物理、生科、信管、哲学等专业,共 8 位女生、16 位男生。经过对访谈资料的整理、编码与分析,发现了这些走进 A 大学的"寒门才子"所共有的文化观念因素。

一、个人:"往上走"的"生命力"

能考入 A 大学的学生都是所在中学的佼佼者,他们或智商高,优秀已成为习惯;或非常勤奋,坚持不懈,并有明确的升学目标;或善于学习,善于思考,有的更有喜欢探索未知世界的好奇心和未知欲。但作为"寒门才子"来说,还有以下几方面突出的特点。

(一)改变命运的强烈内驱力:"生命力"

"想要从那种环境走出来""不想再像爸爸妈妈那样那么辛苦"(H2),"想要走出大山""想自己走出来"(H3),"在书本里看到的各种大城市什么的也想去看一下""是一种向往"(H6),"我们家的教育条件不是那么好,××(地名),条件很差的,如果在那里读高中,基本也就没什么出路了"(H12),"我们那挺贫穷的,就想去一个大一点的城市"(H17)。

这种由贫寒情境激发的改变命运的内驱力在 H5 身上表现得尤为强烈,她说自己因为"生活条件不好",所以"想看到外部更广阔的世界"。她认为像她这种出身不好的人天生就有一种"往上走"的内驱力,她称之为"生命力",有了这种生命力,就会"拼命地往上爬","很想在各个方面爆发出自己的这种能量,想往上走,即便我现在生活中一切都是混乱的,但我内心始终有一个类似于生命力的东西,它会一直拽着我往前,一直拖一直拖,不管什么都不放弃的感觉"。(详见导言的案例 1)H2 也表达了同样的想法。

H2:"我们那个地方在××山区,从那个地方出来真的很不容易，同龄的很多人，要么读完初中就辍学了，还有的就是一些读完高中也辍学了，能上大学的其实并不是很多。""自己想要从那种环境走出来，不是说家乡不好，而是你想过得更好，不想再回到那样的环境中去，不想再像爸爸妈妈那样那么辛苦，每天那么劳作，那么辛苦。""为了以后追求更好的生活。你出来之后……实现自我价值的时候，还能为社会为家乡做一点贡献。"

这种想法也继续推动贫寒学子在大学的学习，H2："不想回到那样的环境中去，想在外面立足，或者想过上更好的生活，你怎样才能过上更好的生活？如果你大学就是这样混混，那你就是在做梦，真的只是在做梦，只是想想而已。"H5上大学后内心向上的"生命力"也一直存在，并更理性、更清晰，"可能以前你不知道它是什么，可能只是单纯一直往前走，也很盲目。大学你就会想清楚这种力是什么，并想清楚不再漫无目的地去做事情，你就会想我到底要什么，未来要怎么去规划"。

（二）强烈的自我奋斗意识："靠自己"

由于家庭所能提供的资源和帮助较少，寒门学子有很强的自我奋斗意识。H1在父母不断地强调"你得自己努力""靠自己啊""路要自己走啊"的情况下，"就觉得要给自己定一个目标奋斗一下"，认为在自己升大学的过程中自我的力量最大，"自己对自己的要求，也就是个人方面，对自己的推力最大"。H9说，"从小就属于那种懂事懂得特别早的那种，就很早熟吧，很早很早的时候就知道自己应该干什么，不应该干什么"。H10则说由于家长"不会去监督"，要求不高，"对我的要求其实也没有"，于是很多事都自己决定，"很多事，包括填志愿，到底该怎么走、怎么做都是我自己做决定的"。H12好几次提到"自己摸索"，他说，"爸妈管得少吧""跟爸妈说没用""自己去摸索，去碰壁其实也没什么不好的,反省过来去改正也没什么不好的"。

这种自我奋斗、独立自主的意识也延续到大学,使他们产生自我负责、自食其力及对父母负责的责任感,H4:"自己以后要养活自己,不要啃老啊,能够在以后养活得起父母那是更好,是吧。""现在觉得对自己的人生要负责了,对自己的负责也是对父母的一种负责。"H17:"到了成人立业和摆脱父母的年龄了,自己首先思想要成熟一点,要想毕业之后经济独立就需要现在好好打基础,找个好工作。"

(三)报答父母的孝心:"一种责任"

报答父母的孝心,是部分寒门学子努力学习的动力。H6说,虽然父母"没有给到我其他我想要的东西,但是他们一直都在很努力地供我上学,好的东西他们都给了我,所以我觉得我对他们是有责任和义务的"。H4也希望能够为父母对他的付出"报答点什么"。H8表示学习"就是一种责任,一方面对自己,一方面对父母"。"就是以后想给他们更好的生活。"

(四)寻求外部资源的意识:"有指引会更好"

部分寒门学子注意获取家庭之外的资源,以促进自身的学习。

一是获取老师的帮助与鼓励,H13提到她很喜欢与老师交流,"我也经常找他们问学习上的问题,生活上的问题老师也挺关心的"。"他对我比较好,我就自然而然地亲近,我觉得没有老师的学习会很无聊,有他的指引会更好。"

二是向同学、学长学习,H9特别善于向优秀同学学习:"当别人比你更好的时候,我就会去想他们为什么比我好,比我好在什么地方,因为他们比你优秀,不可能每个方面都比你优秀,肯定是某一些地方比你优秀而已,我就会去观察,真的发现了很多问题。"H15进入大学后一段时间由于成绩下滑而困惑甚至怀疑自己,"最后自己开始到图书馆或者与学长交流,慢慢地调整"。

三是从书籍中汲取资源与动力,H16 高一时因为不适应作息和高中的学习方式影响到学习成绩时,就是从书中获取了动力:"当时是有点受那个毒鸡汤和成功学的影响吧,看了以后当时就觉得这么有道理,当时也比较狂妄,就是我要上北大什么的,整体就这样想,然后就一直好好学了。"H6 也说:"因为我高中的时候读过一本书,我比较喜欢哲学,就觉得能够去一所好的大学读哲学也是比较好的,虽然后来也没读到。""自己是个文科生,在书本里看到的各种大城市什么的也想去看一下,我算是从一个小地方出来的,就想看一下地理书中那种纵横交汇的地方,也是一种向往吧。"

四是通过偶然机会获得大学信息从而确立大学目标。H14 因为在高二暑假参加 A 大学的一个科学夏令营而确定考 A 大学的目标,"那次回去以后就下定决心要考 A 大,正好也是高二暑假那一年来的,所以整个高三目标就是 A 大"。H17 因为参加自主招生考试去了很多地方,就决定读大学"想去一个大一点的城市"。H15 说自己"其实刚开始什么都不懂",后来因为与学长的一次偶然交流,确立了具体的奋斗目标。

二、家庭:"好好学"与"路要自己走"

(一) 重视教育:"好好学"

考入 A 大学的寒门学子的家长都很重视教育,他们知道"读书是有好处的",希望孩子能"好好读书"(H2),"要好好学"(H4、H16),"一定好好考"(H16),"考一个比较好的大学"(H6),"考不好就没有出路"(H12)。来自农村的 H2 的说法在一定程度上表达了这些家长的态度。

H2:"父母是那种地地道道的农民。其实父母对于孩子,城市的也好,农村的也好,对于孩子的那份爱,希望你过得好的那份心都是一样的。作为我的父母来讲,其实他们给我提供更多的帮助就是支持我想做的,因为他们连初中、高中都没有完成,文化水平比较低,但是在他们心中就是知道读书肯定是对我们有好处的,所以从小到大,不管爷爷奶奶也好,都叫家里的孩子一定要好好读书,都是这样的。"

(二)精神支持:"只能安慰"

家长的重视与支持多是精神上与口头上的,由于能力与资源有限,他们并不能提供实质的帮助,如 H1 所言:"他们会安慰,也不能做些啥,只能安慰。"H9:"我的父母其实真的是不太懂这些,感觉他们对自己管得也不是很多。"H4 在谈到大学选学校与专业时也说:"他们当时也很关心你,也会去打听现在学什么比较好。当时我也想听取他们的意见,但他们一直也都没有说要我选什么样的。然后不知怎么就学了物理。"H11:"我父母从来不问我成绩","我父母是什么都不懂","我父母本身读书就很少,不会给什么建议"。

(三)强调自我奋斗:"路要自己走"

由于家庭不能给予实质上的支持与帮助,所以比较强调孩子自我奋斗的意识。

H1:"我爸妈跟我长谈过,就是说什么我家的家境不是特别优秀嘛,什么事都得靠你自己来奋斗,就是父母也没有给你创造很好的家庭条件嘛,你得自己努力。然后就很激励我,就觉得要给自己定一个目标奋斗一下。""基本上也就是说你要自己努力啊,路要自己走啊,就这种。""他们之前就和我说过,要留在大城市里面,不要回来,其他的倒没说,路自己选。他们希望我在大城市扎根,不想让我回去。"

H9:"父母这一块对于我的教育这方面,好像真的是没有起到什么作用,但是我很感谢他们的是,他们什么事都会让我自己做决定,不会像其他父母一样去约束你,也没要求过我达到什么目标,他们就觉得只要是对你自己好的,只要是你自己想要的,你就自己去争取,得到自己的东西,你在这条路上想干什么,他们是不会阻碍你的。"

三、学校与环境:"学习氛围比较浓"

首先,A大学寒门学子所在高中都有浓厚的学习氛围。如"学习氛围就比较浓吧,大家都很认真"(H1),"周围的人其实都在学习"(H4),"整个学校氛围就是那种学习"(H8),"这种学习风气也挺好,所以如果你发现大家都在学,而你不学,你就会感觉怕落下别人很多东西"(H2)。而且寒门学子多是从农村来到县、市中学住校学习,封闭的环境更加重了学习氛围。如H7说:"住校没有太多的诱惑,身边只有书,你也没有其他的办法,只能学习。"

其次,老师的鼓励与影响很重要。如H1提到她的班主任"很关心我们,经常会鼓励我们","他就跟我说过一句话,GREAT DREAMS,要敢于去做梦,特别影响我"。H2说高中班主任讲过一句话,他一直记着并影响着他,使他能够坚持不懈地努力,即"既然你没有别人那么聪明,你的脑子没有别人那么好用,但你又想比别人获得更好的成绩,那么,你就得比别人付出更加成倍的努力"。H5也说:"在我各个阶段,都会有一个老师起到那种画龙点睛的作用,然后就会激起你那种我要好我要好,我要不辜负他/她的期望的那种心。"H14:"老师对我的帮助还是蛮大的","初中班主任对我特别好……当时对我挺照顾的,对我的心理上可能有些作用","多给我一些帮助,我平时经常会被班主任叫到办公室聊天,单独找我聊聊,最近学习怎么样啊"。"单独的指导基本是没有的,大多数时候只是多给了我信心,让我觉得我被老师关注了。"

最后,所在区域比较重视教育。如 H3:"我们那边怎么说,父母教育水平比较低,反而父母更加看重孩子的教育水平。"H6:"像我们那儿的家庭基本上都是希望孩子们好好读书的,我现在的观点可能也是受到那个环境的影响的。"H14:"整个村子里还有家长和老师都灌输着这种观念,就是只要上了大学找个好工作就行了。"

四、寒门与非寒门学子的比较

与寒门学子相比,非贫困生有两点突出的不一样的特征:

首先,家庭不仅重视教育,而且家庭教育环境好;更重要的,家庭能够提供实质性支持。F7 的父亲本科毕业,在检察院工作,他说:"觉得家里面有很多优秀的人,像我姑姑还有姑父他们都很优秀,就是家里面人的激励吧,想长大以后像他们一样。"F1 父母是他所读高中教师,经常与班主任交流其学习情况。F2 认为父母能提供学习建议与帮助:"事实上我爸妈给我很大帮助,从小的方面来说,高中成绩不好的时候肯定会很不爽,父母会和我谈心啊,给我一些建议啊,客观上来说对我是很有帮助的。"F4 选择学医是受军医大毕业的父亲的影响:"我从小他就说比较希望我也当一个医生。"F3 选择专业也受家庭影响:"我大伯、爸爸,还有舅舅,他们都是文科,所以从小受到这样的熏陶吧。"而且 F3 在大学里仍然每天与父母线上交流,得到帮助与支持:"比如说我突然领悟到一个东西,就会说'妈,我告诉你,爸,我告诉你,我感觉到了什么特别有意思的东西',包括有时候我写了一篇论文,写了一篇官微推文比较好,就会发给我妈,让她帮我看一看,在写作这方面我特别感谢我的妈妈和我的小学语文老师。"

其次,家庭负担轻,能按自己的兴趣学习(如选择喜欢的专业或继续深造),而不用考虑家庭经济压力。F1 的父母对他说:"你爱飞多远飞多远,只求你不要成为我的累赘,我们有退休金,完全不要你操心,我们活得很快乐。"中产家境的哲学专业 F2 说当初选择专业就出于自己的喜欢,而不是为报答父母考虑:"当初我选哲学,如果我很想报答父母,我可以选商学,混个学生会部长、主席当当,将来多做一些实习,四年以后我可以去就业,世界五百强,工资也不错,可以早点为父母尽一份力。但是我在选择这些的时候,并没有想着马上要赚钱,要报答父母,一方面,家境不能说很富裕,但家境是那种中产,父母将来凭他们的养老金完全可以生活得挺好的,所以我有更多的选择余地,可以选择我喜欢的东西,受父母的意志的影响并不很多,父母对我的选择更多的是支持。"生物专业的 F7 对专业也很有兴趣:"我当时选择这个专业就是觉得很有兴趣,之后了解得越深兴趣就越深,也会有成就感。"她还一直在寻找将来更明确的目标,"是去生物公司还是研究所","一直努力学习不同课程,认识这些课程,知道对这些是否感兴趣,知道自己的兴趣点,然后确定以后人生的方向"。为此还准备出国交流再确定方向,"因为我到现在还没想好,我下学期要出国交换一段时间,我想出国看一看,以后研究生是否要出国读","出去见识见识,最终确定以后是否要出去读研"。

五、寒门出"贵子"的路径

对国内一流大学 A 大学学生的经验研究表明,来自寒门的优秀学子所在地区及高中一般都很重视教育,老师给予了这些学生重要的鼓励与支持。寒门学子的家长也很重视教育,但由于资源的欠缺,父母的支持多是精神上的,在日常学习、大学及专业选择等方面并不能提供实质、具体的帮助与支持。但贫穷、缺乏资源的情境也激发了寒门学子自我奋斗的意识、改变命运的内驱力("生命力")、报答父母的孝心；这些考入A大学的优秀寒门学子有的还善于从家庭之外（如老师、同学及书籍）获取资源，以弥补家庭文化资本的不足。与此相对比，非贫困生具有的显著不同特征是，家长不仅重视教育，更能提供实质性的支持；而且非贫困生更能够根据自己的兴趣学习，而无须过多考虑经济压力。

（1）与非贫困生相比，寒门学子的家庭文化资本的劣势突出表现在，家庭不能为他们在日常学习、大学及专业选择等方面提供实质性的支持与帮助。家长仅有朴素的教育期望，却不能参与到孩子的学习中去，这不仅可能影响到寒门学子的中小学学习成绩，还可能影响到大学学业成就，访谈中就发现有些寒门学子是因为偶然因素选择A大学及相关专业，在大学的学习中因为对专业不感兴趣而遭遇学习困难或困惑。此外，他们也不能像非贫困生一样不考虑就业及经济压力而纯粹依自己兴趣而学习，这也会在一定程度上影响最终的学业成就。

（2）寒门家境可以激发另一种不同于优势家庭的文化资本，即改变命运的内驱力("生命力")、自我奋斗的意识和报答父母的孝心，这些文化资本类似布迪厄所说的具体化文化资本，具有明显的寒门特征，有利于寒门学子的学业成功。

（3）学校及老师在很大程度上弥补了寒门学子的家庭文化资本不足，特别是老师的鼓励与学业上实质性的帮助与指导，对寒门学子的学业成功起了非常重要的作用。而且，学校及老师主要根据成绩评价学生而并不歧视学生的社会出身，寒门优秀生受到老师的偏爱与关注。

（4）寒门学子自身通过其他方式也获得一些文化资源，如通过读书、与同学及学长交流，弥补了家庭文化资本的某些不足。

这就是说，寒门学子不仅可以通过重要他人或其他途径（如学校、教师、同学、书籍等）弥补家庭资本之不足，寒门情境更激发了具有寒门特征的文化资本或社会底层所具有的独特形态的文化资本,极大促进了寒门学子的学业成功。寒门要想出"贵子",至少要在以下几方面进行努力。

首先,贫寒家庭要重视孩子的教育,并注意激发孩子积极向上的内驱力、独立自主的意识。这些可视为具体化文化资本,是在家庭长期生活中习得的"性情倾向"并成了一种"惯习",将对孩子的学业成就产生非常大的影响。具体来说,家长除了口头上重视教育之外,更应该为孩子提供良好的学习氛围。贫寒父母虽然没有能力具体参与到孩子的学习中去,但可以尽可能在学习时间、环境上提供支持。并且,家长本身积极向上、坚韧勤劳,可以为孩子起到很好的榜样作用。这里必须特别指出的是,并非所有的寒门学子都会自动形成这种积极向上、独立自主的性情倾向。美国学者拉鲁(Annette Lareau)在分析优势阶层的文化资本时认为,"一个人拥有与所在阶层相关的特权,并不会自动获得好的结果,他必须'激活'这些资源",不能"将拥有文化资源和从这些文化资源中实际获得的社会优势混为一团",而必须将家庭所具有的文化资源"转化成被激活的文化资本"。[1] 同样,贫寒家庭也要有意识去激活相关文化资本,才能利用这些文化资本在教育和职业获得上有所收益。

其次,贫寒家庭要尽可能借助其他方式,积极争取资源,以弥补家庭文化资本的不足。如家长多与老师沟通交流,既了解孩子的学习状况,也让老师感知到家长对孩子教育的重视,从而可能给孩子提供更多帮助。而寒门学子自己更应积极主动获取教育资源,如向老师请教,向优秀同学学习,向学校图书馆借书。需注意的是,一般而言,寒门学子及其家庭由于贫寒更易显得不自信、不愿与他人交流,这极大阻碍了他

---

[1] [美]安妮特·拉鲁.家庭优势:社会阶层与家长参与[M].吴重涵,熊苏春,张俊,译.南昌:江西教育出版社,2014:202-203.

们向外界争取资源,应努力加以改变。

最后,国家、社会,特别是学校,要为贫寒学子获得文化资本提供帮助。由于贫寒更多是社会结构因素而非只是自身因素所致,故只靠寒门自身的努力是远远不够的:第一,寒门家庭资源有限,即使全力争取,也很难与优势家庭相抗衡;第二,努力本身也受贫寒情境限制,"主观能动性本身是主体所置身的场域的表征之一",[①]例如,在普遍不努力上进的环境中很难养成努力上进的品性,在环境封闭、信息单一的环境中也很难培养很强的信息捕获能力和与他人交流的能力。所以,若只强调寒门自身的努力而忽视外界的帮助,则易使寒门的困境及政府的脱责合法化。故国家及社会的关注与帮助非常重要,要给寒门及寒门学子提供更多的资源与支持。这其中为寒门学子提供优质的学校教育资源特别重要,而老师作为寒门学子成长中的重要他人,可以通过鼓励与期望、赠辅导资料、让他们担任班干部、课后辅导等方式关注寒门学子,以弥补其家庭文化资本不足,从而取得高学业成就。[②]

总之,只有既最大限度地激发贫寒家庭自身的文化资本,化贫寒家境的弱势为优势,又积极弥补贫寒家庭文化资本的不足,寒门学子才有可能在教育上有较好的收获。而要做到这样,既需要寒门及寒门学子发挥自身最大的能动性,也不能忽视国家、社会的责任。内外结合,才能最终解决贫寒底层的社会流动问题,让寒门出"贵子"变得更为平常。

[①] 王瑞德."个体努力"与"教育公平"——一个基于文化批判的分析[J].教育理论与实践,2017(4):25-29.
[②] 董永贵.突破阶层束缚——10位80后农家子弟取得高学业成就的质性研究[J].中国青年研究,2015(3):72-76.

第四节　农村学生教育获得的结构与文化因素

对教育获得的解释有两种思路:一种强调社会结构因素的制约,社会结构影响教育获得从而影响社会地位,其结果是社会再生产,原有的社会结构得到复制。另一种强调文化因素对教育获得的影响,文化因素既可以作为结构性制约因素而导致文化再生产和社会再生产,如布迪厄关于文化资本与文化再生产的理论;也可以作为能动因素,打破再生产并实现社会流动,如迪马乔的文化流动模型。上文已经运用定量和质性方法,探讨了家庭、学校、环境等各种因素对农村学生教育获得的影响,这里从结构制约及文化促进流动两方面,更进一步分析这些因素的作用。

一、农村经济与教育发展的相对落后[①]

尽管党和政府非常重视农村的发展,注重促进城乡一体化发展,但是城乡差距是一个历史问题,所以农村经济与教育发展相对落后仍是现实。据《中国统计年鉴(2021)》,我国 2020 年农村居民人均可支配收入是 17 131 元,而城镇是 43 834 元,相差巨大。在教育上,据教育部《中国教育概况——2020 年全国教育事业发展情况》,城乡教育在师资水平、办学条件上差距依存,如全国初中阶段本科及以上学历教师比例,城市初中 93.8%,农村初中 85.4%,城乡相差 8.4 个百分点。农村的代课教师、兼职教师也偏多,据教育部《2020 年全国教育事业发展统计公报》,2020 年全国城区小学专任教师 1 917 335 人,代课教师 57 141 人,兼职教师 6 471 人;农村小学这三类教师数分别是 1 638 704、57 055、13 535 人。

[①] 这里的"一"与"二"参照:余秀兰. 农村学生的教育获得:基于城乡教育分化视角的分析[M]//杨东平.中国教育发展报告·2018(教育蓝皮书).北京:社会科学文献出版社,2018.

我们在中部 H 省农村进行调查时，也发现农村小学存在大量代课老师情况，老师兼任多门课教学更是普遍现象，如曾发现美术专业的老师同时教数学、音乐专业的老师教语文案例。

再看教育经费情况，据教育部、国家统计局、财政部《关于 2020 年全国教育经费执行情况统计公告》（教财〔2021〕6 号），城乡教育经费上的差距也非常明显。2020 年，全国普通小学生均一般公共预算教育经费为 12 330.58 元，其中，农村为 11 541.34 元；全国普通初中生均一般公共预算教育经费为 17 803.60 元，其中，农村为 15 731.01 元。从生均一般公共预算教育事业费支出来看，全国普通小学为 11 654.53 元，其中，农村为 11 178.71 元；全国普通初中为 16 633.35 元，其中，农村为 15 112.10 元。

从家庭教育消费支出看，表 4-3 是 2016—2020 年全国城乡居民人均消费支出和教育文化娱乐消费支出情况，可以看出无论是绝对消费额度，还是在总消费支出中的比重，农村教育文化方面的消费支出都更少。

表 4-3 城乡居民家庭人均教育文化娱乐消费支出及其占总消费支出比重

	农村		城镇		城镇与农村绝对差额/元
	消费支出/元	比重/%	消费支出/元	比重/%	
2016	1 070.3	10.6	2 637.6	11.4	1 567.3
2017	1 171.3	10.7	2 846.6	11.6	1 675.3
2018	1 301.6	10.7	2 974.1	11.4	1 672.5
2019	1 481.8	11.1	3 328.0	11.9	1 846.2
2020	1 308.7	9.5	2 591.7	9.6	1 283.0

资料来源：根据《中国统计年鉴（2021）》（其中的表 6-6、6-11）数据计算而得。

农村社会经济的相对落后不仅影响了生活水平与教育条件，也使得大量农村人口外出务工，导致出现大量农村留守儿童，从而影响了农村孩子的教育。据《中国统计年鉴(2021)》，2020年农村留守儿童普通小学在校生数8 541 908人，初中在校生数4 354 783人。农村家长在外出务工挣钱养家和在家陪伴孩子之间面临两难选择，正如访谈对象057M-C所言，"你守着孩子肯定是感情深了，但是物质上不行，对不对？在物质上给他了感情却没了。反正是挺为难的"。

二、受经济发展水平制约的文化因素

由于受经济发展水平、学校办学条件等客观结构限制因素，农村学生面对一些不利于其学业成功的文化因素，表现在社会环境、家庭及学校各个层面。在社会环境的不利文化因素，如前文访谈资料显示的农村智能手机、互联网普及给无人监管的农村学生带来的不利影响，这里不再赘述。下面从家庭、学校两个层面展示农村学校面临的不利文化环境。

（一）农村学校"软"环境问题

农村学校不仅在硬件条件、师资水平上与城市学校存在差距，其学校教育的文化软环境也存在一些问题。根据"中国教育追踪调查(CEPS)"2013—2014学年[①]数据，农村学生所感知的校园生活差异、同伴情况都存在更严重的消极体验。如表4-4显示，比起非农户口的学生，农村户口的学生对学校生活各方面的评价都更为负面，老师更经常批评、班风更不好、同学更不友好、更希望去其他学校。

[①] 中国教育追踪调查(China Education Panel Survey，简写为CEPS)是由中国人民大学中国调查与数据中心设计与实施的、具有全国代表性的大型追踪调查项目，以2013—2014学年为基线，以初中一年级(7年级)和初中三年级(9年级)两个同期群为调查起点，以人口平均受教育水平和流动人口比例为分层变量从全国随机抽取了28个县级单位(县、区、市)作为调查点。调查样本包括112所学校、438个班级、约2万名学生。本书的部分数据来源于该数据库。

表 4-4　学生感知的学校生活状况　　　　　　　　单位:分

	农业户口	非农户口	居民户口	没有户口
我的父母经常收到老师对我的批评	1.38	1.32	1.38	1.46
班主任老师经常表扬我	2.28	2.42	2.36	2.29
班主任老师经常批评我	1.69	1.64	1.67	1.95
班里大多数同学对我很友好	3.22	3.35	3.28	3.12
我经常参加学校或班级组织的活动	2.66	2.90	2.78	2.46
我所在的班级班风良好	3.09	3.22	3.14	2.85
我对这个学校的人感到亲近	2.87	3.05	2.96	2.54
我在这个学校感到很无聊	1.72	1.59	1.68	1.93
我希望能去另外一个学校	1.55	1.44	1.52	1.76

资料来源:余秀兰.关注质量与结果:我国教育公平的新追求[J].南京师大学报(社会科学版),2019(1):29-38.

注:数据来源于中国教育追踪调查(CEPS)2013—2014年基线数据。以上每题,分为"完全不同意""比较不同意""比较同意""完全同意",分别计分1、2、3、4分,表格中为学生问卷的均分。所有条目中,各类户口组间差异显著,且非农户口与农业户口两组之间差异也显著。

表4-5显示的是被调查学生提名的最好的5个朋友的状况,从中可以看出城乡学生的朋友圈差异非常显著,相较于非农户口的学生,农村户口学生的所有正向题得分更低、负向题得分更高,即农业户口学生的好朋友中很少有成绩优良、刻苦学习、想上大学的人,有更多逃课/旷课/逃学、违反校纪、打架、喝酒抽烟、经常上网吧/游戏厅、退学的人。

表 4-5　学生感知的同伴状况　　　　　　　　单位:分

	农业户口	非农户口	居民户口	没有户口
学习成绩优良	2.28	2.41	2.38	2.33
学习努力刻苦	2.31	2.44	2.38	2.4
想上大学	2.54	2.70	2.62	2.6
逃课、旷课、逃学	1.11	1.08	1.10	1.11
违反校纪被批评、处分	1.15	1.10	1.13	1.18

续　表

	农业户口	非农户口	居民户口	没有户口
打架	1.14	1.10	1.13	1.2
抽烟、喝酒	1.11	1.08	1.08	1.13
经常上网吧、游戏厅等	1.18	1.12	1.14	1.15
退学了	1.10	1.04	1.06	1.13

资料来源：余秀兰.关注质量与结果：我国教育公平的新追求[J].南京师大学报（社会科学版），2019(1)：29-38.

注：数据来源于中国教育追踪调查（CEPS）2013—2014年基线数据。以上每题，分为"没有这样的""一到两个这样的""很多这样的"，分别计分1、2、3分，表格中为学生问卷的均分。所有条目中，各类户口组间差异显著，且非农户口与农业户口两组之间差异显著。

（二）农村居民教育水平的相对低下

家长的教育水平是家庭文化资本的重要体现，影响着孩子的教育获得。全国调查数据也反映了城乡居民教育水平的差距。从2020年全国人口普查数据（表4-6、图4-1）可以看到，在除学前教育外的各类教育水平的人口中，农村人口的比例随着教育水平的提高而减少。此外，2020年全国人口普查数据还表明，全国乡村15岁及以上文盲人口24 403 541人，占全国文盲总数37 704 017人的近65%，镇和城市分别约占19%和16%。

表4-6　2020年全国分城乡各类受教育程度人口数　　单位：人

	城市	镇	乡村	全国
3岁及以上人口	558 923 862	314 718 812	494 497 424	1 368 140 098
未上过学	9 582 651	9 625 129	29 388 157	48 595 937
学前教育	20 486 972	13 562 084	19 306 789	53 355 845
小学	92 077 817	79 344 067	178 236 849	349 658 733
初中	169 796 464	116 946 109	200 352 437	487 095 010
高中	115 378 689	53 139 639	43 691 594	212 209 922

续　表

	城市	镇	乡村	全国
大学专科	72 771 281	24 155 960	15 375 761	112 303 002
大学本科	69 536 886	16 952 395	7 666 791	94 156 072
硕士研究生	8 167 438	897 608	423 182	9 488 228
博士研究生	1 125 664	95 821	55 864	1 277 349

资料来源：《中国人口普查年鉴(2020)》中表1-6、1-6a、1-6b、1-6c，中国统计出版社，2022.https://www.stats.gov.cn/sj/pcsj/rkpc/7rp/zk/indexce.htm.

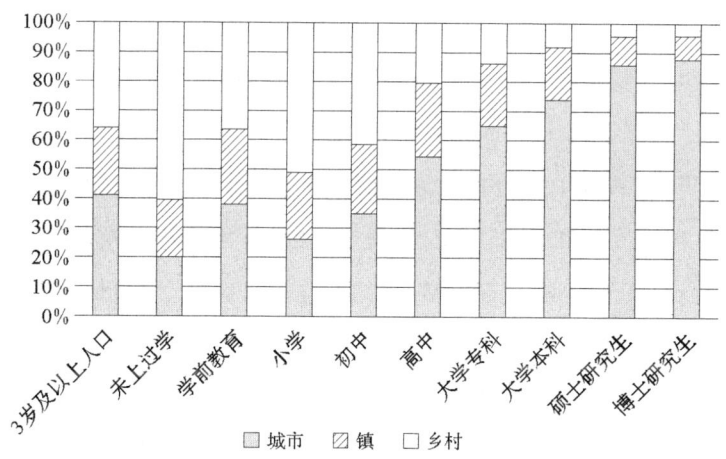

图4-1　2020年全国城乡人口受教育水平状况

资料来源：据《中国人口普查年鉴(2020)》中表1-6、1-6a、1-6b、1-6c数据。

（三）家庭教育支持的有限性

基于前文访谈资料的分析，可以看出农村家庭影响孩子学习成绩的因素包括个体、家庭、学校及环境等多方面。但这众多因素中，孩子"愿不愿意学"及孩子自身的努力被看作影响孩子学习成绩的最主要原因。家庭因素虽然也很重要，但作用是有限的。从前文81位农村居民访谈的资料分析中也可以看出家庭的有限影响：经济上愿意和能够支持，不会因为缺钱而上不了学；和谐的家庭环境，不会因为家庭矛盾而干扰学习；学习时间上给予支持，不因做农活而耽误学习；精神上鼓励，重视教育；榜样作用，父母自身提供榜样或利用身边的榜样，激励孩子学习。这就是说，农村家庭对于孩子的教育支持主要是"不添乱""不拖后腿"，保障学习环境与时间不受干扰，保证经济上没有后顾之忧；家长能够提供的主动支持如学习辅导、资源获取都比较少。家庭提供的帮助实际上是非常有限的，基本是一种"自然放养"式教育，主要靠孩子自然成长，靠孩子自己的懂事、悟性、坚持、努力，长成则长成了，一旦遇到挫折与困难，父母不能干预、帮助，无纠偏能力，用家长的话是"这就是他的命，他就是这么个材料"(046O-W)。这与农民种田的"靠天收"相似，农村孩子的教育获得可以称之为"自助自悟型"教育获得。

在绝大多数农民的眼中，个人的努力大于家庭的作用，"完全都是靠自己"(057M-C)、"家庭、大人只能是起着一个辅助性作用，最主要的还是要看小孩"(019M-E)，"农村都是比较忙，家长都是光顾自己干活的，谁会管孩子的学习"(057M-C)，"家庭没有影响，家庭是外因么，你外因再帮忙但内因不行你就不行，还是看娃自己用不用功"(040O-W)，"只要家里没啥重大变故，对娃的成绩就没啥影响。家庭对娃的学习帮不上啥忙，只能是在经济上全力支持"(041O-W)。

042O-W："我看家庭没啥影响。孩子认学那你说大人支持呗，大人支持认学那就学好了，反正要是他不认学那再支持也白扯。没啥其他原因了……家长除了交学费，对孩子的学习没啥帮助，没文化的人你帮助啥？"

050Y-E："我觉得一个村子里面的考上大学的和没考上大学的家庭背景都差不多，我知道的都是，没考上大学的他们的父母对他的教育也是提供了很好的……但是可能就是，小孩个体差异，因为这种差异存在，但是农村父母他们的能力不足，如果有小孩发生了不好的偏向，就是农村的父母没有能力去改变他。但是一个小孩如果没有发生这种偏向,(就可能)顺利地走下去,顺利地读了大学。父母教育、父母的文化观念都差不多,大家的能力都不是很强,都没有太好的干预子女教育的能力。"

农村学生取得学业成功的一些案例似乎也证明了自身努力而非家庭支持的重要。如057M-C所列举的留守儿童考上好大学的例子。

057M-C:"(村上考上好大学的原因)人家知道用功学,大人不说人家也知道学习……不是说靠家长催出来的,或者老师催出来,人家都是勤奋学习用功读书……俺村有一个,反正我常年不在家,我听他们说的,他也是留守儿童,人家跟爷爷奶奶生活,大人不在家,也挺知道学……他爷爷奶奶就说过年过节的,人家都搁外边玩着让他别写了,出去玩会,人家都不出来,还是在家学习,你看好多小孩都在外边玩,人家照样是在屋里学习,让出来玩都不出来玩,人家就是知道学。"

三、具有能动作用的寒门情境的文化资本

通过上面的分析可以看出,农村经济发展水平、教育条件都相对落后,这些客观条件也影响了相关文化因素,包括学校文化软环境、学生的家庭文化资本、家庭教育支持特别是教育辅导能力,这些方面都在一定程度上限制了农村学生的教育获得。但是,文化因素也具有相对独立性,具有突破结构限制的能动作用,上文分析的农村寒门学子考上一流大学便是例证。这些文化观念因素可视作一种具有寒门特征的文化

资本，促进了寒门学子的学业成功。

（一）中国情境中文化资本的相对独立性①

关于文化资本对于教育获得乃至地位获得的作用，学界有两种相对立的观点。一种以法国学者布迪厄为代表的文化再生产理论，他认为优势社会阶层具有区隔性的优势文化资本，而学校教育传播的文化与优势阶层家庭的文化具有同质性，这样优势家庭的惯习被想当然地转换成一种文化资本，优势家庭的孩子也容易取得学业成功。另一种观点是以美国学者迪马乔为代表的文化流动理论，认为文化资本有利于任何阶层的孩子取得学业成功，文化资本并不总是通过代际传承而获得，弱势阶层家庭的孩子可以主动获取优势文化资本而弥补家庭文化资本之不足，从而获取升迁性社会流动。那么，中国是怎样的情况呢？

布迪厄强调文化资本的文化再生产和社会再生产作用，理由主要有二：一是文化的阶级区隔性，社会上层拥有排他性的优势文化资本；二是学校教育更青睐上层文化资本，二者具有更多的同质性，因而上层的孩子更易取得学业成功。中国情境下，有相似的地方，更有不一样的地方。

首先，关于文化资本的阶层区隔性与排他性。中国社会确实存在一定程度的阶层化甚至阶层固化倾向，社会经济地位较高的人群固然可能拥有更高的教育水平（制度化文化资本），为孩子购买更多的书籍，为孩子提供更多高雅文化（客观化文化资本），对孩子的教育能够有更多的参与和指导，也有更多的鼓励和更高的教育与职业期望（具体化文化资本），这些都使得社会经济地位较高的家庭能拥有更优势的文化资

---

① 这部分内容参见：余秀兰,韩燕.寒门如何出"贵子"——基于文化资本视角的阶层突破[J].高等教育研究,2018,39(2):8-16.

本,因而其孩子也有更好的教育获得,这是很多经验研究都验证了的结果[1][2][3][4]。但文化资本的阶层化特征并不明显,更难说有排他性,底层家庭家长除了很难具备制度化文化资本(如获取大学文凭),在客观化文化资本与具体化文化资本方面都有可能突破家庭限制而为孩子提供,即使在布迪厄那里最有阶级区隔性的惯习与内在性情(具体化文化资本),在中国也可能并无明显阶层特征。比如,有学者通过对2009年一项全国城市地区中小学及家长调查数据的分析表明,中产阶级在家庭教养态度惯习上与底层并无明显差异,所谓阶层固化主要是经济资本构筑的壁垒,而不是内在性情上的阶层区隔。[5] 此外,中国文化传统非常重视教育,即使最穷的人也有可能对孩子的教育抱有很高的期望,教育期望也无明显的阶层区隔性与排他性,存在前文所说的教育观念方面的"弱者非弱"现象。

其次,关于学校对上层文化资本的偏好问题。我国有学者认为,文化资本有助于教育获得存在两种机制:一是学校或其他权威对学生的惯习、态度和品位进行了积极的评价或认同;二是孩子在父母的培养下,获得了在学校教育中十分重要的各种抱负、能力和技能。前者为高雅文化排斥机制,后者为人力资本机制。其研究发现,当前文化资本影响教育获得以高雅文化排斥机制为主,人力资本机制为辅。[6] 笔者之前的研究也发现,学校教育(如考试、教科书等方面)表现出一定的城市

---

[1] 郭丛斌,闵维方.家庭经济和文化资本对子女教育机会获得的影响[J].高等教育研究,2006(11):24-31.

[2] SHENG X. Parental Expectations Relating to Children's Higher Education in Urban China: Cultural Capital and Social class[J]. Journal of Sociology, 2012, 50(4), 560-576.

[3] 王甫勤,时怡雯.家庭背景、教育期望与大学教育获得——基于上海市调查数据的实证研究[J].社会,2014,34(1):175-195.

[4] 肖日葵.家庭背景、文化资本与教育获得[J].教育学术月刊,2016(2):12-20.

[5] 洪岩璧,赵延东.从资本到惯习:中国城市家庭教育模式的阶层分化[J].社会学研究,2014(4):73-93,243.

[6] 肖日葵.家庭背景、文化资本与教育获得[J].教育学术月刊,2016(2):12-20.

偏向,从而对城市学生更为有利。① 这在一定程度上证明了布迪厄的理论,表明学校教育有一定的文化偏好;但这并没有堵塞寒门学子掌握高雅文化或城市主流文化的渠道;而且,在应试教育为重的中国中小学,对学生的最终评价是学习成绩,学校老师喜欢的也多是成绩好的学生,而并不太关注学生的家庭背景与文化资本如何;事实上,学生高雅文化资本也可能是通过提高学习能力和学习成绩而有助于教育获得的,即背后起作用的可能还是人力资本机制。

最后,关于文化资本对教育获得的作用,特别是对寒门学子的意义。国内学者的经验研究发现,文化资本的再生产作用与社会流动作用同时存在,而且不同家庭、不同文化资本对教育获得的影响机制与效果不同。②③④ 有研究发现,家庭文化资本(操作化为父母受教育水平,即制度化文化资本)对子女高等教育机会获得的影响明显大于家庭经济资本;也有研究发现文化资本在高收入家庭子女教育获得中的收益小于低收入家庭,低收入家庭通过更多的文化活动参与和较好的家庭文化氛围实现了向上流动;⑤还有学者发现,家庭各类文化资本对子女的教育获得都有正向影响,其中家庭文化氛围影响最大,非高雅文化资本对子女教育获得的作用大于高雅文化(高雅文化资本对中上层地位获得具有重要影响);家庭文化氛围和教育是地位获得最基本条件,社会地位较低的家庭通过文化资本积累,可以实现子女向上流动。⑥

---

① 余秀兰.中国教育的城乡差异——一种文化再生产现象的分析[M].北京:教育科学出版社,2004:115-152.
② 孙远太.家庭背景、文化资本与教育获得——上海城镇居民调查[J].青年研究,2010(2):35-43,95.
③ 仇立平,肖日葵.文化资本与社会地位获得——基于上海市的实证研究[J].中国社会科学,2011(6):121-135,223.
④ 肖日葵.家庭背景、文化资本与教育获得[J].教育学术月刊,2016(2):12-20.
⑤ 孙远太.家庭背景、文化资本与教育获得——上海城镇居民调查[J].青年研究,2010(2):35-43.
⑥ 仇立平,肖日葵.文化资本与社会地位获得——基于上海市的实证研究[J].中国社会科学,2011(6):121-135.

综上，中国现实及相关的经验研究表明，家庭文化资本的再生产作用与社会流动作用同时存在，虽然地位优势家庭通过优势的文化资本更易使其子女获得教育成功，但文化资本并无明显的阶层区隔性与排他性，学校教育虽偏好某些文化资本，但更看重的是这些文化资本带来的成绩，而不是与阶层相关的文化。文化资本对寒门学子的教育获得具有重要作用，其作用甚至超过富裕家庭。

（二）贫寒情境激发的文化资本促进寒门学子社会流动

上文关于 A 大学的寒门"贵子"的研究发现，能考入全国一流大学 A 大学的贫寒学子，不仅可以通过重要他人或其他途径（如学校、教师、同学、书籍等）弥补家庭资本之不足，贫寒情境还激发了具有寒门特征的文化资本，如通过教育而改变命运的需求使得家长重视孩子的教育，且引发孩子改变命运的内驱力（"生命力"）；由于家长辅导能力有限而对自我奋斗的强调，引发孩子强烈的自我奋斗、独立自主意识；贫寒家庭对教育的支持还引发孩子报答父母的孝心。这些文化资本类似布迪厄所说的具体化文化资本，具有明显的寒门特征，极大促进了寒门学子的学业成功，并可能是促进他们在大学中继续努力学习乃至在将来工作中继续努力的动力。当然，如同优势阶层的文化资本，这种寒门特征的文化资本也不具有阶层区隔与排他性，只是在贫寒家境中更易激发；也并不是所有寒门都会自动激发这种文化资本，需要有意识去激活，才能获得这种文化资本带来的收益。

对 81 位农村居民访谈的资料也可看出这种具有寒门特征的文化资本对寒门学子取得学业成功的意义，正如 058M-C 所言，贫寒家庭的孩子会从父母日常的生活中感受到生活的不易，所以会觉得只有自己努力学习了，才能摆脱像父母这一辈的辛苦。以下是另外两个例子，都是从农村考入大学的学生。

059Y-C:"因为那时候就一个信念,就是一定要考上大学。有什么幸福快乐的事,现在可以先不做,可以大学之后那时候真正没有压力的时候再做。然后第二,就是说个人信念,可能从小接触的理念,一定要考上大学,考上大学之后就可以不用脸朝黄土背朝天,就可以跳出农村,然后去城市里面,用老人们的话说就是工作的话可以坐在空调房里边,不用经受风吹雨打了。"

080Y-W:"家庭的引导比较有限,因为父母的文化水平也不高,对我的引导也不是很多。家庭最主要的应该是一种环境的刺激,因为家庭条件也是一般,自己想通过学习和努力改变家庭的现状,这也算对自己的一种激励吧。"

国内一些学者关于贫穷地区和家庭孩子学业获得的研究也得出与本研究相似的发现。如韩钰所说的中国环境中特有的传统家庭文化资本如勤劳、坚韧的性格品质,以及家庭发展过程中长期形成的制约家庭成员的行为规范和家庭文化如家规、家教、家风、家传等,[1]程猛、康永久所说的先赋性动力、道德化思维以及学校化心性品质等社会底层所具有的独特形态的文化资本,即底层文化资本[2]。这些研究既从一定程度上发展了国外学者所提出的文化资本理论,也使得我们对中国情境中的"寒门出贵子"更有信心。

---

[1] 韩钰.家庭传统文化资本对农村青年阶层跨越的影响研究——以鲁西南H村和M村为例[J].青年探索,2016(2):46-54.
[2] 程猛,康永久."物或损之而益"——关于底层文化资本的另一种言说[J].清华大学教育研究,2016,37(4):83-91.

第四章　教育观念对教育获得的影响

本章小结　结构限制下的文化能动

本章基于问卷调查与访谈资料的分析,有以下发现(见图4-2)。

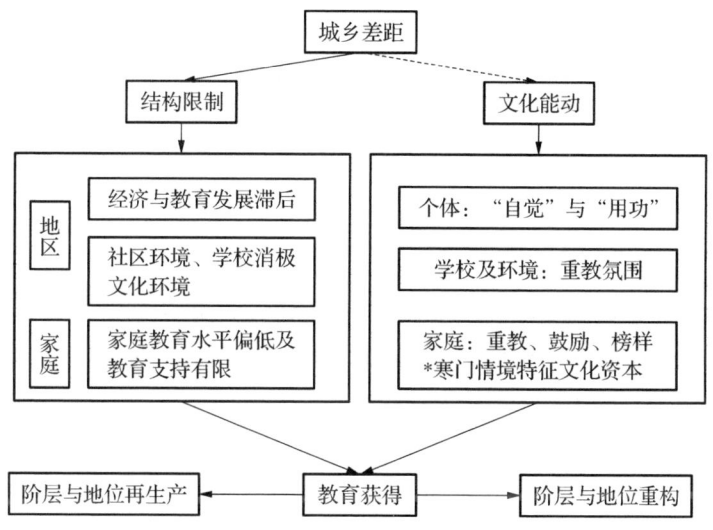

图 4-2　农村学生教育获得的结构限制与文化能动作用

1. 结构及文化因素都影响农村学生的教育获得

农村学生面临的结构上的不利,包括经济发展水平、教育条件和师资水平的相对落后,智能手机和互联网普及却又缺乏监管的环境,农村家长教育水平相对低下、因外出务工的教育缺席、辅导能力不足、教育支持有限,等等,都阻碍了农村学生的教育获得。问卷调查结果表明,家长教育水平、教育辅导能力都显著正向影响孩子的学习成绩;访谈分析也表明,家长"辅导不了"是共同的反映,乡村学校教师流失及教师质量不佳是很多家长的担忧。

由于不利的客观结构带来的负面文化因素对学生学习成绩产生负面效应。电子产品的诱惑、消极的学校文化软环境及同伴群体效应,家长的"教育无用"观，都对农村学生学习成绩产生负面影响。问卷调查表明，家长的"教育无用"观不仅直接负面影响孩子的学习成绩，而且家长的"教育无用"观受其教育水平影响，教育水平通过影响其"教育无用"观而影响孩子学习成绩，这表明结构对观念的制约性。

其他一些文化观念因素则正向影响着学生的学习成绩，如家庭对教育的重视与期望、学生希望通过教育改变命运的学习动力、学校及社区重视教育的良好学风等，都有助于孩子的学业成功。

2. 一些文化观念（尤其是寒门激发的文化资本）可以不受结构限制而独立地影响学生的学习成绩

对农村地区的问卷调查数据分析表明，家长对孩子的职业期望显著影响孩子学习成绩，但职业期望不受家庭背景因素如教育水平、经济的影响。对寒门大学生的访谈资料分析发现，贫寒情境激发的具有寒门特征或底层特征的文化资本如改变命运的内驱力、自我奋斗意识、报答家庭的孝心，以及家长和地区对教育的重视等，具有撬动结构的能动性，促进了寒门学子的学业成功，带来了阶层突破的可能性。

3. 对农村学生的教育支持需要结构与文化两方面

农村学生的教育获得受结构限制，但文化因素又能不受结构限制而发挥能动作用。因而对农村学生的教育支持，首先，要继续提倡重视教育的民风，注重激发学生面对困难也不放弃的努力向上的内驱力，化劣势为优势；其次，鼓励他们尽可能借助其他资源，以弥补家庭资本之不足；同时，不能忽视结构的力量，文化的能动性并不是政府、社会摆脱责任合法化的借口，而要积极为农村教育提供支持，除了提供经济、教育条件等硬件支持，也要注意师资、校风学风等软件上的帮助。

第五章

社会变迁中的农村学生教育获得

第五章　社会变迁中的农村学生教育获得

上一章的研究表明,农村学生的教育获得受社会环境、家庭、学校、个体等多方面因素的影响,其中一些不利的结构方面的因素制约了农村学生的教育获得,但由贫寒情境激发的文化资本也对学生教育获得产生积极影响。不过,这些分析还是一种静态分析,事实上,社会环境在不断变化,影响农村学生教育获得的因素也在不断变化,需要从发展变化的动态视角去审视。首先,从宏观社会变迁视角看,关于社会发展与(教育)公平的关系有两种假设:一种是现代化假设,即随着社会的现代化进程,社会越来越看重人本身的素质,社会出身对教育及地位获得的影响越来越小;另一种是再生产假设,认为社会结构对教育的影响不会因为教育及社会的发展而降低,优势阶层的利益总会优先得到保障,不平等的社会结构会被再生产,而且西方国家的很多实证研究都证明了再生产假设,一些学者进一步提出最大化不平等假设(MMI)与有效维持不平等假设(EMI)。那么,在我国的现代化进程中,我国的情况是符合现代化假设还是符合再生产假设,需要审视。其次,从微观层面看,随着社会的发展,农村家庭状况也发生了许多变化,比如贫困状况的消减,使得经济因素不再成为影响孩子教育获得的主要原因之后,会出现哪些新的问题？最后,宏观与微观的解释需要沟通。影响教育获得的众多因素有层次之分并存在彼此之间的互动,作为宏观因素的社会环境如何影响作为微观因素的家庭资本传承,需要进一步讨论。

本章的分析仍然主要基于对81位出生于农村的不同年龄阶段者的访谈资料,也同时借助部分宏观二手数据。对资料的分析与解释采取宏观与微观相结合的方式。自从布朗芬布伦纳(Urie Bronfenbrenner)提出生态系统理论之后,很多学者都以此理论框架来分析各层次环境对个体发展或行动的影响。比如在教育研究领域,有学者认为人们对高等教育的选择不仅考虑成本与收益,同时也是在个人惯习、家庭、学校与社区、高等教育及社会、经济和政策等不同层级环境影响下的结果,因而提出一个融合宏观与微观的高等教育选择的分析框架。[①] 有研究者用生态视角来分析父母教育行为,认为育儿不仅是发生在家庭内部的行为,也受家庭所嵌入的更广泛社区的影响,[②][③]宏观的高等教育分层情况也影响父母的教育逻辑。[④] 还有学者将生态系统理论与微观的认知模型结合,分析学者面对学术挫折(如投稿被拒、课题不中)的韧性。[⑤] 受这些研究启发,这里把农村学生教育获得看成宏观社会背景及微观家庭资本共同影响的结果,并加入历史变迁因素,构建了一个社会生态变迁视角下的解释框架。

第一节 教育获得变化状况

一、"考上大学的比以前多了"

近些年来我国教育快速发展(图5-1),以高等教育为例,我国高等教育毛入学率于2002年为15%,2019年达51.6%,分别进入大众化和普及化阶段;2020年高等教育毛入学率已达54.4%。教育的发展必然也增加了农村学生入学机会。教育部原部长陈宝生2016年在一次

[①] PERNA L W. Studying College Access and Choice: A Proposed Conceptual Model[M]//SMART J C(Ed.). Higher Education: Handbook of Theory and Research. New York: Agathon, 2006: 99-157.
[②] KOTCHICK B A, FOREHAND R. Putting Parenting in Perspective: A Discussion of the Contextual Factors That Shape Parenting Practices[J]. Journal of Child and Family Studies, 2002, 11(3): 255-269.
[③] BENNETT P R, LUTZ A C, JAYARAM L. Beyond the Schoolyard: The Role of Parenting Logics, Financial Resources, and Social Institutions in the Social Class Gap in Structured Activity Participation[J]. Sociology of Education, 2012, 85(2): 131-157.
[④] AURINI J, MISSAGHIAN R, MILIAN R P. Educational Status Hierarchies, After-School Activities, and Parenting Logics: Lessons from Canada[J]. Sociology of Education, 2020, 93(2): 173-189.
[⑤] CHAN H,MAZZUCCHELLI T G, REES C S. The Battle-Hardened Academic: An Exploration of the Resilience of University Academics in the Face of Ongoing Criticism and Rejection of Their Research[J]. Higher Education Research & Development, 2020, 40(3): 446-460.

讲话中提到,我国农村和贫困地区学生上重点高校人数大幅提升,农村户籍大学生招生比例超过60%,千万家庭有了第一代大学生。①

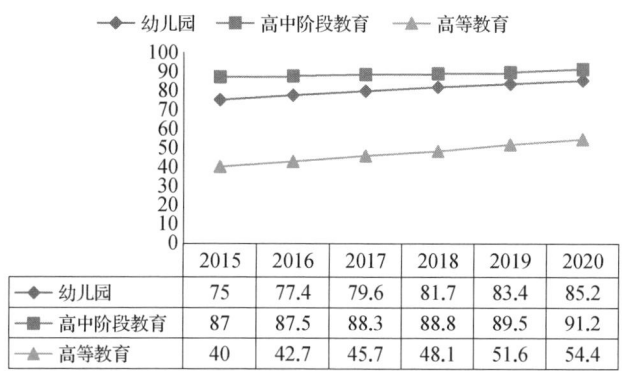

图5-1 "十三五"期间各级教育毛入学率增长情况(%)

资料来源:《2020年全国教育事业发展统计公报》,http://www.moe.gov.cn/jyb_sjzl/sjzl_fztjgb/202108/t20210827_555004.html.

访谈中,绝大多数人都认为现在村子里考上大学的人比以前多了。56岁的010M-C说在她那个时代村子里没有一个考上大学的,"(那时候考上大学的)一个也没有,连中专也没有"。68岁的018O-E有两个儿子,都是初中文化,她也说村子里与自己孩子相同年龄段的人没有上大学的,上高中的人都很少。以下都是些相似的表达。

> 016M-E:"(考上大学的)跟我们那时候比现在是多了,以前不多的。在那时我们很多人都不读书的,像我们读到初中的人少,很少,我们村子里面有三十几个人,有男孩子女孩子,只有我们4个人读初中,只有4个。"
>
> 056O-C:"以前没有(大学生),现在有了,现在考上大学

---

① 教育部长.农村生上重点大学人数大增 招生比例超60%[EB/OL].https://www.chinanews.com.cn/gn/2016/08-31/7989939.shtml.

的我们村还有不少呢。有的学习很好,能上研究生的都有,这几年还不少呢,以前那么大一个村一个都没有,没出一个人才。""现在也不知道是条件好了,还是人家学习好,以前考上大学的都没有,现在还不少呢。"

057M-C:"肯定比以前多了,俺那时候以前都没有大学生,高中生我们那一班里面就出过两个。三四十个人就出来俩高中生。那时候农村很少,几乎是没有吧,应该。在我们这个年龄段我们村没有一个大学生。"

还有人意识到现在大学扩招,上大学的"门槛低了",29岁的078Y-C初中文化,因为常年外出务工,有这样的体验。

078Y-C:"我感觉现在的大学也放开了,现在的大学门槛低了,上大学的人越来越多了。小时候听说有人考上大学就感觉像听天书一样,确实特别少,更别说考上研究生了,几个乡里都没有一个考上研究生。现在大学生普遍多了,咱说得难听一点,现在工地上都有很多大学生,我感觉以后学历肯定重要,大学生遍地都是,可能以后搬砖都需要学历了。"

但访谈中也有极少数人认为最近一些年由于外面诱惑增加,村里人对教育重视的程度降低了,上大学的少了。

080Y-C:"我觉得是少了,我们村现在连考上高中的人都很少,整个就是一个青黄不接的状态,近几年要考高中的人也少了,去年有一个人要考高中,但是也没有考上。这样考上大学的人自然也少了。""从他们的话语当中,没有听到对教育有所重视,他们往往认为读书没什么用,外出打工也能赚钱。"

二、"职业院校 70％以上的学生来自农村"

比起过去,农村学生上大学的机会增加了,但对于很多农民来说,并不清楚村里孩子所上学校的层次。跟我们一起去家乡农村做调研的研究生 S 说,"大多数学生考大学还是主要集中于专科层次,甚至高中、技校毕业"。官方数据证实了这一点。2020 年 12 月 8 日教育部召开发布会介绍"十三五"期间职业教育发展情况指出,职业院校 70％以上的学生来自农村,千万家庭通过职业教育实现了拥有第一代大学生的梦想,"职教一人,就业一人,脱贫一家"成为阻断贫困代际传递见效最快的方式。[1]

农村学生上精英大学的机会变化如何呢？刘云杉等对北京大学 1978—2005 年新生的家庭状况分析表明,该阶段农民出身的学生比例是 20％—40％之间,其中 1985 年达最高为 38.9％,此后开始下降,1998 年为 7.9％,2005 年为 14.3％,论文的结论是,除去统计口径的误差外,可以确定"北大农村新生比例下降始于 20 世纪 90 年代中期以后,2000 年以后农村户籍新生的比例在 10％—15％之间"。由于我国正经历城市化过程,农村人口本身也在下降,为此论文比较了 2000 年北大新生农村生源比例与全国农村人口比例:当年农村人口比例为 63.9％,报考北大的农村学生比例为 50.1％,北大新生农村生源比例为

---

[1] 教育部.职业院校学生超 70％来自农村,千万家庭实现大学生"零突破"[EB/OL].https://www.sohu.com/a/436949805_119038.

18.1%,农村学生占比明显偏低。[①]

国内另外一所高水平大学 F 大学新生中农村生源比例也可说明农村学生上精英大学的机会。由图 5-2 可见,2009—2013 年,F 大学新生中农村户籍生源为 10%左右,2014 年后由于实施面向农村的专项招生计划,农村户籍生源有较大程度的增长,最高是 2016 年,达 23.8%,但总体比例仍偏低。

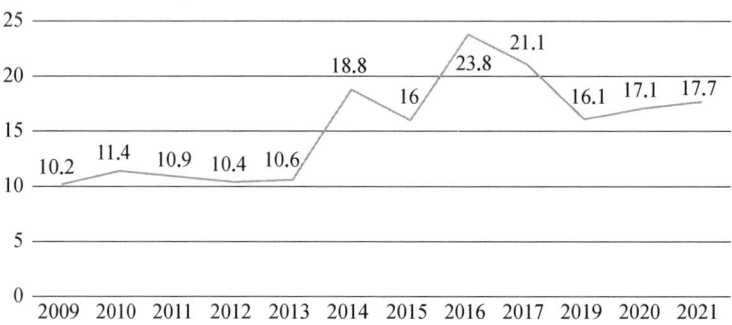

图 5-2　F 大学 2009—2021 级本科新生中农村户籍生源(%)

资料来源:F 大学 2014—2021 年本科教学质量报告。

综上,随着教育的发展,农村学生受教育机会增加,上大学机会增加。但总体来说,农村学生上精英大学的机会偏低,在职业教育中比重偏高。职业教育确实让无数农村家庭实现了拥有第一代大学生之梦,也为其改变贫穷境况提供了机会,但是提升农村学生上精英大学的机会,还需要更多努力。国家 2012 年启动的重点高校面向农村和贫困地区的专向招生计划,便是推动农村学生上精英大学的重要举措。

[①] 刘云杉,王志明,杨晓芳.精英的选拔:身份、地域与资本的视角——跨入北京大学的农家子弟(1978—2005)[J].清华大学教育研究,2009,30(5):42-59.

第二节　影响教育获得的家庭资本及其变迁[①]

一、高/低教育获得者的家庭—个体特征及类型

基于对访谈资料的分析，如果将考上大学的定义为高教育获得者，未考上大学的定义为低教育获得者，可以发现这两类人群各自的共性特征。

1. 高教育获得者

农村孩子能考上大学，除了学校因素外，主要来自孩子自身的努力及家长的重视与支持。具体来看：(1) 孩子努力型，主要在于孩子的自我奋斗，家长虽然也支持，但由于自身教育水平所限，实质性帮助并不多；还有很多是顺其自然型，孩子能读下去父母则支持，读不下去就务农或打工。"顺其自然，你会读就读，不会读就算了。""不会读就早点打工。"(010M-C)(2) 家长支持型，家长主要是在观念上重视，经济上支持，少数教育水平较高者(如有高中学历或当地教师)能够进行一些辅导。极少数家长有较多的参与监督，比较极端的如 016M-E 把自己的梦想寄托在孩子身上，以孩子教育为自己的生活中心。063M-E 的家庭对子女的教育支持则体现出"粗暴强推"特征，她本身是文盲，2 个孩子中 1 个本科 1 个高职，他们通过择校、打骂等方式推动孩子学习。(3) 孩子努力+家庭支持型，孩子非常努力，家长也非常重视。

孩子努力型。058M-C(介绍村上的状元)："他家里祖祖

[①] 本章的第二节及之后的内容参照：余秀兰.社会变迁中的我国农村学生教育获得[J].高等教育研究,2022,43(4):34-44.

辈辈都是务农的,都是文化层次比较低,全靠他自己发愤图强、努力才考上这么好的学校,才考上了我们全省最令人骄傲的文科状元。""农村的孩子,农村都是比较忙,家长都是光顾自己干活的,谁会管孩子的学习?他父母对他的教育不是特别地重视,完全就是靠他自己的努力。"042O-W(3个孩子中1个上大学2个只上了初中):"(考上大学的孩子)他乐意读书,再苦再累他坚持啊。""(未考上大学的)自己不愿意念,那会又搁上家庭条件达不到那个程度,盘算着念完初中再念高中也供不起,反正不念就不念了呗。"

家长支持型。"全力支持"型016M-E:"我的理念不一样。因为我自己本人想读的,我没有读。我把我的梦想都寄托在你们身上了。""早出晚归的,人家都是这么去干活的,但是我不是,我活着的中心,就是以为了你们活为中心,你们是我的中心。所以我赚钱多或少一点,都是无所谓,要把你们教育好,就是要把你们带好。""粗暴强推"型063M-E:"为了孩子的学习,让孩子的学籍在那个(普通)高中保留(学籍保留费800元/年),在这个(重点)高中交借读费(5 000元/年)";"不上学就打,打完之后当父母的又特别心疼。为了让他(孩子)知道干活有多累,你四叔(孩子爸爸)让他从一楼向楼上背地板砖,天越热越让他背,最后考上×××职业技术学院。"

孩子努力+家庭支持型。058M-C:"(孩子考上大学的原因)第一就是她自身比较努力,非常刻苦,她知道知识的重要,她看见我们这一辈就是因为没有文化受尽了体力劳动之苦,所以她发愤想改变一家人的命运,同时也改变自己的命运。所以说她就是非常努力。再一个就是在我的督促之下,我希望她能走进上层社会,为国家贡献自己的一份力量。"

2. 低教育获得者

从被访者的视角看未能考上大学的主要有这样几类:(1) 个体努力或成绩不足型。学习动力与兴趣不足,成绩欠佳,"没兴趣""不想学""贪玩""跟不上"是这类学生的主要特点。当然,个体努力或成绩不足也可能是父母缺乏监管及不良学习环境造成,如 078Y-C 的留守经历让他对学习失去兴趣与动力。(2) 家庭经济限制型。在祖辈及父辈,家庭经济状况是限制影响教育获得的重要因素。(3) 需求不足型。地方读书氛围不足,考上大学的较少,对高教育获得的需求不足。

个体努力或成绩不足型。037M-C:"我以前不知道读书好","上学时候自己不想念。老爸硬叫我们念。拿乡下耕田用的大鞭子撵着叫我们读。我们读不进去。"056O-C:"(自己的孩子未能继续读书的原因)都想让他们能上得越高越好,但他们都不操心,不好好学习,学习成绩差。一心供应,但他们都不愿意上,那作为家长也没有办法。老师跑到家里找他们上学他们都不上了,实在没有办法。"078Y-C(13 岁时父母外出打工,跟着爷爷奶奶,自己初中辍学外出务工):"作业你爱写不写,全靠你自己,爷爷奶奶肯定不会吵你或打你,那时候我上公立学校,生活费都是乱花,在学校不是读书,而是玩,反正你接触的也都是留守儿童,慢慢地就对外面的世界充满向往,想要出去,不想上学了。"

家庭经济限制型。055Y-C:"我妈上学的时候成绩特别好,超级聪明,总是在班里排前几名。""她当时已经考上了一个很不错的、在×××(地名)算是很好的一个高中,但就是因为家里没钱,太穷了,所以才不上了。"046O-W:"学校离家很远,家庭没有劳动力了,我 12 岁就开始参加劳动。"

需求不足型。040O-W:"我没有文化,就上过初中。过去社会不一样,社会不需要你学习,就是家庭没有劳力就要叫你回家劳动。"056O-C:"那时候流行干活,不流行上学,没上过学。"061M-E:"以前读书读起来没什么用。当时年纪小,想着读书读起来有什么用,做点小工,赚点钱,多爽!""我娘我爸也不会想到(这一层面)。我娘是一声不吭的人,我爸呢,只说小工做做,你只要肯做就是好的。"

从历史变迁来看,高教育获得者的三种类型在不同阶段都比较类似,而低教育获得者的"家庭经济限制型"及"需求不足型"在祖辈及父辈时较多,目前农村主要是"个体努力或成绩不足型"。

二、经济资本的影响逐渐减弱

家庭经济资本对农村学生教育获得影响的变迁趋势是,从祖辈、父辈年代到孙辈年代,家庭经济资本对教育机会的限制逐渐减少,而当农村条件改善之后,富裕的经济状况反而可能成为影响教育获得的负面因素。

经济资本是影响祖辈及父辈上学机会的重要因素。在吃饱饭都难的祖辈那里,教育是很多人很难企及的事。在父辈一代,条件有改善但还不足够富裕,能否读大学常常取决于孩子自己的努力,若能够考上,家庭就会尽力支持,若考不上或不愿意读也就随意;多子女家庭常常选择支持最可能考上大学的孩子;男女之间,常常选择支持男孩。

经济限制教育机会。056O-C:"那时候都是要在生产队里面干活,兄弟姐妹也太多,家里父母也供应不起,所以就没有上学。""温饱还顾不上呢,谁还会去想上学呢?饿到去地里挖野菜吃，人都饿得东倒西歪的，哪还有心思有力气想上学的事情啊？你们听着像天书一样，哪会想到我们的生活呢？"042O-W："（自己小时候）那前儿念书根本就是念不起……你连口粮钱都挣不回来，那你念啥书哈"；"（自己的孩子）那前没有这前这个帮助那个帮助，助学金，那前儿哪有？你就（自己）拿钱供，你供不上你就回家，你别去念去了你"。024M-W："（有三个孩子但被迫让其中一个辍学）本来三个孩子我都是想让他们读到大学，由于那个时候，老大和老二顺着，老大上大学的时候，老二也要上大学，我学费拿不出来，那时候低保，国家优惠政策一样没有。我就拿不出来钱。"041O-W："（儿子复读考上了大学，女儿没让复读则上了中专）家里的经济若支持两人都读大学也有点困难……女儿没考上就算了，我们那边农村重男轻女比较严重，家里基本上都是先供男娃读书，当时那个年代能上大学的也全是男娃。"

随着社会的发展，经济因素对教育的影响越来越小，特别是对于比较年轻一代的农村学生，经济已经很少影响教育机会。不过，经济的影响也会有地区与家庭差异，越贫穷的地区和家庭越受经济限制，但同时国家及学校支持会有减缓作用。如28岁的女大学毕业生076Y-C虽家庭贫穷，但学校减免学费使她能够读完大学。

经济影响渐小。058M-C："以前有孩子尽管说愿意学习，愿意读书，但家里太穷，兄弟姐妹太多，所以说不得不停止学业，但现在不是了，现在一个家庭最多是三个孩子或者两个孩子，父母经济条件比较好，他们都是尽量地供应这些孩子能上学就上学，实在是上不了也就算了。"051Y-E："一般现在大家上学都上得起，主要是考得上和考不上，不会因为穷而没有学上。"076Y-C："因为家里比较穷，父母无法给我提供金钱上的帮助，他们的意思是只要我自己能够搞到钱就可以去上学。我上学的大部分钱都是靠学校减免的，家庭支付的金钱很少。"

不仅如此，在一些农民眼中，当前经济因素对孩子的教育获得已经产生负面效应，家庭越富裕，孩子的成绩越差，家庭潜移默化的影响，会让孩子觉得"学习学好学坏都无所谓，因为我家里有钱，我父母会对下半生有一个好的安排"；他们认为"逆境出人才""寒门出贵子"，"家庭条件不好的学生，他也是从父母日常的生活中感受到生活的不易，所以无形中他们会觉得只有自己努力学习了，才能摆脱像父母这一种辛苦"（058M-C）。而当孩子有了手机、电脑等电子产品后，负面的影响更加显现，如067M-E常年在外面打工，为了补偿孩子给他买手机与电脑，孩子与附近几个成绩较差的伙伴"混"在一起，初中就辍学了。

富裕的负面影响。044M-W："我觉得现在的家庭条件，在我们农村，越优越的小孩越不专心学习，家庭条件不好的小孩反而越专心学习。"058M-C："越是富裕的家庭越是不重视教育"，"富人家的孩子，他们家长的教育方式都是学也好，不学也好，就是你在学校里只要不惹事，平平安安地长大，家里有的是钱。穷人家的孩子都是你要想走出这贫穷，只有靠你自己好好学习，考上理想的大学来改变自己的命运。"067M-E："看着俺儿经常到他三大爷家去看电脑与手机，感觉孩子受屈，因此就买了。""我忙于打工，孩子放学后与咱这附近的几个小孩玩，我也不好意思说人家，就这样跟那几个小孩混的，他们都不上了。"

三、教育重视程度提升但贫寒情境激发的"底层"文化资本趋于失效

从文化资本对农村学生教育获得影响的变迁趋势看,制度化及客观化文化资本一直不足,表现为态度类社会心理变量的具体化文化资本较强,但因贫寒情境激发的"底层"文化资本有减弱趋势。

从布迪厄的文化资本理论来看,农村家庭制度化及客观化文化资本都不足,但如果从威斯康星模型对文化资本理论的发展来看,一些社会心理变量如父母对子女教育的态度、鼓励、期望也可以理解为一种具体化的文化资本,[①]用以解释农村孩子的教育获得。国内学者所提出的"底层特色"的文化资本如先赋性动力/改变命运的内驱力、道德化思维/报答父母的孝心、自我奋斗意识等,更是农村孩子学业成功的关键要素。[②③]

(1)家长教育水平及教育参与影响孩子的教育获得,但农村家庭普遍缺乏这类文化资本。从访谈资料中可以看到,早期农村学生能够上大学的较少,家长一般是农村的"精英",如接受过高中教育或具有中专学历,是农村的教师、村医、兽医等。但农村具有高中以上学历的人本身较少。当大学扩招后,能够上大学的学生家长就更多元化了,初中学历的增多。相对而言,具有较高教育背景的家长能够为孩子提供一些实质性的教育支持,如作为教师的001M-W能够帮助孩子养成好的学习习惯,能够检查作业和给予一定的辅导。但是这样的家庭在农村非常少,即使有过高中教育经历的农民由于不再学习或没有时间,也很

---

① 周怡,等.社会分层的理论逻辑[M].北京:中国人民大学出版社,2016:75.
② 程猛,康永久."物或损之而益"——关于底层文化资本的另一种言说[J].清华大学教育研究,2016,37(4):83-91.
③ 余秀兰,韩燕.寒门如何出"贵子"——基于文化资本视角的阶层突破[J].高等教育研究,2018,39(2):8-16.

难提供辅导,具有高中学历的052M-E便是这类家长。

052M-E:"俺辅导不了。像俺儿子跟俺那时候学的不一样,我教了教他,觉得是对的。儿子却说,'妈妈你教的题一道都不对',以后就放弃了。"

(2) 对教育的重视与期待是影响农村孩子教育获得的重要家庭因素,而且总体来说重视与期待的程度也越来越高。首先,早期虽然有因缺钱而奢谈重视教育的情况("供不起,没法重视"),但农村孩子能考上大学的家庭,一般都比较重视教育,相信读书有用。随着社会发展,对教育的需求增加,一些农民外出务工的经历也使其更加体验到教育的价值,从而对教育也更加重视。其次,对孩子的教育期待普遍较高。早期由于经济限制及上大学机会较少,部分家长会有"顺其自然"的想法,但所访谈的大部分都期望自己的孩子能上大学,"能读多高就读多高""越往上越好"是最常见的表达。再次,农民对教育的重视还表现在他们的教育投资观上,他们大部分都愿意省吃俭用供孩子读书,即使问及"如果大学毕业还不如初中就出去打工挣钱多,您觉得花钱读高中和大学值吗",绝大多数人也不迟疑,他们固执地相信读书一定有好处。最后,年轻一代的家长开始不满意农村教育质量,出现了把孩子送到县城上学的择校现象。

对教育的重视与期待。004M-W(2个孩子都上了大学):"自己当时没有好好学习,也学得不好。到了孩子这儿就要让孩子好好学习,给他们创造有利条件。""提供最好的条件,让孩子去最好的学校上学。"078Y-C(初中辍学外出务工):"我辍学比较早,步入社会也这么多年了,只能说是混口饭吃,如果我的教育程度更高一点的话,我肯定会选一个自己喜欢的、适合自己的工作……我不想让他(孩子)走我的老路啊。无论他以后找什么工作,对社会能做出什么贡献,但是教育程度一定要跟上,走到别人的面前,最起码是一个大学生,不能让别人说你是一个文盲。"041O-W:"只要娃成绩好,大人砸锅卖铁也要供娃读书,只要娃能考上,就让娃去上学。"001M-W:"现在好多农村的人,都想方设法把孩子转到城里去,觉得城里的教育比较好。"

(3)"读书改变命运"等教育价值观是激发农村学生努力学习的强大动力,但是这种动力有逐渐减少的趋势。"知识改变命运""读书可以改变自己的一生""考学是农村娃走出去的最好途径""高考是农村娃们跳出农门的唯一途径",这些是被访者说得较多的读书功用,也是激励农村孩子努力学习的内在动力;对于处于有重男轻女观念环境中的农村女性,这种动力似乎更大。此外,努力学习以报答家长,也是不少农村学子努力学习的动力。但是,随着经济的发展及农民生活的改善,一些比较富裕地区或者富裕家庭的农民"以读书改变命运"或"报答父母"的动力减少。

读书改变命运。081O-W:"我打了一辈子工,上了一辈子瓦窑,我不能叫你们上瓦窑。对不对?我觉得必须改变你们的命运。"080Y-W(考上原"211"大学):"家庭最主要的应该是一种环境的刺激,因为家庭条件也是一般,自己想通过学习和努力改变家庭的现状,这也算对自己的一种激励吧。"076Y-C:"我上学的最初想法是想要摆脱我们家庭的困境,不想像父母那样过一辈子,忙忙碌碌,碌碌无为,不知道自己能干些什么。这个社会对女生还是很苛刻的,女生的一生都要为家庭服务,现在可能会好多了,但是对我们'90'后,计划生育政策下的一代来说,家长重男轻女观念还是很严重。上学对我来说就是摆脱这个家庭,想做一个独立的女性,而不是说去依附谁,或者成为谁的附属品。"

读书动力减弱。051Y-E:"现在基本上都能上大学,再差也能混个专科,而那些混的人一般家庭条件都不错","我们学校里那些每天混的基本都是家里有钱有地位的,他可能不是很在乎。"080Y-W:"我感觉现在外面的诱惑太多了,对学校教育的冲击比较大。许多人会认为外出打工比接受教育更能赚钱。"

第三节　宏观社会背景变迁及其对农村学生教育获得的影响

从祖辈到孙辈,中国社会发生了巨大变化,其中直接影响到农村家庭资本、教育选择与子女教育获得的有如下这些方面。

一、经济发展以及教育需求扩大

我国经济得到长足的发展,特别是"脱贫攻坚"战略使农村人口全部脱贫,至2020年年底我国已经基本实现全面建成小康社会目标。经济发展直接影响农村家庭对孩子的教育投入,祖辈及父辈中由于经济限制而失去读书机会的情况在孙辈中很少再出现。

经济发展的影响。010M-C:"这个经济条件也允许,以前是你再怎么重视,家庭条件不允许也没办法。现在家里生活条件好了。"016M-E:"我觉得是跟经济有关系,经济越来越发达了,国家越来越发达了,因为那时候很多人家连饭他们都吃不上,就不要说去读书了……还要干农活,他们大的孩子帮忙带小的孩子,妈妈要去干农活这样子的,所以读书的机会很多人是得不到的。"

经济发展扩大了对教育的需求,特别是经济发展方式从劳动密集型向技术密集型转变,对教育的需求越来越高。农村居民同样能体会到外部环境的变化和对教育的需求,特别是外出务工人员这样的体验更为强烈。

对教育需求的体验。071M-C(外出务工做园丁):"我的亲身经历让我感觉到在这个社会上没有知识真的不行,还是要让孩子读书,接受好的教育。时代在发展,现代化的发展,都需要有学问。如果孩子能够上个大学,考个研究生,他以后的路就会走得很平稳,很顺利,这样我们也会放心了。"072Y-C(辍学务工,25岁已结婚生子):"现在的孩子在现在的社会,没有学历是不行的,你像老一辈的人,没有学历,没有文化,你能吃能喝,但以后的孩子没有学历就会一事无成,现在干什么都要有学历。现在这个社会没有学历肯定不行。""想好好培养孩子,想要他接受更好的教育,让他去上补习班啊,特长班啊,让他多才多艺,有一技之长。""希望他能接受更高的教育,至少是大学以上吧,最好是研究生(硕士)学历,博士更好。"

二、教育发展以及教育支持增加

从祖辈年代到孙辈年代,我国高等教育也从精英教育阶段发展到大众化以及今天的普及化阶段,高等教育的扩招让农村家庭感受到上大学的可能性和必要性都大大增加,从而也促进了他们的选择。

对教育扩张的感知。029M-E:"(农村考上大学的人数增多的原因)第一点主要是现在的教育设施完善了。第二点是我感觉现在的大学也放开了,还有现在的成人大学,现在的大学门槛低了,上大学的人越来越多了。""(对自己孩子的要求)最起码是一个大学生,不能让别人说你是一个文盲。现在说句实话,高中生在别人眼里就是文盲,这就是社会。"

国家对农村教育一直很重视,特别是21世纪初以来实施的诸多支持农村教育的政策,如"两免一补""学生营养改善计划""贫困生资助计划""农村专项招生计划""城乡一体化发展"等,无疑都促进了农村家庭的教育选择和机会。对于这些,农民同样有切身感受。

教育条件改善的影响。042O-W:"那前念书苦啊,那前你看宿舍也不行,生活也不行,去了孩子就不乐意念了呗,常年吃小米,一点面都没有,你说宿舍那前,没有暖炕,那就是搭上木板,让你在顶上睡,你说那什么人(忍受得住),等到去接学生,那毡子都冻到板上了,那要不××乡(地名)你看那个读大学的少……就咱们××乡那前,反正条件就那么差,你算那个背着包走着去,30多里路,将近40里,就算是20里呗,背着书包走20里,等到回来还要走20里,那就这么着去上学,那一下大雪孩子走不了了你送不起,那整着整着就不念了呗。现在国家教育也提高了,比原来强了,也重视了,教育部门也重视了,早了那教育部门也不重视啊,你看这前还有助学金,你读不起学你(有)助学金,以后再还①,那前没有,那前谁给你助学金啊,你交不起粮食你都上不了学。"

三、市场化、现代化及社会转型

1978年以来,我国逐渐确立了社会主义市场经济体制。市场体制强调通过公平自由的竞争达到资源的有效分配,但是由于我国城乡差距的先天性与历史性,以及改革开放初期国家效率优先的政策,农村在市场竞争中一直处于不利地位。此外,伴随着现代化的进程,是中国社会从传统农业国向现代工业国不断转型的过程。宏大的社会转型对农村教育产生的影响至少有两方面:第一,农村的教育资源落后并影响了农村学生的教育获得。当问及为什么没有继续读书时,被访者回答最多的是"成绩不好""跟不上课""没考上""考大学比较困难",而"没考上"的很大原因是农村教育条件较差。第二,社会结构从农业国转向工业国,加上巨大的城乡差距,给农村孩子带来的最大影响是父母去城市务工因而缺席孩子的教育。农村家庭资本原本就存在先天不足,父母外出务工对孩子学业的影响可谓雪上加霜;而不外出务工,经济收入受到影响也会影响孩子接受教育的机会,农民陷入左右为难境地。

---

① 这里说的"以后再还"应该指助学贷款。

城乡差距。010M-C:"农村师资力量不管再怎么改革现在还是偏差。""你看他城市里面小学可以学英语,像我们的学生不能学英语。""现在从小学,从幼儿园开始就送到城里去上学。"

务工的影响。078Y-C:"我还比较担心的是现在农村的父母要出去务工,不出去打工哪里有钱能给孩子提供好的教育?如果孩子跟你在一起还好,如果不跟你在一起,你怎么去教育呢?"

四、互联网技术的影响

互联网技术的发展改变了人们的生活方式,也影响了农村的教育。从优势的角度说,网络资源开阔了农民的眼界,缓解了农村教育资源的劣势。但是对于父母外出、缺乏监管的留守儿童来说,智能手机、电脑、互联网带来的危害也越来越凸显,很多家长担心孩子玩手机玩游戏而影响学习,有"要想坏了孩子,给他买一部手机"的说法;抖音、快手等短视频甚至让一些农村家长自己也沉溺于手机而不能自控。

互联网的影响。078Y-C:"现在的教育资源更多,也更容易获取了。之前上学的时候,如果遇到不会的问题,问父母,父母不知道;问老师,有的时候也不行;问同学,他愿意告诉你就告诉你,不愿意告诉你,你也没办法。但是,现在如果有不会的问题可以在网上查询,咨询老师也更方便一些。"065M-E:"现在的小孩回家没有学习的,并且有这样一种说法,'要想坏了孩子,给他买一部手机'。农村的义务教育完蛋啦。"076Y-C:"我爸妈他们很喜欢玩手机抖音之类的,对抖音、火山小视频的痴迷程度不亚于吸烟喝酒,我觉得不太好,这就使我弟弟在学习的时候也在玩手机,我爸妈教育他不能老是玩手机,要出去玩什么的,他就说你们不就是拿着手机玩的吗?"

以上这些宏观社会环境的变化,通过三条途径影响农村学生的教育获得。一是直接影响,如教育扩招、教育支持都直接增加了农村孩子的教育机会,教育条件的改善有助于提升农村孩子的学业成就,互联网的普及增加了农村孩子接触优质教育资源的机会但也容易使孩子沉迷于网络而影响学习成绩;二是通过影响农村家庭从而影响孩子的教育,如经济发展增加了农村家庭收入从而使农村孩子的教育获得更少受经济条件限制,社会对教育需求的扩大更多刺激了农村家长支持子女读书的动力,社会转型导致父母外出务工影响了对孩子的教育参与;三是影响了农村家庭背景与孩子教育获得的关系,如互联网社会的到来一方面可能减缓农村家长知识劣势对孩子学习成绩的影响,但另一方面也可能加剧家长放养式教育方式(特别是外出务工缺席孩子教育)对孩子学习成绩的负面影响。

第四节　农村学生教育获得变化的内在逻辑与矛盾

一、个人努力还是家庭支持:农村家庭的劣势积累与补偿缺失

前文归纳了农村学生取得高教育获得有三种类型:孩子努力型、家长支持型、孩子努力+家长支持型。但对于农村家长来说,影响孩子学业成就的因素中,个人努力是几乎所有访谈者都提及的能考上大学或影响学习成绩的原因,个人努力的作用远远大于家庭支持。"娃刻苦学习么,还能有啥""就是全靠自己""我这个人很勤奋很努力"。而对于

"为什么不继续读书""为什么没有读大学"的回答,最多的也是"贪玩,也没好好学""学习不好""上学的时候自己不想念"。外在的支持仅是外因,"你外因再帮忙但内因不行你就不行"。而且家庭的支持非常有限,仅是"不添乱""不拖后腿",保障学习环境与时间不受干扰,保证经济上没有后顾之忧。所以,农村家庭的教育基本是一种"自然放养"式教育,农村孩子的成长是一种"靠天收成"式的成长,农村孩子的教育获得是一种"自助自悟"型教育获得。

与城市孩子比较,农村家庭的这种"自然放养"式教育至少有两点弱势:第一,与城市家庭的"精心栽培"式教育相比较,农村家庭的这种教育方式可能会使农村家庭资本原本在教育孩子中就存在的弱势得以累积、加剧。根据优势积累理论(cumulative advantage),家庭最初的资源优势会随着时间而累积增加,从而使社会不平等得到再制。[1] 在祖辈及父辈年代,城乡家长的文化资本固然也不相同,但那时城市家长对孩子的教育也倾向于放养式。随着教育竞争的加剧,城市家庭特别是城市中产家庭对孩子教育越来越重视,在时间与金钱上的投入也越来越多,从"自然放养"式演变成"精心栽培"式,但农村家庭的教育方式则仍是"自然放养"为主,加上互联网、智能手机等外部诱惑增加而家长却因外出务工缺席孩子成长,可能使情况变得更为严重,城乡孩子家庭教育鸿沟也因此越拉越大。城乡孩子家庭教育差距的积累会影响到最终的教育获得。第二,当遭遇风险、挫折时,农村家庭不具备城市家庭的规避风险、抗击挫折的补偿能力。根据优势补偿理论(compensatory advantage),早先的不利在弱势家庭中会随着时间而积累,但这种劣势积累较少发生在优势家庭。[2] 有效维持不平等理论认为,优势的家庭

---

[1] DIPRETE T A, EIRICH G M. Cumulative Advantage as a Mechanism for Inequality: A Review of Theoretical and Empirical Developments[J]. Annual Review of Sociology, 2006, 32(1): 271-297.

[2] BERNARDI F. Compensatory Advantage as a Mechanism of Educational Inequality: A Regression Discontinuity Based on Month of Birth[J]. Sociology of Education, 2014, 87(2): 74-88.

即使在孩子早期不利情况下,也会有效利用其资源维持其优势地位。[①]比如,农村孩子如果所在学校教育条件差或遇到挫折,父母常常无能力改变,导言中的辍学案例即是如此;但城市优势家庭则可能会选择补课、择校甚至出国读书等方式来规避风险,如下文某市某幼儿园园长在认定本地教育不适宜自己孩子成长时,毅然决定送孩子出国。

农村家庭的"自然放养"与"补偿缺失"。050Y-E:"如果有小孩发生了不好的偏向,农村的父母没有能力去改变他。但是一个小孩如果没有发生这种偏向,(就可能)顺利地走下去,顺利地读了大学。父母教育、父母的文化观念都差不多,大家的能力都不是很强,都没有太好的干预子女教育的能力。"

城市家庭的"精心栽培"与"优势补偿"。某市某幼儿园园长:"在咱们当地的话……各个方面对孩子来说,我觉得跟她这个情况(不匹配),跟我要求她的情况不太匹配,就是说她现在散漫,她觉得她自己还算优秀,所以就不够努力。但是实际上就因为她的不努力,也不是很优秀,然后就造成没有一种竞争关系,就不会促使她继续往上走。所以我就希望她能出去上学。而且国内的这种教育,这种填鸭式的重复,这种背诵的教育,我觉得不能开发孩子的这种创新思维、合作思维那种能力,我觉得对孩子的发展都不是特别好。所以我觉得出国还是好一些。"

[①] LUCAS S R. Effectively Maintained Inequality: Education Transitions, Track Mobility, and Social Background Effects[J]. American Journal of Sociology, 2001, 106(6): 1642-1690.

二、 结构限制还是文化力量：文化资本的价值及局限

在解释不平等现象时，通常有结构解释与文化解释两种思路。结构解释强调所处社会结构对资源获取机会的影响，反映了社会结构对个体行动的制约。结构解释是社会学最惯常的思维，如上文的优势积累与优势补偿理论，强调社会结构（如家庭社会背景）对子女教育获得的作用。文化的解释注重文化因素对于教育获得的影响，一些学者虽也持结构主义观点因而强调文化的制约性，但很多学者更关注文化和价值观念在意义建构中的作用，特别是一些亚文化研究，表达了个体对抗结构的可能性，如美国学者弗莱关于马拉维低社会阶层因"想象的未来"（imagined future）而具有高教育期望的发现。[1]

上章已经表明，两种解释都能说明农村学生的地位获得。从结构的视角看，农村学生所在的农村地区、农村学校以及其家庭社会背景，都影响了农村孩子对教育资源的获取，从而影响了其教育获得。从文化解释的视角，可以看到农村居民普遍比较重视教育，对孩子的教育具有高期望、强投资意愿，而且这种对教育的重视与高期望甚至不受家庭背景的限制；更重要的是，农民所持"知识改变命运"的教育价值观是农村学生努力学习的强大动力，这种由贫困情境激发的具有"底层"性质的文化资本能够较好解释寒门学子的学业成功。因而文化视角的解释对于农民有特别积极的意义，当农民面临由社会结构带来的不利处境时，也不能放弃对教育的信任与努力，否则必然会在社会再制与自我淘汰的双重机制下重复自己的不利地位。但是，农民家庭的文化资本有明显的局限性，受教育程度低、实质性教育参与能力弱，而且这些问题并没有随着社会及教育的发展而得到明显改善，甚至由于互联网技术

---

[1] FRYE M.Bright Futures in Malawi's New Dawn: Educational Aspiration as Assertions of Identity [J].The American Journal of Sociology, 2012, 117(6): 1565-1624.

发展的负面效应而使问题加剧,事实上相比于客观经济条件,文化因素的改变更为缓慢与艰难。另一方面,而当农村不再贫困时,曾经对农村孩子起很大作用的"底层文化资本"也会降低其价值,"教育改变命运"的动力不再,何以激发农村学生的学习动力?

三、 现代化还是再生产:中国式现代化对抗再生产机制的可能

现代化是以经济增长、科技进步及工业化等为主要内容的社会变迁过程。在这一过程中,由于生产方式的变革及社会转型,对知识的要求越来越高,因而对教育的需求也越来越高。基于现代化发展的逻辑,社会对人才的选拔更关注其本身的能力而较少关注其社会出身,家庭资本对人们教育获得的影响越来越弱,社会也会随着教育的发展而越来越公正。早期的功能主义学者多持这种观点,如布劳与邓肯虽然认为家庭背景对教育获得有影响,但他们更强调了教育作为自致性因素对地位获得的影响;帕森斯也强调了教育对于促进社会底层人才向上流动的作用。但是西方社会的发展并未向人们想象的方向发展,人们发现现代化在带来巨大的物质财富的同时也伴随着贫富分化等发展的失衡,经济发展与教育扩张并未带来相应的社会公平。相反,如 MMI 及 EMI 等理论所揭示的,经济发展与教育发展的红利总是最先被优势阶层获取;因而如鲍尔斯、布迪厄等所表明的,教育反过来又成了社会再生产的工具,固化与扩大了原有的不平等社会结构。

中国的发展如果完全按自由竞争的现代化逻辑发展,由于城乡差距、城乡教育差距以及城乡家庭教育的差距历史及现状,加上优势/劣势积累效应,城乡不平等再生产的结果可能也很难避免。但中国现代化发展的逻辑显然不同于西方社会,王绍光曾经分析了中国自 1980 年代以来社会发展的双向运动,一方面是改革开放后市场化运动,一方面是 1999 年之后以降低不平等和不安全为目标的反向运动,其中缩小城

乡差距就是降低不平等政策的重要内容。① 习近平总书记多次提起要走中国式现代化道路,其中很重要的一个目标是要致力于全体人民共同富裕。在以共同富裕为目标的中国式现代化建设的进程中,国家出台了系列支持农村社会经济发展及教育发展的政策,仅近些年的教育扶贫政策就有如《教育部等七部门关于实施教育扶贫工程的意见》《国家贫困地区儿童发展规划(2014—2020年)》《教育脱贫攻坚"十三五"规划》《职业教育东西协作行动计划(2016—2020年)》《推普脱贫攻坚行动计划(2018—2020年)》《深度贫困地区教育脱贫攻坚实施方案(2018—2020年)》等文件。对农村学生最有力的教育支持政策之一是2012年前后实施的向贫困农村倾斜的专项招生计划,包括国家专项、高校专项以及地方专项,直接提升了贫困农村学生上重点大学的机会。据相关统计,专项计划从2012年起至2018年累计录取了37万农村贫困学子。② 所以,城乡差距及城乡发展不平等虽然是我国的一个痼疾,但依照中国式现代化发展逻辑,在政府对农村发展的强大支持与干预下,相信最终会实现城乡一体化发展及城乡的共同富裕,从而避免城乡不平等的再生产。

本章小结　社会变迁中的文化能动

1. 社会生态变迁视角下的解释框架

经过本章的分析,可以看到农村学生的教育获得是社会大背景与家庭资本共同影响的结果,而且在不同时代,这种影响也会发生变化(见图5-3)。

---

① 王绍光.大转型:1980年代以来中国的双向运动[J].中国社会科学,2008(1):129-148.
② 中国教育部.2012年起专项计划面向贫困县累计招生37万人[EB/OL]. https://www.chinanews.com/gn/2018/12-28/8714867.

第五章 社会变迁中的农村学生教育获得

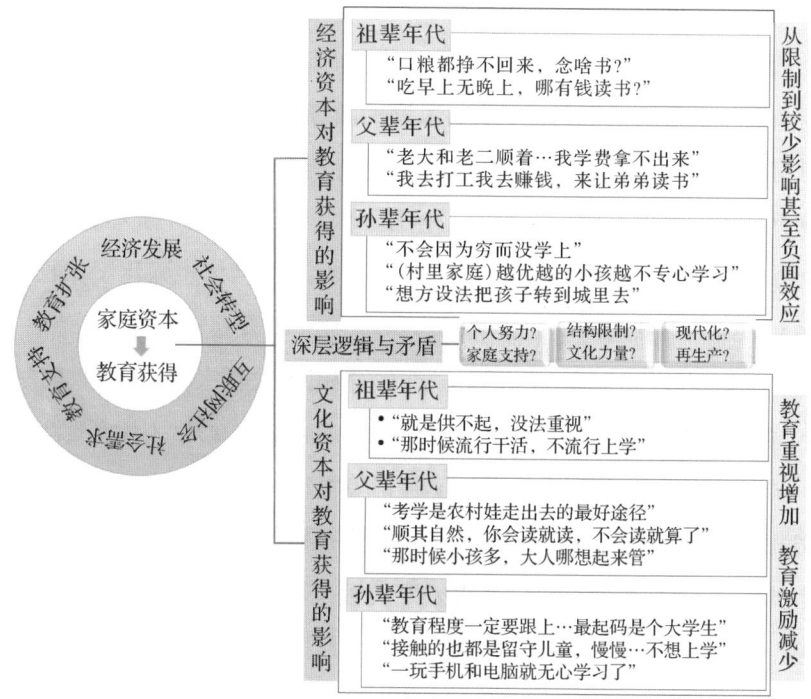

图 5-3 社会生态变迁视角下的农村学生教育获得解释框架

首先,从家庭来看,随着社会发展,经济因素对孩子教育获得的影响逐渐变小,从因贫上不起学、因贫有选择性供学,到不再因缺钱而上不起学;重视教育、高教育期望、强教育投资意愿、"读书改变命运"价值观等文化观念因素一直是促进农村学生教育获得的更重要的因素,这种因素甚至可以突破结构限制而让"寒门出贵子"变为可能。而且,农村对教育的重视程度也越来越高,从早期的"供不起,没法重视"到"顺其自然",再到"想方设法把孩子转到城里"上学。但当农民不再贫困时,"读书改变命运"的动机也在衰减,甚至出现越富裕越不愿意用功读书的现象。

其次,农村学生教育获得受所处宏观社会背景的影响。宏观社会背景的变化如教育扩张、教育条件改善、教育支持增加,都可以直接影

283

响农村孩子的教育获得。宏观社会背景也可以通过影响农村家庭资本的传递而影响孩子的教育获得，经济增长、社会需求增加、教育扩张、教育支持增加等因素都促进了农村家庭的教育选择，但工业化、市场化的社会转型又使农村教育资源及农村家庭资本相对落后于城市；此外，互联网技术的发展虽然一定程度上弥补了农村家庭的文化资本之不足，但在农民因外出务工而缺席孩子教育的情境下，网络也强化了家长缺席对孩子教育获得的负面影响，成为威胁孩子教育获得的重要因素。

最后，与城市家庭"精心栽培"式教育相比，农村家庭"自然放养"式教育所提供的支持相对有限，主要体现于观念上重视及"不添乱""不拖后腿"，学习辅导、资源获取及逆境补偿等主动的教育支持较少，由于劣势积累效应及家庭补偿功能的缺失，在没有外力干预、完全自由市场竞争的情境下，城乡学生教育获得差距拉大及城乡差距的再生产在所难免。但是，中国式现代化是以共同富裕为目标，在这种现代化发展的逻辑下，可以期待政府有更多的干预及支持农村和农村教育的行为，期待政府替代农村家庭为遭遇困境的孩子提供补偿功能，从而避免城乡不平等的再生产。

2. 理论对话与实践启示

综上，通过将宏观社会背景与微观家庭背景结合起来，并纳入历史维度，这里提供了一个解释农村学生教育获得的动态变迁框架。依据这一框架，影响农村学生教育获得的经济资本与文化资本的作用会因宏观社会背景的不同而变化，理论上首先可以与国内的一些研究发现对话，如有研究发现家庭经济资本对城乡学生教育获得的不同影响，对城市人影响不显著但对农村人影响显著；[1]还有研究则发现家庭社会

---

[1] 李春玲.社会政治变迁与教育机会不平等——家庭背景及制度因素对教育获得的影响(1940—2001)[J].中国社会科学,2003(3):86-98.

经济地位对城市学生成绩的影响大于对农村学生的影响。[①] 这些看起来可能并不一致的研究结论,如果从社会变迁的动态视角来理解,就会容易很多。其次,也有助于在与国外的一些理论(如 MMI 和 EMI 假设)对话中识别中国教育发展的本土情境,如中国政府的强干预政策可能改变 MMI 和 EMI 假设。

对于实践的启示在于,对农村的教育支持需要有动态的视角。由上文的分析可以看出,在社会变迁的过程中,众多内外部因素越来越有助于农村孩子取得学业成功,但发展也带来一些新的挑战,如:(1)当经济因素不再影响入学机会的同时,由贫寒情境激发的"读书改变命运"的内驱力或其他"底层"性质的文化资本正在失去作用;(2)当教育发展至普及化高等教育阶段,高等教育促进社会流动的功能在弱化,即使农民子弟仍持有"读书改变命运"的高期望与"砸锅卖铁供孩子读书"的强投资意愿,他们的愿望也可能会落空;(3)当互联网技术发展在带来更多资源更多便利的同时,农民因外出务工而不得不让留守在农村的孩子面对更多的网络风险与诱惑;(4)更一般地,当社会经济及教育向前发展时,人们从发展中获取的利益并不相同,在劣势积累、优势补偿及有效维持不平等和最大化维持不平等等机制下,农村孩子原本在地区发展及家庭支持等方面存在的劣势可能会影响其在发展中获利。

面对以上的诸多挑战,在继续激励农村家长及孩子不放弃读书的愿望与动力,继续保持其勤奋、努力等品质时,需要更多来自政府及社会的外力帮助。这种帮助不能仅止于如过去一样提供简单的经济支持,而要跟随时代变化捕捉到农村家长及孩子新的需要,如:如何改变教育、改变环境,以激发农村孩子"读书改变命运"之外的学习动力;如

[①] 李忠路,邱泽奇.家庭背景如何影响儿童学业成就?——义务教育阶段家庭社会经济地位影响差异分析[J].社会学研究,2016,31(4):121-144.

何引导他们更好地利用高等教育普及化发展及互联网发展带来的资源而促进自身的发展。这种帮助也不能就教育论教育，而应关注到城乡整体发展问题，如：如何振兴农村经济，以吸引外出务工农民返村就业创业；如何改善农民工子女在城市就读环境，以解决农村的留守儿童问题。

结语 文化对于农村学生教育获得的意义与局限

区别于前人文献多从结构限制视角讨论农村学生的教育获得,本书侧重从文化社会学视角,探讨教育观念、观念变迁及其对农村学生教育获得的影响,并特别关注文化观念突破结构限制的特征及其对农村学生教育获得的意义。但这并不表示否定结构的作用,现实是复杂的,任何事情必然同时受结构与文化的影响,结构作用与能动作用也都兼而有之。为了避免片面与偏见,在结语部分,除了总结研究结论外,主要讨论文化对于农村学生的意义与局限。

一、一个承认结构限制但强调文化能动的解释框架

基于对农村教育观念及其对农村学生教育获得的探究,本书有几点主要研究结论。

(1) 农村学生面临结构上的不利,包括客观条件的相对落后和消极的文化软环境,如乡村经济发展、学校教育质量、家长教育水平与辅导能力、重视教育程度、缺乏监管的互联网环境等方面的相对弱势,都会给农村学生的教育获得带来消极影响;但农村家庭及学生的积极教育观念可以超越家庭经济背景的限制而对学生的教育获得起积极作用,特别是贫寒情境激发的具有寒门特征或底层特征的文化资本具有撬动结构的能动性,促进了寒门学子的学业成功,带来了阶层突破的可能性。

(2) 在教育观念方面存在"弱者非弱"现象。城乡之间、农村内部、地区间的教育观念都存在一定差异,但总体差异不大。这种差异,既呈现教育观念与社会经济地位的一致性或社会经济地位对教育观念的制约,如城市家长的教育期望更高、"教育无用"观更少;也呈现"弱者非弱"现象,即教育观念与社会经济地位的非一致性或教育观念的独立性,甚至社会经济地位低者的教育价值需求更高的现象,典型如农村家长"成龙成凤"的高教育期望、"砸锅卖铁供娃读书"的强教育投资意愿以及对"读书改变命运"教育价值的强需求。

(3) 从社会变迁视角看，经济条件的限制越来越小，农村家长也越来越重视教育，但寒门特征的文化资本的作用逐渐减弱，农村学生面临互联网诱惑、动力缺失、劣势积累等内外部新挑战。因而，需要激发"教育改变命运"之外的内在动力，关注农村学生多元需求，并特别注重教育对于农村学生本体育人功能的激发。

(4) 解决城乡教育差距问题，需要整体化的发展战略。由于劣势积累效应及农村家庭补偿功能有限，完全依赖自由竞争的市场机制，城乡差距进一步维持甚至扩大化在所难免。解决城乡教育差距，既不能忽略农村家庭及农村学生所处的结构上的不利，也要重视从文化视角激发他们的主体能动性，还要采取动态发展眼光关注农村家庭与农村学生新的需求，从单一的经济支持（硬件支持）到包括文化支持（软件下乡）在内的更多元的支持。以共同富裕为目标的中国式现代化有望弥补农村家庭之不足，以避免城乡差距的再生产。

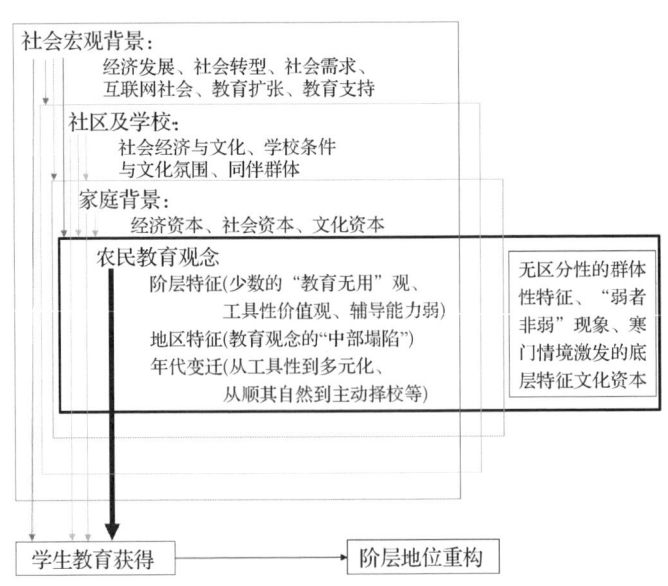

图 农村学生教育获得的结构与文化影响

二、文化撬动结构的可能性与意义

1. 文化能否撬动结构？

传统的社会学理论多认为结构决定行动，文化也只是结构的附庸。但随着社会的发展，特别是后工业社会、后现代社会的到来，文化越来越多元化，后结构主义、后现代主义理论关注到文化突破结构的特征，如丹尼尔·贝尔认为社会地位与文化气质间不再一一对应，个人成长中的特殊方面如同伴交往比社会属性更重要，社会行为的随意性增加。文化社会学代表人物亚历山大更是强调文化的自主性，反对将文化还原为阶级、权力。

那么，中国社会是一个怎样的情境呢？以文化撬动结构的可能性如何？

（1）从时代变迁的角度看，中国社会出现了与国外社会相似的文化多元性及文化自主性增加的现象，特别是互联网技术的发展及其在农村的渗透，为相对弱势的农村群体提供了更多的机会与可能。过去，除了学校，文化资本的传递主要依靠家庭。但是，现在的互联网拓宽了文化资本传递的渠道，家庭文化资本欠缺的孩子可以通过网络习得知识、培养品位。比较突出的例子如在偏僻的乡村，可以出现有名的时尚博主，并因此彻底改变了社会地位。这与布迪厄所说的由家庭传承的反映阶级区隔性的品位、文化资本、惯习等概念及文化再生产理论，完全不相同。

（2）中国社会有自己的本土特征，在结构与文化两方面都有自己的特殊性。一方面，中国社会各阶层的固化程度远不如西方资本主义国家。近些年我国的贫富分化虽然显现并有阶层固化倾向，但中国是一个发展中国家，新中国成立时间并不长，战争、动乱、制度重建、社会转型等不断打断可能的阶层固化倾向。更重要的是，中国的社会主义制度与西方资本主义制度不同,政府对不平等、阶层固化等有强大的干预行动,正如王绍光所说,改革开放后的市场化运动,是自由竞争的市场化和以降低不平等和不安全为目标的反向运动共同组成的双向运动。以共同富裕为目标的中国式现代化,倡导的也是这种思想。这些都表明中国社会结构的非固化性特征及松动性可能。

另一方面,中国社会有不畏艰难、不惧吃苦、努力向上的文化基因,人们赞扬吃苦精神,相信只要努力就能改变现状,哪怕身处逆境也不放弃,"只要功夫深,铁杵磨成针""世上无难事,只要肯登攀""不经历风雨,怎能见彩虹""锲而不舍,金石可镂""吃得苦中苦,方为人上人"等民间俗语,即是这种文化基因的反映。这种文化基因反映在对待教育的态度方面,表现为社会各阶层包括处于相对弱势境况的农村家庭都很重视教育,而且越弱势者越重视教育改变命运的作用。本研究发现,农村家庭对教育持有"成龙成凤"的高期望、"砸锅卖铁供娃读书"的强投资意愿、"读书改变命运"的强价值需求,寒门情境更激发了向上奋斗的强大内驱力/生命力,这种教育观念方面的"弱者非弱"现象展现了中国文化基因中的主动性。其他研究也有相似的结论,如有研究发现,父辈职业地位为管理者/专业技术人员和一般技术工人/监管者两个阶层的子女,相对农业劳动者阶层的子女,两者上大学期望的优势比低于1(尽管没有显著性),对此的解释是:"由于中国特殊的城乡二元结构,农村出生的学生更为迫切地希望上大学,从而改变自己的命运。"[1]有学者将这种职业地位较低但对知识有更高渴求、对教育有更高期望的现象称为"鞭策"效应,[2]近几年国内一些学者关于底层文化资本的研究也发现弱势社会阶层中文化资本的价值。此外,一些跨文化比较也可

---

[1] 王甫勤,时怡雯.家庭背景、教育期望与大学教育获得——基于上海市调查数据的实证研究[J].社会,2014,34(1):175-195.
[2] 童馨乐,潘妍,杨向阳.寒门为何难出贵子? 基于教育观视角的解释[J].中国经济问题,2019(4):51-67.

以提供更多的证明,如谢宇等人的研究发现,亚裔家庭虽然面临结构障碍,但他们比美国白人有更高的教育期望,更相信教育是向上流动的通道;[1]亚裔美国人的行为与态度比美国白人更少受家庭社会经济地位影响,这种差异有助于解释亚裔学生更加优秀的成绩,而且这种情况尤其在低家庭社会经济地位情况下更明显。[2]

综上,时代变迁因素,加上中国情境的特殊性——结构的松动性与文化的能动性,中国社会情境中的文化有更多的撬动结构的可能性。

2. 文化对于农村学生的意义

在结构主义看来,结构制约了文化和行动,如同吉登斯所比喻的,房间的结构限制了房间里人的活动范围和行走路线。布迪厄希望超越主观与客观的二元对立,把行为与文化、结构、权力结合起来,建立了一种关于实践的理论,但事实上还是具有较强的结构主义色彩。在布迪厄那里,一个重要的观点是强调学术的选择是通过以阶级为基础的自我选择而形成的。布迪厄认为,在主体希望与客观机会之间存在高度的对应,一个孩子对于教育与职业的期望与抱负是父母与其他相关群体的教育经济与文化生活的产物,上学还是退学,选择什么课程,都依赖于学生对于自己所属的社会阶级的那些人在学术上成功的可能性的预期,因而工人阶级的青年并不会有高的教育期望。[3] 所以,社会底层子弟学业失败既是阶层区隔、符号暴力等导致的文化再生产,也是基于机会结构的一种自我选择、自我淘汰的结果。

我国农村情况显然不同于此。本研究发现,农村家庭虽然面临结构上的限制,但绝大多数人对教育仍然持有高期望、强投资意愿及强价

---

[1] GOYETTE K, XIE Y. Educational Expectations of Asian American Youths: Determinants and Ethnic Differences[J]. Sociology of Education, 1999, 72(1): 22-36.

[2] LIU A, XIE Y. Why do Asian Americans Academically Outperform Whites? —The Cultural Explanation Revisited[J]. Social Science Research, 2016, 58: 210-226.

[3] [美]戴维·斯沃茨.文化与权力——布尔迪厄的社会学[M].陶东风,译.上海:上海译文出版社, 2006:226.

值需求,这种跨越田野的文化观念对于农村学生的学业成功有着特别重要的意义。在经济条件较差的时代,寒门学子正是依靠"教育改变命运"的强大信念及努力向上的内驱力/生命力,取得了学业成功并通过教育实现了向上的社会流动。在处境不利的条件下,如果没有这种不放弃的期望与观念,就会陷入布迪厄所说的制度限制与自我选择的双重淘汰。在富裕年代,当经济已经不再是限制教育获得的主要因素时,更需要从文化视角激发农村学子新的学习动力。正如前文所言,现在许多农村孩子陷入学习困境的原因不再是缺钱、交不起学费,而是缺乏学习动力、电子产品及网络诱惑、不良同伴群体影响等,解决这些问题都需要从改变文化观念入手。当然,新的时代旧有的文化观念如"教育改变命运"可能已经失效,"吃苦耐劳"这类文化基因在年轻一代身上也可能会弱化,这需要寻找新的文化激励。

三、文化的局限性

强调文化的能动性对农村学生的意义并不表明文化能动作用的无限性,也不表示对结构作用的否定。

1. 结构限制的客观性

首先,农村学生面临结构上的诸多制约,这是无法忽视的客观现实。本研究发现,农村在经济发展、教育质量等诸多方面都落后于城市,城乡差距是中国社会的现实。就目前的农村家庭来说,农村家庭的教育方式基本上还是属于"自然放养"式,家长所能提供的教育支持非常有限,父母文化水平低,无力辅导孩子,缺乏有效教育方法,为孩子选择名校等优质教育资源的能力有限,缺乏与老师沟通的技巧,等等,这些都不利于农村学生的学业成就。至于需要外出务工的家长,更难在陪伴孩子成长与赚取教育费用之间兼顾。

其次,由于城乡差距的长期性,城乡家庭在孩子教育上存在积累效应。城市家庭从早期的无暇顾及、顺其自然,已经发展到现在的"精心栽培"式,农村家庭仍然停留在"自然放养"式,这种差距的积累如同马太效应,会加剧城乡孩子在教育获得上的差距。一些实证研究表明,我国教育发展及扩张之后,城乡教育差距依然存在甚至加剧,特别是在较高层次教育及较高质量教育中,城乡差距表现得更为明显。

最后,农村家庭在孩子教育上受到困难、挫折时,较少有能力采取补偿措施,以规避风险。有人根据泰坦尼克号沉船事件提出"泰坦尼克定律",旨在说明社会等级与人们易受伤害性相关联,社会地位越低下的人们易受伤害的风险越大。[①] 优势补偿理论也表明,不利状况更容易在弱势家庭中随着时间而积累,优势家庭则有条件采取补偿措施阻断先前的失利可能造成的劣势积累效应。农村学生如果因为师生关系、同伴交往、网络游戏及身心疾病导致学业失败,农村家长一般很难有干预补偿的能力。

2. 文化能动作用的局限性

首先,文化仍受结构限制。传统结构主义强调结构制约文化自不必说,在一些学者那里,文化本身就是一种结构,对行动有制约作用,如葛兰西所说的文化霸权,布迪厄所说的惯习、自我选择。即使后工业社会理论代表者丹尼尔·贝尔提出随意性社会行为范围增加,某些特殊性因素比社会属性更为重要,也不是完全否定社会结构的作用。我国学者提出农村的"教育无用论""教育无望论"也都反映了结构的影响,是农民面对机会结构的自我选择。本研究也发现,虽然总体上农村对教育都持有高认同、高期望、强投资意愿,但城乡之间仍然存在差距,如农村的"教育无用"观得分显著高于城市,教育期望总体也低于城市。

其次,文化的能动性并不必然发生。美国学者拉鲁认为,从优势阶

[①] 景军.泰坦尼克定律:中国艾滋病风险分析[J].社会学研究,2006(5):123-150.

层地位中获取的收益不是必然发生的,虽然社会阶层提供资源,但是家长必须激活这些资源,只有通过社会实践,才能将社会资源转化为收益。[1] 本研究中发现的有助于寒门学子学业成功的具有寒门特征的文化资本以及其他学者所说的底层文化资本,都不是自动的、必然产生的。事实上,相较于少量学业成功的寒门学子,更多贫困情境中的农村学生并未能取得学业成功,贫寒的情境并未能激发他们走出困境。

再次,文化能动性不等于行动,从文化到行动还有距离。比如,虽然我们的研究发现,农村家长对孩子都有高教育期望和高教育需求,但这种高期望和高需求并不总是伴随着实际的行动,如教育参与的增加。其他研究也表明,一些村民虽然在问卷调查中表达了对教育的认同,但在访谈中却发现其对子女教育多采用顺其自然的不作为态度,即在话语表达和行为表达间存在明显的隐性悖论。[2]

最后,过分强调文化能动性而忽视社会结构的作用,可能会带来隐患。例如,本书对名牌大学"寒门才子"的研究发现,寒门学子自身改变命运、积极向上的生命力,自我奋斗的精神及努力寻求资源的意识是促使其考上名牌大学的主要原因,但当我们只看到这些个体主动性因素时,就很容易把大量寒门学子的学业失败归因于他们自身的不努力,从而忽视经济限制、资源缺失等结构因素,也容易让政府、社会的失职合法化。另外,寒门学子在依赖个体能动性实现向上流动的过程中,所遭遇的困难、情感上的消极体验及心理代价,[3]也容易被忽略。正如有学者警示的,"如果对底层子女中实现社会上升流动的所谓'成功'经历的关注欠缺反思,有可能导致我们陷入致命的理论误区和实践陷阱",容

---

[1] [美]安妮特·拉鲁.家庭优势:社会阶层与家长参与[M].吴重涵,熊苏春,张俊,译.南昌:江西教育出版社,2014:164.
[2] 李涛,邬志辉."乡土中国"中的新"读书无用论"——基于社会分层视角下的雍村调查[J].探索与争鸣,2015(6):79-84.
[3] 汪卫平,袁晶.向上流动的心理代价:农村大学生的情感体验研究[J].重庆高教研究,2020,8(3):25-37.

易"错过当前教育公平面临的真正挑战,甚至陷入'失败者指责'的陷阱"。[1]

四、劣势与优势、结构与行动的权衡

对弱势群体的研究可以分为劣势视角与优势视角两种不同理论视角。早期的研究多是劣势视角,也称为缺陷思维、赤字视角,多强调弱势群体所面临或存在的问题,如认为匮乏的资源、贫困的文化、个体的放弃等是造成学业失败的原因。随着对弱势群体关注的深入,一些人开始从优势视角看待问题。优势视角更多看到弱势群体自身的能动性,看到他们面对困难时的积极心态、韧性、文化觉醒与反抗等,从这些因素解释其学业成功乃至社会流动。劣势视角容易引起对弱势群体的刻板印象或污名化,但优势视角在强调个体能动性的同时容易忽视社会结构因素的作用,在称赞成功者个人努力的同时易被理解为对未成功者的指责。[2] 比较好的方式当然是两种视角的结合,既看到问题也看到优势。

结构与行动是社会学研究中更基础的一对矛盾。结构决定论者认为,结构具有优于行动的本体性地位,主体和行动在结构面前都消失了。行动论者强调行动的重要,持建构主义观点,认为结构是人类创造和建构的。当然,还有很多学者致力于结构与行动的统一,如吉登斯提出"结构的二重性",认为结构提供了行动的资源与规则,而依据结构的规则与资源的行动又能创造新的结构。布迪厄虽然被人称为文化结构主义者,但他力图超越结构与行动的对立并建构了一种实践理论,认为

---

[1] 杜亮,刘宇."底层文化资本"是否可行——关于学校教育中的文化资本与社会流动的几个理论问题的探讨[J].中国青年研究,2020(5):36-42.
[2] 汪卫平,魏峰."缺陷思维"与"反缺陷思维":教育研究中对弱势群体的两种立场论争[J].比较教育研究,2022,44(7):58-65.

行动者是"即席演奏家"而非机械的规则服从者,"惯习"即他表达这种思想的核心概念。

超越对立,寻求整合视角,是很多研究者的追求。中国文化中则有"执两用中""不偏不倚"的思想,强调折中、中庸以避免"过"与"不及"的片面性。现实生活是复杂多样的,要想理解及解释现实世界,确实需要采取全面的视角以避免认识的片面化。但是,当一项研究为了深入研究某方面的特征,在"执两"(了解各方情境)的前提下偏向某个视角,也未尝不可。理论如同滤镜,看问题常常是片面的,单一理论常常只能看到问题的一种状态,现实世界需要多个理论从不同视角去认知。本研究在承认农村学生面临诸多客观结构性困境的前提下,重点关注农村的文化教育观念及其对农村学生教育获得的影响,并从优势视角特别关注那些有助于寒门学子取得学业成功的文化观念,这些文化观念如重视教育、高教育期望、强教育投资意愿以及希望通过读书改变命运的向上的生命力,既是农村人面对不利结构性困境的主观能动性体现,也反映了中国人不畏艰难、不惧吃苦、相信努力的文化基因。但本书并无意否定结构的重要性,无意否定提升农村学生教育获得需要外力支持,更无意将农村学生的学业失败归结为其自身的怠惰。事实上,结构与行动永远是互为关联的。

五、可能的理论对话

本书探究了我国农村教育观念及其对农民子女教育获得的影响,并从文化社会学视角对研究发现进行了解读,尤其关注那些不受结构限制的教育观念如"教育改变命运""望子成龙,望女成凤""砸锅卖铁供娃读书"的意义,从而解构结构对文化的束缚,为促进农村家庭及其子女积极主动的教育行动寻找合法性。本研究可以与已有相关理论进行一些对话。

首先，这些发现不同于布迪厄的文化资本与文化再生产理论。布迪厄虽然希望超越主观与客观的二元对立，批评结构主义忽略情境的非决定性和行动者的实践性，认为人不是机械的服从者而是"即席演奏家"，但由于强调文化的区隔性以及精英阶层支配文化再生产，还是被人们看作有结构主义的嫌疑。本书虽然承认优势阶层具有优势的文化资本，但认为中国情境中文化的阶层区隔性并不明显，弱势阶层可以通过努力而弥补文化资本之不足；不仅如此，贫寒情境还激发了一种寒门特征的文化资本，有助于寒门学子取得学业成功，突破阶层限制。这种文化资本与国内学者所言的社会底层文化资本一样，反映社会底层的文化能动性。底层文化资本发生作用的逻辑与布迪厄的高雅文化资本完全不同，高雅文化是通过学校教育的符号暴力，将优势阶层子女在家庭的文化习得自然地变成了文化资本，从而有利于其取得学业成功，这是一种文化排斥机制，其结果是文化再生产和社会再生产；底层文化资本起作用的逻辑是因为社会底层对学校教育文化的主动认同，表现为一种"学校化的心性品质"[1]，一种"亲学校文化"[2]，是对教育改变命运的"信"与"从"[3]，这是一种文化认同机制，其结果是社会流动。

其次，也不同于贫穷文化理论。美国学者刘易斯（Oscar lewis）、班费尔德（Edward C. Banfield）、哈瑞顿（Michael Harrington）曾对贫穷家庭或贫穷地区的贫穷文化进行了研究，认为贫穷文化表现出强烈的宿命感、无助感、自卑感、低抱负、视野狭窄、目光短浅，以及对中产阶级价值观的贬低，等等。刘易斯认为，当人们被从社会和经济上边缘化时，他们会形成应对自身低地位的行为模式，即出现了这种贫穷文化。

---

[1] 程猛,康永久."物或损之而益"——关于底层文化资本的另一种言说[J].清华大学教育研究,2016,37(4):83-91.
[2] 赵同友.殊途同归:阶层文化资本与学校互动机制的教育获得效应[J].北京教育学院学报,2022,36(1):35-44.
[3] 董永贵,王静宜."信"与"从":底层文化资本发挥作用的密钥[J].中国青年研究,2022(1):104-110.

贫穷文化往往被穷人内化并有自我保持的顽固性,即使在社会结构条件改变的情况下也往往会自行延续,所以很难依靠穷人自己的力量去改变命运。要改变穷人的社会地位,必须首先改变贫穷文化,引导他们积极向上的精神。[1][2] 贫穷文化理论遭到许多后来研究者的反对,本研究也得出了一些不一样的结论。不可否认,在我国农村的部分地区存在"读书无用""读书无望"及自愿辍学等与贫穷文化相似的文化现象,但我们的调查发现,大多数农村家庭都相信教育能够改变命运,对于教育抱有高的期望,愿意尽最大能力供孩子读书,甚至处境越不利对教育的需求越强烈,在教育观念方面存在"弱者非弱"现象,这显然完全不同于贫穷文化。

最后,还区别于"反学校文化"理论。英国学者威利斯(Paul Willis)在其《学做工》一书中分析了一群工人阶级子弟如何因持有"反学校文化"而导致社会地位再生产的机制。这些反学校文化如抵制学校及教师权威、无视学校规范、上课睡觉、哄骗、逃学。威利斯并不认同布迪厄等再生产理论者的结构决定论,认为底层群体并不是被动地服从主流文化,而是存在反抗的文化,但是这种反抗文化却导致了他们低社会地位的再生产,解释了工人阶级子承父业的原因。本研究发现,中国的绝大多数农村家庭都非常重视教育、相信教育可以改变命运,农村家庭的孩子也大多勤奋学习,贫寒情境甚至激发了底层特色的文化资本,事实上中国一直有尊师重教的文化传统。同样都强调弱势群体的能动性,但威利斯关注的是其中的"违规者",讲的是底层再生产的逻辑;本研究关注的是"循规生",侧重的是"寒门出贵子"的阶层突破机制。在威利斯关于中国研究的新作(*Being Modern in China*,2019)

---

[1] 周怡,朱静,王平,李沛.社会分层的理论逻辑[M].北京:中国人民大学出版社,2016:209-213.
[2] [美]米歇尔·拉芒,[美]马里奥·路易斯·斯莫尔,黄照静.文化多样性与反贫困政策[J].国际社会科学杂志(中文版),2011,28(2):70-81.

中,他也意识到中国人与英国人不同,在一个深信通过教育可以实现向上流动的儒家文化国家,像英国那样的反学校文化并不具有典型性。

理论对话并非为了对话而对话,而是因为中国有不同的情境,任何理论都产生于特定的情境条件,所以不能简单机械地进行理论移植。本研究有别于以上理论观点,强调中国农村教育观念的意义及文化的能动性,主要缘于中国的历史文化、制度特征、时代特点等特定的情境因素。

最后,借威利斯接受《南方周末》记者关于其中国研究的访谈中的一句话,作为本书的结尾。

"我确实注意到一个相当普遍的轨迹,即来自农村的学生,通过难以置信的努力奋斗,往往会成为班级和学校里最好的学生,后面他们到了其他学校,又变成那个学校里最优秀的人。这不仅是一个在地理或智力上的遥远旅程,同时也是一个文化旅程。"[1]

希望本书可以成为探讨这场文化旅程的一点点尝试。

---

[1] 高远,苏有鹏.《学做工》作者谈中国高考:"我从未见过像他们这样努力的学生"[N].南方周末,2021-08-03.

参考文献

[1] 安雪慧.教育期望、社会资本与贫困地区教育发展[J].教育与经济,2005(4):31-35.

[2] 蔡笑岳,于龙.我国公众教育观念研究[J].教育研究,2007(4):56-60.

[3] 曾东霞."斗室星空":农村贫困家庭第一代大学生家庭经验研究[J].中国青年研究,2019(7):38-43.

[4] 曹晶.教育社会分层功能的弱化——转型期农村教育的根本性危机[D].上海:华东师范大学,2007.

[5] 仇立平,肖日葵.文化资本与社会地位获得——基于上海市的实证研究[J].中国社会科学,2011(6):121-135.

[6] 程猛,康永久."物或损之而益"——关于底层文化资本的另一种言说[J].清华大学教育研究,2016,37(4):83-91.

[7] 陈先哲,全俊亘.从"失学少年"到"失足青年"的生成与治理——农村教育贫困的一种文化学解释[J].中国青年研究,2020(7):62-67.

[8] 陈旭峰.农民地位代际流动何以可能?——农民市民化水平对子女教育期望影响的实证研究[J].人口与发展,2013,19(6):43-51.

[9] 杜亮,刘宇."底层文化资本"是否可行——关于学校教育中的文化资本与社会流动的几个理论问题的探讨[J].中国青年研究,2020(5):36-42.

[10] 董永贵.突破阶层束缚——10位80后农家子弟取得高学业成就的质性研究[J].中国青年研究,2015(3):72-76.

[11] 樊明成.我国高等教育入学机会的城乡差异研究[J].教育科学,2008(1):63-67.

[12] 方长春.断裂、碎片抑或结构化:对当前中国阶层分化的再认识[J].人文杂志,2008(3):172-178.

[13] 方敏.农村外出务工经济兴起背景下农民对子女的教育意愿研究[D].北京:中央民族大学,2013.

[14] 郭丛斌,闵维方.家庭经济和文化资本对子女教育机会获得的影响[J].高等教育研究,2006(11):24-31.

[15] 郭于华."道义经济"还是"理性小农"重读农民学经典论题[J].读书,2002(5):104-110.

[16] 韩钰.家庭传统文化资本对农村青年阶层跨越的影响研究——以鲁西南H村和M村为例[J].青年探索,2016(2):46-54.

[17] 郝大海.中国城市教育分层研究(1949—2003)[J].中国社会科学,2007(6):94-107.

[18] 贺建清.影响农村贫困家庭教育投资意愿的因素分析[J].教育学术月刊,2014(3):28-31.

[19] 胡雪龙,康永久.主动在场的本分人:农村学生家庭文化资本的实证研究[J].全球教育展望,2017,46(11):104-116.

[20] 洪岩壁,赵延东.从资本到惯习:中国城市家庭教育模式的阶层分化[J].社会学研究,2014(4):73-93.

[21] 胡咏梅,杨素红.学生学业成绩与教育期望关系研究——基于西部五省区农村小学的实证分析[J].天中学刊,2010,25(6):125-129.

[22] 黄政.读书真的无用?——农村居民教育期望的形成机制研究[J].教育科学研究,2021(6):54-59.

[23] [美]黄宗智.华北的小农经济与社会变迁[M].北京:中华书局,2000.

[24] 金本能,王守恒.文化资本视角下农村小学生语文教材适应性探析[J].教育测量与评价(理论版),2008(3):25-28.

[25] 景军.泰坦尼克定律:中国艾滋病风险分析[J].社会学研究,2006(5):

123-150.

[26] 李宝艳.社会分层与农民教育价值观的变迁[J].华中农业大学学报(社会科学版),2009(2):46-50.

[27] 刘保中,张月云,李建新.家庭社会经济地位与青少年教育期望:父母参与的中介作用[J].北京大学教育评论,2015,13(3):158-176.

[28] 刘保中,张月云,李建新.社会经济地位、文化观念与家庭教育期望[J].青年研究,2014(6):46-55.

[29] 李春玲.断裂与碎片——当代中国社会阶层分化趋势的实证分析[M].北京:社会科学文献出版社,2005.

[30] 李春玲."80后"的教育经历与机会不平等——兼评《无声的革命》[J].中国社会科学,2014(4):66-77.

[31] 李春玲.高等教育扩张与教育机会不平等——高校扩招的平等化效应考查[J].社会学研究,2010,25(3):82-113.

[32] 李春玲.教育不平等的年代变化趋势(1940—2010)——对城乡教育机会不平等的再考察[J].社会学研究,2014,29(2):65-89.

[33] 李春玲.社会政治变迁与教育机会不平等——家庭背景及制度因素对教育获得的影响(1940—2001)[J].中国社会科学,2003(3):86-98.

[34] 梁晨,李中清,张浩,等.无声的革命:北京大学与苏州大学学生社会来源研究(1952—2002)[J].中国社会科学,2012(1):98-118.

[35] 李军.改革开放以来中国农村教育价值取向研究:脉络、热点与展望[J].北京教育学院学报,2020,34(4):40-46.

[36] 林建.高中生个人高等教育需求研究[D].重庆:西南大学,2007.

[37] 刘精明.高等教育扩展与入学机会差异:1978—2003[J].社会,2006(3):158-179.

[38] 刘精明,李路路.阶层化:居住空间、生活方式、社会交往与阶层认同——我国城镇社会阶层化问题的实证研究[J].社会学研究,2005(3):52-81.

[39] 刘精明.国家社会阶层与教育——教育获得的社会学研究[M].北京:中国人民大学出版社,2005.

[40] 刘精明.中国基础教育领域中的机会不平等及其变化[J].中国社会科学,2008(5):101-116.

[41] 李强,陈宇琳,刘精明.中国城镇化"推进模式"研究[J].中国社会科学,2012(7):82-100.

[42] 李全生.农村"怕子成龙"现象分析——以东夼村为例[J].青年研究,2003(6):1-6.

[43] 李姗姗,于伟.农民教育期望——高等教育改革一种可能的阐释[J].河北师范大学学报(教育科学版),2010,12(1):104-107.

[44] 李涛,邬志辉.别让新"读书无用论"撕裂乡土中国[N].中国青年报,2015-08-03(10).

[45] 李涛,邬志辉."乡土中国"中的新"读书无用论"——基于社会分层视角下的雍村调查[J].探索与争鸣,2015(6):79-84.

[46] 卢旭,杜时忠.改革开放以来我国公众教育价值观的变迁[J].高等教育研究,2013,34(11):13-17.

[47] 李颖晖,王奕轩.父母教育期望的户籍分层:农村父母的教育期望劣势及其影响因素分析[J].兰州学刊,2019(10):194-208.

[48] 李煜.制度变迁与教育不平等的产生机制——中国城市子女的教育获得(1966—2003)[J].中国社会科学,2006(4):97-109.

[49] 李召存.关于教育观念的理论思考[J].教育理论与实践,2002(6):6-10.

[50] 李忠路,邱泽奇.家庭背景如何影响儿童学业成就?——义务教育阶段家庭社会经济地位影响差异分析[J].社会学研究,2016,31(4):121-144.

[51] 刘堃,郭菲.城乡内部阶层分化与高等教育机会获得——兼谈高校扩招政策的影响[J].教育发展研究,2020,40(23):22-29.

[52] 刘英杰.中国教育大事典(1949—1990)[M].杭州:浙江教育出版社,1993.

[53] 刘云杉,王志明,杨晓芳.精英的选拔:身份、地域与资本的视角——跨入北京大学的农家子弟(1978-2005)[J].清华大学教育研究,2009,30(5):42-59.

[54] 乐志强,罗志敏.重思学校教育:基于三次"读书无用论"思潮的辨析[J].黑龙江高教研究,2017(3):1-5.

[55] 闵文斌,常芳,王欢.非经济因素对农村初中生辍学的影响[J].教育与经济,2016(5):73-77.

[56] 马文武.高校扩招背景下城乡居民高等教育机会考察——基于CHNS数据的经验分析[J].兰州学刊,2019(3):153-166.

[57] 牛春娟,郑涌.西南少数民族教育价值观的调查研究[J].心理科学,2010,33(1):198-200.

[58] 欧贤才,王凯.自愿性辍学:新时期农村初中教育的一个新问题[J].中国青年研究,2007(5):60-63.

[59] 裴娣娜.对教育观念变革的理性思考[J].教育研究,2001(2):4-7.

[60] 庞圣民.市场转型、教育分流与中国城乡高等教育机会不平等(1977—2008)——兼论重点中学制度是否应该为城乡高等教育机会不平等买单[J].社会,2016,36(5):155-174.

[61] 庞维国,徐晓波,林立甲,任友群.家庭社会经济地位与中学生学业成绩的关系研究[J].全球教育展望,2013,42(2):12-21.

[62] 曲铁华,王丽娟.由依附到整合——近30年农村教育价值观的历史变迁与现实审思[J].东北师大学报(哲学社会科学版),2012(5):201-204.

[63] 苏刚,曲铁华.现代化进程中我国农村教育价值取向的嬗变及重构[J].教育发展研究,2014,34(1):12-16.

[64] 孙宏艳,张旭东.中国中小学生智能手机拥有率近七成 超过美日[N].中国青年报,2018-10-30(7).

[65] 孙立平.绝望比贫穷更可怕[J].中国报道,2009(6):50.

[66] 司马云杰.文化社会学[M].北京:华夏出版社,2011.

[67] 孙绵涛.关于教育观的思考[J].教育理论与实践,1999(4):2-9.

[68] 尚伟伟,陆莎,李廷洲.我国义务教育发展的"中部塌陷":问题表征、影响因素与政策思路[J].北京大学教育评论,2020,18(2):172-186.

[69] 孙远太.家庭背景、文化资本与教育获得——上海城镇居民调查[J].青年研究,2010(2):35-43.

[70] 田丰.高等教育体系与精英阶层再生产——基于12所高校调查数据[J].社会

发展研究,2015,2(1):37-63.

[71] 汤美娟.现代教育观念的乡村遭遇[M].南京:南京师范大学出版社,2019.

[72] 童馨乐,潘妍,杨向阳.寒门为何难出贵子? 基于教育观视角的解释[J].中国经济问题,2019(4):51-67.

[73] 王本陆.消除双轨制:我国农村教育改革的伦理诉求[J].北京师范大学学报(社会科学版),2004(5):20-25.

[74] 汪卫平,魏峰."缺陷思维"与"反缺陷思维":教育研究中对弱势群体的两种立场论争[J].比较教育研究,2022,44(7):58-65.

[75] 汪卫平,袁晶.向上流动的心理代价:农村大学生的情感体验研究[J].重庆高教研究,2020,8(3):25-37.

[76] 王甫勤,时怡雯.家庭背景、教育期望与大学教育获得——基于上海市调查数据的实证研究[J].社会,2014,34(1):175-195.

[77] 文军.从生存理性到社会理性选择:当代中国农民外出就业动因的社会学分析[J].社会学研究,2001(6):19-30.

[78] 文军,顾楚丹.基础教育资源分配的城乡差异及其社会后果——基于中国教育统计数据的分析[J].华东师范大学学报(教育科学版),2017,35(2):33-42.

[79] 文军.西方社会学理论:经典传统与当代转向[M].上海:上海人民出版社,2006.

[80] 魏曼华.教育内容城市化:精英教育还是大众教育?[J].中国教师,2004(5):6-8.

[81] 王平.转型期城市贫困家庭子女义务教育的比较研究[D].上海:复旦大学,2011.

[82] 王瑞德."个体努力"与"教育公平"——一个基于文化批判的分析[J].教育理论与实践,2017(4):25-29.

[83] 王绍光.大转型:1980年代以来中国的双向运动[J].中国社会科学,2008(1):129-148.

[84] 王世光."教材城市化倾向"刍议[J].教育发展研究,2007(6):40-43.

[85] 王水珍,刘成斌.农村青少年辍学的社会强化机制及其治理[J].中国青年研究,2015(8):55-61.

[86] 吴晓刚.1990—2000年中国的经济转型、学校扩招和教育不平等[J].社会,2009,29(5):88-113.

[87] 吴晓刚.中国当代的高等教育、精英形成与社会分层:来自"首都大学生成长追踪调查"的初步发现[J].社会,2016,36(3):1-31.

[88] 王一涛.农民的社会流动与教育——基于英山县的个案分析[D].武汉:华中师范大学,2007.

[89] 王一涛,钱晨,平燕.发达地区农村家庭高等教育支付能力及需求意愿研究——基于浙江省的调查[J].高等教育研究,2011,32(3):46-50.

[90] 王远伟.我国"教育中部塌陷"现象解读——基于省际教育数据的实证分析[J].教育发展研究,2010,30(3):42-47.

[91] 吴愈晓,杜思佳.改革开放四十年来的中国高等教育发展[J].社会发展研究,2018,5(2):1-21.

[92] 吴愈晓,黄超,黄苏雯.家庭、学校与文化的双重再生产:文化资本效应的异质性分析[J].社会发展研究,2017,4(3):1-27.

[93] 吴愈晓,黄超.基础教育中的学校阶层分割与学生教育期望[J].中国社会科学,2016(4):111-134,207-208.

[94] 吴愈晓.教育分流体制与中国的教育分层(1978—2008)[J].社会学研究,2013,28(4):179-202.

[95] 吴愈晓.中国城乡居民的教育机会不平等及其演变(1978—2008)[J].中国社会科学,2013(3):4-21.

[96] 邬志辉,马青.中国农村教育现代化的价值取向与道路选择[J].中国地质大学学报(社会科学版),2008(6):58-62.

[97] 邬志辉,杨卫安."离农"抑或"为农"——农村教育价值选择的悖论及消解[J].教育发展研究,2008(Z1):52-57.

[98] 谢爱磊."读书无用"还是"读书无望"——对农村底层居民教育观念的再认识[J].北京大学教育评论,2017,15(3):92-108.

[99] 向冠春,刘娜.我国高等教育与社会流动关系嬗变[J].现代教育管理,2011(1):4-7.

[100] 肖日葵.家庭背景、文化资本与教育获得[J].教育学术月刊,2016(2):12-20.

[101] 肖正德,谷亚.农村教育到底为了谁?——农村教育价值取向研究述评[J].教育研究与实验,2019(6):24-28.

[102] 薛海平.家庭资本与教育获得:基于影子教育中介效应分析[J].教育与经济,2018(4):69-78.

[103] 许林.农民教育观念的变化与更新——基于四川、山东、甘肃、内蒙古部分农村地区的调查[J].教育发展研究,2007(7):50-53.

[104] 徐勇.农民理性的扩张:"中国奇迹"的创造主体分析——对既有理论的挑战及新的分析进路的提出[J].中国社会科学,2010(1):103-118.

[105] 杨宝琰,万明钢.城乡高中教育机会分配的影响因素及作用模式:结构决定抑或行动选择[J].教育研究,2014(10):26-34。

[106] 杨春华."无形文化资本"与农村家庭社会地位的获得:基于对农村调查的思考[J].山东社会科学,2014(8):87-92.

[107] 杨春华.教育期望中的社会阶层差异:父母的社会地位和子女教育期望的关系[J].清华大学教育研究,2006(4):71-76.

[108] 杨东平.高中阶段的社会分层和教育机会获得[J].清华大学教育研究,2005(3):52-59.

[109] 易凌云,庞丽娟.教师教育观念:内涵、结构与特征的思考[J].教师教育研究,2004(3):6-11.

[110] 杨胜刚,朱红.中部塌陷、金融弱化与中部崛起的金融支持[J].经济研究,2007(5):55-67.

[111] 杨卫安."读书无用论"何以会产生?——晚清以来出现的四次"读书无用论"评述[J].河北师范大学学报(教育科学版),2018,20(4):45-49.

[112] 于伟.论实用理性教育观的合理性——从为生存而教育谈起[J].东北师大学报(哲学社会科学版),2006(1):144-152.

[113] 余秀兰.父母社会背景、教育价值观及其教育期望[J].南京师大学报(社会科学版),2020(4):62-74.

[114] 余秀兰,韩燕.寒门如何出"贵子"——基于文化资本视角的阶层突破[J].高

等教育研究,2018,39(2):8-16.

[115] 余秀兰.教育还能促进底层的升迁性社会流动吗[J].高等教育研究,2014,35(7):9-15.

[116] 袁舟航,闵师,项诚.农村小学同伴效应对学习成绩的影响:近朱者赤乎?[J].教育与经济,2018(1):65-73.

[117] 余秀兰.农村学生的教育获得:基于城乡教育分化视角的分析[M]//杨东平.中国教育发展报告·2018(教育蓝皮书).北京:社会科学文献出版社,2018.

[118] 余秀兰.普通教育抑或职业教育:教育价值观视域下的选择[J].高等教育研究,2020,41(1):68-76.

[119] 余秀兰.社会变迁中的我国农村学生教育获得[J].高等教育研究,2022(4):34-44.

[120] 余秀兰.关注质量与结果:我国教育公平的新追求[J].南京师大学报(社会科学版),2019(1):29-38.

[121] 余秀兰.中国教育的城乡差异——一种文化再生产现象的分析[M].北京:教育科学出版社,2004.

[122] 俞国良,辛涛.社会认知视野中的家长教育观念研究[J].华东师范大学学报(教育科学版),1995(3):87-93.

[123] 郑金洲.改革开放30年教育观念的创新[J].人民教育,2008(21):2-6.

[124] 郑金洲.教育观念的世纪变革[J].国家教育行政学院学报,2005(9):63-71.

[125] 赵力燕,李董平,徐小燕,等.教育价值观和逆境信念在家庭经济压力与初中生学业成就之间的作用[J].心理发展与教育,2016,32(4):409-417.

[126] 张学敏,郝风亮.教育放弃:部分农村家庭无奈的抉择[J].高等教育研究,2006(9):57-60.

[127] 张学军.农村家庭高等教育投资决策研究[D].咸阳:西北农林科技大学,2008.

[128] 宗晓华,杨素红,秦玉友.追求公平而有质量的教育:新时期城乡义务教育质量差距的影响因素与均衡策略[J].清华大学教育研究,2018,39(6):47-57.

[129] 周怡,等.社会分层的理论逻辑[M].北京:中国人民大学出版社,2016.

[130] 朱叶.改革开放40年我国农民教育价值观的变迁[J].农家参谋,2018(8):41,95.

[131] 周怡.解读社会:文化与结构的路径[M].北京:社会科学文献出版社,2004.

[132] 张玉林.分级办学制度下的教育资源分配与城乡教育差距——关于教育机会均等问题的政治经济学探讨[J].中国农村观察,2003(1):10-22.

[133] 钟宇平,陆根书.社会资本因素对个体高等教育需求的影响[J].高等教育研究,2006(1):39-47.

[134] 周怡.强范式与弱范式:文化社会学的双视角——解读J·C·亚历山大的文化观[J].社会学研究,2008(6):194-213.

[135] [美]安东尼·亚伯拉罕·杰克.寒门子弟上大学:美国精英大学何以背弃贫困学生?[M].田雷,孙竞超,译.北京:生活·读书·新知三联书店,2021.

[136] [英]安东尼·吉登斯.社会学[M].赵旭东,等译.北京:北京大学出版社,2003.

[137] [美]安妮特·拉鲁.不平等的童年[M].张旭,译.北京:北京大学出版社,2010.

[138] [美]安妮特·拉鲁.家庭优势:社会阶层与家长参与[M].吴重涵,熊苏春,张俊,译.南昌:江西教育出版社,2014.

[139] [法]布尔迪厄.文化资本与社会炼金术——布尔迪厄访谈录[M].包亚明,译.上海:上海人民出版社,1997.

[140] [英]巴兹尔·伯恩斯坦.社会阶级、语言与社会化[M]//张人杰.国外教育社会学基本文选.上海:华东师范大学出版社,1989:399-420.

[141] [美]丹尼尔·贝尔.资本主义文化矛盾[M].赵一凡,蒲隆,任晓晋,译.北京:生活·读书·新知三联书店,1989.

[142] [美]戴维·斯沃茨.文化与权力:布尔迪厄的社会学[M].陶东风,译.上海:上海译文出版社,2006.

[143] [英]E·P·汤普森.英国工人阶级的形成[M].钱乘旦,等译.南京:译林出版社,2001.

[144] [美]克利福德·格尔茨.文化的解释[M].韩莉,译.南京:译林出版社,2008.

[145][澳]马尔科姆·沃特斯.现代社会学理论[M].杨善华,等译.北京:华夏出版社,2000.

[146][德]马克斯·韦伯.新教伦理与资本主义精神[M].于晓,陈维纲,等译.北京:生活·读书·新知三联书店,1987.

[147][德]马克斯·韦伯.社会科学方法论[M].杨富斌,译.北京:华夏出版社,1998.

[148][英]马凌诺斯基.文化论[M].费孝通,译.北京:华夏出版社,2001.

[149][法]布尔迪厄.文化再制与社会再制[M]//厉以贤.西方教育社会学文选.台北:五南图书出版有限公司,1992.

[150][美]乔纳森·特纳.社会学理论的结构[M].邱泽奇,等译.北京:华夏出版社,2001.

[151][美]乔纳森·特纳.现代西方社会学理论[M].范伟达,等译.天津:天津人民出版社,1988.

[152][美]乔治·瑞泽尔.后现代社会理论[M].谢立中,等译.北京:华夏出版社,2003.

[153][美]塞缪尔·鲍尔斯.不平等的教育与社会分工的再生产[M]//张人杰.国外教育社会学基本文选.上海:华东师范大学出版社,1989.

[154][美]塔尔科特·帕森斯.作为一种社会体系的班级:它在美国社会中的某些功能[M]//张人杰.国外教育社会学基本文选.上海:华东师范大学出版社,2009.

[155][美]西奥多·W·舒尔茨.改造传统农业[M].梁小民,译.北京:商务印书馆,2009.

[156][美]伊恩·罗伯逊.社会学[M].黄育馥,译.北京:商务印书馆,1990.

[157][美]詹姆斯·S·科尔曼.社会理论的基础[M].邓方,译.北京:社会科学文献出版社,1992.

[158][美]詹姆斯·C·斯科特.农民的道义经济学:东南亚的反叛与生存[M].程立显,等译.南京:译林出版社,2001.

[159] ABER J L, JONES S M, BROWN J L, CHAUDRY N, SAMPLES F.

Resolving Conflict Creatively: Evaluating the Developmental Effects of a School-Based Violence Prevention Program in Neighborhood and Classroom Context[J]. Development and Psychopathology.1998, 10(2): 187-213.

[160] ANDERSEN I G, JÆAEGER M M. Cultural capital in context: Heterogeneous returns to cultural capital across schooling environments[J]. Social Science Research, 2015, 50: 177-188.

[161] ARCHER L, HUTCHINGS M. 'Bettering Yourself'? Discourses of Risk, Cost and Benefit in Ethnically Diverse, Young Working-Class Non-Participants' Constructions of Higher Education[J]. British Journal of Sociology of Education, 2000, 21(4): 555-574.

[162] AURINI J, MISSAGHIAN R, MILIAN R P. Educational Status Hierarchies, After-School Activities, and Parenting Logics: Lessons from Canada[J]. Sociology of Education,2020, 93(2): 173-189.

[163] BAKER V J. Education for Its Own Sake: The Relevance Dimension in Rural Areas[J]. Comparative Education Review, 1989, 33(4): 507-518.

[164] BENNETT P R, LUTZ A C, JAYARAM L. Beyond the Schoolyard: The Role of Parenting Logics, Financial Resources, and Social Institutions in the Social Class Gap in Structured Activity Participation[J]. Sociology of Education,2012, 85(2): 131-157.

[165] BERNARDI F. Compensatory Advantage as a Mechanism of Educational Inequality: A Regression Discontinuity Based on Month of Birth[J]. Sociology of Education, 2014, 87(2): 74-88.

[166] BLAU P M, DUNCAN O D. The American Occupational Structure[M]. New York: Free Press, 1967.

[167] BOURDIEU P, PASSERON J-C. Reproduction in Education, Society and Culture[M]. London and Beverly Hills: Sage Publication, 1977.

[168] BYUN S Y, SCHOFER E, KIM K K. Revisiting the Role of Cultural Capital in East Asian Educational Systems: The Case of South Korea[J].

Sociology of Education, 2012, 85(3): 219-239.

[169] CAROLAN B V, WASSERMAN S J. Does Parenting Style Matter? Concerted Cultivation, Educational Expectations, and the Transmission of Educational Advantage[J]. Sociological Perspectives, 2015, 58(2): 168-186.

[170] CHAN H, MAZZUCCHELLI T G, REES C S. The Battle-Hardened Academic: An Exploration of the Resilience of University Academics in the Face of Ongoing Criticism and Rejection of Their Research[J]. Higher Education Research & Development, 2020, 40(3): 446-460.

[171] CHETTY R, HENDREN N, KATZ L F. The Effects of Exposure to Better Neighborhoods on Children: New Evidence from the Moving to Opportunity Experiment[J]. American Economic Review, 2016, 106(4): 855-902.

[172] CHI J, RAO N. Parental Beliefs about School Learning and Children's Educational Attainment: Evidence from Rural China[J]. Ethos, 2003, 31(3): 330-356.

[173] CLARK B R. The Cooling-out Function in Higher Education[J]. American Journal of Sociology, 1960, 65(6): 569-576.

[174] COLEMAN J S. Social Capital in the Creation of Human Capital[J]. American Journal of Sociology, 1988, 94(Supplement): S95-S120.

[175] COLEMAN M, GANONG L H, CLARK J M, MADSEN R. Parenting Perceptions in Rural and Urban Families: Is There a Difference? [J]. Journal of Marriage and Family, 1989, 51(2): 329-335.

[176] DENG Z, TREIMAN D J. The Impact of the Cultural Revolution on Trends in Educational Attainment in the People's Republic of China[J]. American Journal of Sociology, 1997, 103(2): 391-428.

[177] DETERDING N M. Instrumental and Expressive Education: College Planning in the Face of Poverty[J]. Sociology of Education, 2015, 88(4): 284-301.

[178] DIMAGGIO P, MOHR J. Cultural Capital, Educational Attainment, and

Marital Selection[J]. American Journal of Sociology, 1985, 90(6): 1231-1261.

[179] DIMAGGIO P. Cultural Capital and School Success: The Impact of Status Culture Participation on the Grades of U. S. High School Students[J]. American Sociological Review, 1982, 47(2): 189-201.

[180] DIPRETE T A, EIRICH G M. Cumulative Advantage as a Mechanism for Inequality: A Review of Theoretical and Empirical Developments[J]. Annual Review of Sociology, 2006, 32(1): 271-297.

[181] FINGER C. Institutional Constraints and the Translation of College Aspirations into Intentions-Evidence from a Factorial Survey[J]. Research in Social Stratification and Mobility, 2016, 46: 112-128.

[182] FRYE M. Bright Futures in Malawi's New Dawn: Educational Aspiration as Assertions of Identity[J].The American Journal of Sociology,2012, 117(6): 1565-1624.

[183] FULIGNI A J, ZHANG W X. Attitudes toward Family Obligation among Adolescents in Contemporary Urban and Rural China [J]. Child Development, 2004, 74(1): 180-192.

[184] FULIGNI A J. The Academic Achievement of Adolescents from Immigrant Families: The Role of Family Background, Attitudes, and Behavior[J]. Child Development, 1997, 68(2): 351-363.

[185] GOODNOW J J. Parents' Ideas, Actions, and Feelings: Models and Methods from Developmental and Social Psychology[J]. Child Development,1988, 59(2): 286-320.

[186] GOYETTE K, XIE Y. Educational Expectations of Asian American Youths: Determinants and Ethnic Differences[J]. Sociology of Education, 1999, 72(1): 22-36.

[187] HAO L X, BONSTEAD-BRUNS M. Parent-Child Differences in Educational Expectations and the Academic Achievement of Immigrant and Native Students

[J]. Sociology of Education, 1998, 71(3): 175-198.

[188] KINGSTON P W. The Unfulfilled Promise of Cultural Capital Theory[J]. Sociology of Education, 2002, 74(Extra Issue): 88-99.

[189] KOO A. Is There Any Chance to Get Ahead? Education Aspirations and Expectations of Migrant Families in China[J]. British Journal of Sociology of Education, 2012, 33(4): 547-564.

[190] KOSHY P, DOCKERY A M, SEYMOUR R. Parental Expectations for Young People's Participation in Higher Education in Australia[J]. Studies in Higher Education, 2019, 44(2): 302-317.

[191] KOTCHICK B A, FOREHAND R. Putting Parenting in Perspective: A Discussion of the Contextual Factors That Shape Parenting Practices[J]. Journal of Child and Family Studies, 2002, 11(3): 255-269.

[192] KRAJNC A, DISMAN M, AGGER R. The Measurement of Educational Values of Adults: A Cross-National Approach [C]. Adult Education Research Conference, Chicago, Illinois, April 6-9, 1972: 1-26.

[193] LAI L S L, TO W M, LUNG J W Y, LAI T M. The Perceived Value of Higher Education: The Voice of Chinese Students[J]. Higher Education, 2012, 63(3): 271-287.

[194] LEVY B L, OWENS A, SAMPSON R J. The Varying Effects of Neighborhood Disadvantage on College Graduation: Moderating and Mediating Mechanisms[J]. Sociology of Education, 2019, 92(3): 269-292.

[195] LILLARD D, GERNER J. Getting to the Ivy League: How Family Composition Affects College Choice[J]. The Journal of Higher Education, 1999, 70(6): 706-730.

[196] LIU A, XIE Y. Why do Asian Americans Academically Outperform Whites? —The Cultural Explanation Revisited[J]. Social Science Research, 2016, 58: 210-226.

[197] LLOYD K M, LEICHT K T, SULLIVAN T A. Minority College

Aspirations, Expectations and Applications under the Texas Top 10% Law[J]. Social Forces, 2008, 86(3): 1105-1137.

[198] LUCAS S R. Effectively Maintained Inequality: Education Transitions, Track Mobility, and Social Background Effects[J]. American Journal of Sociology, 2001, 106(6): 1642-1690.

[199] MORTIMER J T, ZHANG L, WU C Y, et al. Familial Transmission of Educational Plans and the Academic Self-Concept: A Three-Generation Longitudinal Study[J]. Social Psychology Quarterly, 2017, 80(1): 85-107.

[200] NIELSEN K. "Fake It'til You Make It": Why Community College Students' Aspirations "Hold Steady"[J]. Sociology of Education, 2015, 88(4): 265-283.

[201] OKAGAKI L, FRENSCH P A. Parenting and Children's School Achievement: A Multiethnic Perspective[J]. American Educational Research Journal, 1998, 35(1): 123-144.

[202] PERNA L W. Studying College Access and Choice: A Proposed Conceptual Model[M]//SMART J C(Ed.). Higher Education: Handbook of Theory and Research. New York: Agathon, 2006.

[203] POPKIN S L. The Rational Peasant : The Political Economy of Rural Society in Vietnam[M]. Berkeley: University of California Press, 1979.

[204] RAFTERY A E, HOUT M. Maximally Maintained Inequality: Expansion, Reform, and Opportunity in Irish Education, 1921—1975[J]. Sociology of Education, 1993, 66(1): 41-62.

[205] RENZULLI L, BARR A B. Adapting to Family Setbacks: Malleability of Students' and Parents' Educational Expectations[J]. Social Problems, 2017, 64(3): 351-372.

[206] ROTH T, SALIKUTLUK Z. Attitudes and Expectations: Do Attitudes towards Education Mediate the Relationship between Social Networks and Parental Expectations? [J]. British Journal of Sociology of Education, 2012, 33(5): 701-722.

[207] SEGINER R. Parents' Educational Expectations and Children's Academic Achievements: A Literature Review [J]. Merrill-Palmer Quarterly, 1983, 29(1): 1-23.

[208] SEWELL W H, HALLER A O, OHLENDORF G W. The Educational and Early Occupational Status Attainment Process: Replication and Revision[J]. American Sociological Review, 1970, 35(6): 1014-1027.

[209] SEWELL W H, HALLER A O, PORTES A. The Educational and Early Occupational Attainment Process[J]. American Sociological Review, 1969, 34(1): 82-92.

[210] Jr, SEWELL W H. A Theory of Structure: Duality Agency and Transformation[J]. American Journal of Sociology, 1992, 98(1): 1-29.

[211] SEWELL W H, SHAH V P. Parents' Education and Children's Educational Aspirations and Achievements[J]. American Sociological Review, 1968, 33(2): 191-209.

[212] SHARKEY P, FABER J W. Where, When, Why, and for Whom Do Residential Contexts Matter? Moving Away from the Dichotomous Understanding of Neighborhood Effects[J]. Annual Review of Sociology, 2014, 40(1): 559-579.

[213] SHENG X. Parental Expectations Relating to Children's Higher Education in Urban China: Cultural Capital and Social class[J]. Journal of Sociology, 2012, 50(4): 560-576.

[214] SIMKUS A, ANDORKA R. Inequalities in Educational Attainment in Hungary, 1923—1973[J]. American Sociological Review, 1982, 47(6): 740-751.

[215] STEVENSON H W, STIGLER J W. The learning gap: Why Our Schools are Failing and What We Can Learn from Japanese and Chinese Education[M]. New York: Summit Books, 1992.

[216] SWIDLER A. Culture in Action: Symbols and Strategies[J]. American Sociological Review, 1986, 51(2): 273-286.

[217] TREIMAN D J. Industrialization and Social Stratification[J]. Sociological Inquiry,1970,40(2):207-234.

[218] TURNER K. The Role of Family Members Influencing Rural Queensland Students' Higher Education Decisions[J]. Rural Society, 2018, 27(2): 94-107.

[219] VAISEY S. What People Want: Rethinking Poverty, Culture, and Educational Attainment[J]. The Annals of the American Academy of Political and Social Science, 2010, 629(1): 75-101.

[220] WENTZEL K R. Parents' Aspirations for Children's Educational Attainments: Relations to Parental Beliefs and Social Address Variables[J]. Merrill-Palmer Quarterly, 1998, 44(1): 20-37.

[221] ZHOU X G, MOEN P, TUMA N B. Educational Stratification in Urban China: 1949—1994[J]. Sociology of Education, 1998, 71(3): 199-222.

[222] ZHOU X, XIE Y. Market Transition, Industrialization, and Social Mobility Trends in Postrevolution China[J]. American Journal of Sociology, 2019, 124(6): 1810-1847.

附　录

问卷一

教育观问卷

您好！这是一份问卷。分为三个部分。第一部分和第二部分中左边是一些描述，右边为五个等级水平。请您参照左列的描述，对自己的实际想法与它的符合程度做出评价。第三部分是关于您的基本情况。

您的评价对我们的研究工作非常重要，请您认真阅读所有项目，并按照自己的真实情况在相应的数字上画圈或打钩。从左至右各空格代表的意思为："完全不符合""比较不符合""无所谓""比较符合""完全符合"。

问卷无须填写姓名，答案无错对之分，请您不要有任何顾虑。您的回答对我们的研究非常重要，注意不要漏答。非常感谢您的合作！

南京大学教育研究院
2017 年 11 月

第一部分：

对于下面的说法，您的看法是	完全不同意	比较不同意	无所谓	比较同意	完全同意
1. 教育对一个人的未来生活很重要	1	2	3	4	5
2. 不上大学将来在社会上很难混	1	2	3	4	5
3. 上大学不如趁早出去打工、做生意赚钱	1	2	3	4	5
4. 上大学不如学门手艺或技术有用	1	2	3	4	5
5. 没有文化照样可以生活得很好	1	2	3	4	5
6. 教育是获得优势社会地位的最重要的途径	1	2	3	4	5
7. 上学能识字、会算数就行了，用不着上大学	1	2	3	4	5
8. 希望我的孩子能就读原"211""985"高校	1	2	3	4	5
9. 希望我的孩子能读职业技术类学校学门技术	1	2	3	4	5
10. 希望我的孩子能出国留学	1	2	3	4	5
11. 希望我的孩子能获得硕士及以上学历	1	2	3	4	5

第二部分：

对您来说，让孩子接受教育主要是为了	完全不同意	比较不同意	无所谓	比较同意	完全同意
12. 找到一份好工作	1	2	3	4	5
13. 学习专业知识	1	2	3	4	5
14. 学习有用技术	1	2	3	4	5
15. 获得更好人脉	1	2	3	4	5
16. 获得更高的收入	1	2	3	4	5
17. 开阔视野	1	2	3	4	5
18. 培养良好品德	1	2	3	4	5

续　表

对您来说， 让孩子接受教育主要是为了	完全 不同意	比较 不同意	无所谓	比较 同意	完全 同意
19. 更有面子	1	2	3	4	5
20. 家庭后代发展更好	1	2	3	4	5
21. 更好地报效国家	1	2	3	4	5
22. 促进能力发展	1	2	3	4	5
23. 培养学习习惯和学习能力	1	2	3	4	5
24. 提升气质与修养	1	2	3	4	5
25. 认识社会和人生	1	2	3	4	5
26. 完成家庭愿望	1	2	3	4	5
27. 光宗耀祖	1	2	3	4	5
28. 更多地了解国家大事	1	2	3	4	5
29. 更好地为国家经济发展做贡献	1	2	3	4	5
30. 传承祖国文化	1	2	3	4	5
31. 促进知识和文化创新	1	2	3	4	5
32. 改变命运	1	2	3	4	5

请您按照重要程度对教育价值进行排序

（1代表最有价值，5代表最没有价值，请将对应的数字填入前面的方框内）

☐ 获得更好的收入和社会地位

☐ 增长知识与能力

☐ 增加自己的文明素养

☐ 获得尊重和光宗耀祖

☐ 服务国家与社会

第三部分：个人情况（请将相应选项打钩或在括号中填入答案）

一、您的性别是：　　① 男　　　　② 女

二、您的年龄是：

① 18 岁以下　　　② 19—29 岁　　　③ 30—39 岁

④ 40—49 岁　　　⑤ 50—60 岁　　　⑥ 61 岁以上

三、您的职业是：

① 企事业单位负责人或管理者　② 专业技术人员　③ 办事人员或职员　④ 商业/服务业人员　⑤ 产业工人　⑥ 农民　⑦ 其他_____（请写出）

四、您的学历是：

① 小学及以下　② 初中　③ 高中/中专/中职/中技　④ 大专　⑤ 本科　⑥ 硕士及以上

五、您的户籍是：

① 城市户口　　　　② 农村户口

六、您的常住地是：

① 直辖市和省会　② 地级市　③ 县级市/县城　④ 镇　⑤ 农村

如果居住地在江苏,请选择：

① 苏北城市　② 苏北城镇　③ 苏北农村

④ 苏中城市　⑤ 苏中城镇　⑥ 苏中农村

⑦ 苏南城市　⑧ 苏南城镇　⑨ 苏南农村

（苏北:徐州、淮安、盐城、连云港、宿迁所辖区;苏中:南通、扬州、泰州所辖区;苏南:苏州、无锡、常州、镇江、南京所辖区）

七、您的年收入大约是：

① 3 万及以下　② 4 万—6 万　③ 7 万—12 万　④ 13 万—19 万　⑤ 20 万以上

八、您的家庭成员人均月收入为：

① 500以下　② 501—1 000　③ 1 001—2 000　④ 2 001—4 000

⑤ 4 001—6 000　⑥ 6 001—8 000　⑦ 8 001以上

九、在您看来，您的家庭收入在您生活的地区属于哪个阶层？

① 低收入阶层　② 中低收入阶层　③ 中等阶层　④ 较富裕阶层　⑤ 富裕阶层

十、相比您父亲在您现在这个年龄的工作，您觉得您目前的工作地位：

① 远远低于您父亲　② 较低于　③ 差不多　④ 较高于　⑤ 远远高于您父亲

十一、相比您母亲在您现在这个年龄的工作，您觉得您目前的工作地位：

① 远远低于您母亲　② 较低于　③ 差不多　④ 较高于　⑤ 远远高于您母亲

十二、下面几题是关于您对您孩子的教育期望，您的选择是：

1. 升学路径：① 普通高中—本科院校　② 中职—高职　③ 普通高中—高职

2. 学校层级：① 专科院校　② 一般本科　③ 原"211"高校　④ 原"985"高校

3. 学历层次：① 高中　② 大专　③ 本科　④ 硕士　⑤ 博士

4. 出国意向：① 不考虑出国　② 中小学阶段出国　③ 出国读本科　④ 出国读研

5. 专业选择：① 孩子感兴趣的，哪怕就业不好的冷门专业　② 易就业、收入高的热门专业

问卷到此结束，再次感谢您的大力合作！

问卷二

教育观念问卷(农村家长卷)

您好!这是一份问卷。分为三个部分。第一部分左边是一些描述,右边为五个等级水平。请您参照左列的描述,对自己的实际想法与它的符合程度做出评价。第二部分和第三部分是一些选择或填空题,也请您如实回答。

您的评价对我们的研究工作非常重要,请您认真阅读所有项目,并按照自己的真实情况在相应的数字上画圈或打钩。

问卷无须填写姓名,答案无错对之分,请您不要有任何顾虑。您的回答对我们的研究非常重要,注意不要漏答。非常感谢您的合作!

南京大学教育研究院

2018年8月

第一部分:

对于下面的说法,您的看法是	完全不同意	比较不同意	无所谓	比较同意	完全同意
1. 教育对一个人的未来生活很重要	1	2	3	4	5
2. 不上大学将来在社会上很难混	1	2	3	4	5
3. 上大学不如趁早出去打工、做生意赚钱	1	2	3	4	5
4. 上大学不如学门手艺或技术有用	1	2	3	4	5
5. 没有文化照样可以生活得很好	1	2	3	4	5
6. 读书能够改变命运	1	2	3	4	5

续 表

对于下面的说法,您的看法是	完全不同意	比较不同意	无所谓	比较同意	完全同意
7. 上学能识字、会算数就行了,用不着上大学	1	2	3	4	5
8. 只要读书,孩子将来肯定比我生活得更好	1	2	3	4	5
9. 读书无用	1	2	3	4	5
10. 大学毕业找不到好工作也愿意供孩子读大学	1	2	3	4	5
11. 只要孩子能读到大学,花再多钱也愿意	1	2	3	4	5
12. 大学毕业没有初中毕业就出去打工挣钱多,也愿意供孩子上大学	1	2	3	4	5
13. 我能够辅导孩子作业	1	2	3	4	5
14. 我能够在孩子学习上遇到困难时提供建议	1	2	3	4	5
15. 我每天都监督孩子做作业、学习	1	2	3	4	5
16. 我很关心孩子的考试和成绩	1	2	3	4	5
17. 我经常与孩子讨论他(她)在学校的事情	1	2	3	4	5
18. 我常与孩子一起读书、讨论	1	2	3	4	5
19. 我常常与老师交流孩子的学习情况	1	2	3	4	5
20. 孩子的家长会我每次都参加	1	2	3	4	5
21. 我与孩子的老师很熟悉	1	2	3	4	5
22. 每年我都陪孩子去旅游	1	2	3	4	5
23. 每年我都陪孩子去博物馆/科技馆,看演出/电影	1	2	3	4	5
24. 没时间管孩子学习上的事	1	2	3	4	5

续　表

对您来说， 让孩子接受教育主要是为了	完全 不同意	比较 不同意	无所谓	比较 同意	完全 同意
25. 改变命运	1	2	3	4	5
26. 找到一份好工作	1	2	3	4	5
27. 学习专业知识	1	2	3	4	5
28. 获得更高的收入	1	2	3	4	5
29. 更受人尊敬	1	2	3	4	5
30. 培养良好品德	1	2	3	4	5
31. 有更好的前途和地位	1	2	3	4	5
32. 获得基本生活技能（如能识字、认路、计算）	1	2	3	4	5
33. 更有面子	1	2	3	4	5
34. 家庭后代发展更好	1	2	3	4	5
35. 更好地报效国家	1	2	3	4	5
36. 在社会上更好地生存	1	2	3	4	5
37. 能够谋生	1	2	3	4	5
38. 促进能力发展	1	2	3	4	5
39. 提升素养，明晓事理	1	2	3	4	5
40. 开阔眼界，认识社会和人生	1	2	3	4	5
41. 更好地服务于社会与他人	1	2	3	4	5
42. 完成家庭愿望	1	2	3	4	5
43. 光宗耀祖	1	2	3	4	5
44. 学习职业技术	1	2	3	4	5
45. 更好地为国家经济发展做贡献	1	2	3	4	5
46. 传承与创新中国文化	1	2	3	4	5

第二部分：

一、您的孩子有没有上校外辅导班/学习兴趣班（含学校老师在家或其他地方开设的收费班），或者请家教？

① 有　　　② 没有

二、本学期，您的孩子上校外辅导班/学习兴趣班（上题所提到的）、请家教所需要的费用共计：＿＿＿＿＿＿元（无费用请填0）。

三、您平均每天花在孩子身上的时间（生活照料、学习辅导、娱乐玩耍）是＿＿＿＿＿＿小时。

四、您每年陪孩子参观博物馆、科技馆等或外出看演出、电影的次数是＿＿＿＿＿＿次。

五、作为家长，一个学期中您主动联系学校老师的次数是：

① 从不主动联系　② 一次　③ 两到三次　④ 五次以上

六、您与孩子的老师交流孩子学习情况时，比较符合您的是：

① 没交流过　② 很害怕，不知道说些什么　③ 有点害怕　④ 一点也不怕，能与老师从容交流

七、您是否同意教育孩子全是学校老师的责任？

① 完全同意　② 比较同意　③ 说不上同意不同意　④ 不太同意　⑤ 完全不同意

八、您的孩子读过或正在读高中吗？

1. 否＿＿＿＿＿＿

2. 是＿＿＿＿＿＿

所读高中：① 乡村高中　② 县城的一般高中　③ 县城的重点高中　④ 省市的一般高中　⑤ 省市的重点高中

九、若孩子已工作，相比您在您孩子现在这个年龄的工作，您觉得您孩子目前的工作地位：

① 远远低于您的　② 较低于　③ 差不多　④ 较高于　⑤ 远远高于您的

十、下面几题是关于您对您孩子的教育期望,您的选择是:

1. 初中后选择:① 在家务农　② 出去打工　③ 上职高,再就业　④ 上普高,读大学

2. 学校层级:① 本科以下　② 一般本科　③ 重点高校("双一流"或原"211""985")

3. 学历层次:① 小学　② 初中毕业　③ 普通高中　④ 中专/技校/职高　⑤ 大专　⑥ 本科　⑦ 硕士　⑧ 博士

4. 出国意向:① 不考虑出国　② 中小学阶段出国　③ 出国读本科　④ 出国读研

5. 专业选择:① 孩子感兴趣的,哪怕就业不好的冷门专业　② 易就业、收入高的热门专业

十一、您最希望孩子将来做什么?

① 国家机关事业单位工作人员、政府公务员　② 企业/公司管理人员　③ 科学家、工程师、教师、医生、律师等专业技术人员　④ 艺术表演类人员　⑤ 专业运动员　⑥ 技术工人(包括司机)　⑦ 商业/服务业人员　⑧ 产业工人　⑨ 农民　⑩ 其他(请注明＿＿＿＿)　⑪ 无所谓

十二、请您按照重要程度对您认为的教育价值进行排序

(1代表最有价值,5代表最没有价值,请将对应的数字填入前面的方框内)

□ 获得更好的收入和社会地位

□ 增长知识与能力

□ 提高自己的素质和修养

□ 获得尊重和光宗耀祖

□ 服务国家与社会

十三、您孩子的学习成绩：

① 很差　② 比较差　③ 中等　④ 比较好　⑤ 很好

十四、如果您的孩子还在上中小学,您觉得考上大学的可能性有多大？

① 不可能　② 有较小机会　③ 有 50%机会　④ 有较大机会　⑤ 肯定能

十五、您的孩子如果考不上大学(或者没考上大学),您认为主要原因是(可多选)：

① 不够聪明　② 不用功　③ 学校教学质量不行　④ 家长不能辅导　⑤ 没有学习氛围　⑥ 学习没人监管　⑦ 读书无用,不想上大学　⑧ 没钱读书　⑨ 其他_____(请注明)

第三部分：

一、您的性别是：　　　　　① 男　　　　② 女

二、您的年龄是：

① 18 岁以下　② 19—29 岁　③ 30—39 岁　④ 40—49 岁　⑤ 50—60 岁　⑥ 61 岁以上

三、您目前的工作是：_____；工作情况属于：

① 在家务农　② 县城或邻近地方打工,早出晚归　③ 外地打工,每年回家_____次。

四、您的学历是：

① 小学及以下　② 初中　③ 高中/中专/中职/中技　④ 大专　⑤ 本科　⑥ 硕士及以上

五、您有几个孩子：_____个。

六、孩子在上小学前,主要由谁来带？

① 孩子的父亲　② 孩子的母亲　③ 孩子的祖父母/外祖父母

④ 孩子的其他亲属　⑤ 其他非亲属

七、您的孩子在哪儿上的中小学？

小学：① 农村老家　② 打工的城市　③ 有在老家也有在打工的城市　④ 没上

初中：① 农村老家　② 打工的城市　③ 有在老家也有在打工的城市　④ 没上

高中：① 农村老家　② 打工的城市　③ 有在老家也有在打工的城市　④ 没上

八、您的孩子在家上小学和中学时，哪些亲属在家中与孩子同住？（可多选）

① 孩子的父亲　② 孩子的母亲　③ 孩子的兄弟姐妹　④ 孩子的兄弟姐妹的配偶　⑤ 孩子的祖父母/外祖父母　⑥ 孩子的其他亲属　⑦ 孩子的其他非亲属

九、您的孩子在家上小学和中学时，哪些直系亲属不在家中与孩子同住？（可多选）

① 孩子的父亲　② 孩子的母亲　③ 孩子的兄弟姐妹　④ 所有直系亲属都同住

十、您家所在地是：＿＿＿＿省＿＿＿＿县＿＿＿＿乡；

属于我国的：① 东部　② 中部　③ 西部

十一、您的年收入大约是：＿＿＿＿元，您家庭年收入大约是＿＿＿＿元。

十二、目前您家的经济条件：

① 非常困难　② 比较困难　③ 中等　④ 比较富裕　⑤ 很富裕

十三、您家是否领取低保？　　　　① 是　　　　② 否

十四、在您看来，您的家庭收入在您生活的地区属于：

① 低　② 比较低　③ 不高不低　④ 比较高　⑤ 高

问卷到此结束，再次感谢您的大力合作！

农民教育观念访谈提纲

背景资料：

年龄_____ 性别_____ 受教育程度_____ 职业_____ 就业地点_____（本地，外出务工）

职位_____ 年收入_____ 户籍_____ 地区_____（省）_____（县）_____

如果有孩子，孩子的情况（教育程度请填写具体年级）

之一　年龄_____ 性别_____ 受教育程度_____（在读，毕业，中途辍学）

职业_____

之二　年龄_____ 性别_____ 受教育程度_____（在读，毕业，中途辍学）

职业_____

之三　年龄_____ 性别_____ 受教育程度_____（在读，毕业，中途辍学）

职业_____

（如果没有孩子，则问自身情况；如果有孩子，则问其孩子情况）

1. 被访者及其家庭大体情况介绍。

2. 上学（教育）有用吗？有哪些用（请将作用排序）？为什么这样看？

3. 希望（子女）读书读到什么程度（初中毕业、高中毕业、大学、研究生）？为什么？

4. 孩子教育占据您家庭支出的比重大约是多少？如果一个人大学毕业还没有初中毕业就出去打工挣钱多，您觉得花钱读高中和大学值吗?这样的情况下,还会选择(让子女)读大学吗?为什么?

5.您觉得您(或其孩子)能考上大学吗?为什么?如果被访者(或其孩子)是在中小学中途辍学、没上高中,或者高中没上大学,问问不继续读书或没考上大学的原因。

6.如果被访者(或其孩子)上的是原"211"以上的本科,请他谈谈能上好大学的原因(个人原因、上的什么性质的中小学、有无重要他人的帮助、有无重要事件的影响等,以及家庭所起的作用,特别是家庭的教育观念是什么、父母及家人在教育上有什么做法等)。

7.您认为影响学习成绩的主要原因有哪些?家庭对孩子的学习成绩有什么影响吗?家长在孩子的学习上有哪些帮助?

8.您(曾经)担心您(孩子)的学习(教育)吗?最担心的是什么?

此外,(1)还可以发散性地让被访谈者讲一些与教育相关故事、对教育的看法等。

(2)关注同一村子考上大学、未考上大学家庭背景及家庭文化观念的差异。

后　记

时间过得真快,转眼我的学术生涯已近30年,而对农村教育、教育公平等问题的关注也已经近30年。20年前我完成了博士学位论文《中国教育的城乡差异——一种文化再生产现象的分析》,该论文入选教育科学出版社的教育博士文库并于2004年出版。现在,基于我的国家社会科学基金(教育学)"我国农村教育观念、观念变迁及农民子女教育获得研究"(BAA170019)研究成果,再出版一本关于农村教育的专著《跨越田野的希望:中国农村教育观念研究》。

时隔20年再写关于农村教育的书,不仅是基于课题结项的需要,更是我自己研究观念及理论视角的转变。我于1999—2002年在南京大学社会学系读博士,一次听成伯清老师的课,偶遇布迪厄的理论,让我兴奋不已。因为一直想写农村教育及城乡差距方面的博士论文,苦于没有好的理论视角,但布迪厄的理论为我打开了一条全新的思路。当时国内关于布迪厄理论与思想的研究并不多,仅有的参考如《文化资本和社会炼金术》《实践与反思》《关于电视》及一些(教育)社会学思想史、思想流派的书籍和相关期刊论文的介绍,用布迪厄理论来分析解释中国现象的研究我没有看到一篇。我如获至宝地向成伯清老师借了那本著名的 *Reproduction in Education, Society and Culture*,因为中译本还未出版,比较晦涩难懂,所以我几乎将整本书的大致内容都翻译出来了。我把布迪厄解释教育阶层差距的文化再生产理论用于分析我国的城乡教育差距现象，是一次大胆的尝试。由于是国内较早用布迪厄理论来研究中国教育问题的，特别是用于解释表现比较明显且日益受到学者关注的城乡教育差距问题，所以受到学界较多的关注，特别是一些年轻学者及博士生的关注。现在回头来看，所幸对布迪厄理论的理解没有出现大的偏差。但是，我对布迪厄理论的应用又带有一定的机械性，我用布迪厄的文化资本与文化再生产理论作为框架来解释中国教育城乡差异现象，并没有过多关注中国本土情境的特殊性。此外，我持有一种比较鲜明的结构主义观点，从发展历史、社会背景、国家政策、教科书与高考、教育实践等各个方面展示了农村学生面临的结构上（主要表现在文化上）的不利，以及这种不利导致的城乡差距。我希望提醒人们关注教育过程中较为隐蔽的文化再生产现象，以求为农村孩子创造一个更加公平的竞争环境，但未能注意到农村人自身的能动性。时过境迁，我的思想也发生了一些变化，这次再写农村教育，试图在关注中国情境及结构论视角两方面有所改变。

相对于西方国家学术发展的成熟性，我国人文社科领域的研究主要是新中国成立后才恢复的，有的甚至是1978年后恢复的，所以很多时候我们都在模仿，用国外理论来解释中国问题是学界比较普遍的现象。其实这也有合理性，因为著名理论往往都是对现实问题的抽象，有一定的普遍性，比如布迪厄的理论，几乎全世界的学者都在本土情境进行验证研究，很多时候确实有较强的解释性。随着我国社会科学研究的发展，越来越多的学者开始关注中国本土情境以及本土理论的构建。当然，这种关注并不是完全抛弃国外理论，而是在关注中国情境的同时与国外理论对话。正是这种对话，才更有助于对社会世界的更多及更深入的认识。事实上，费孝通先生很早就为我们做了很好的榜样，他基于对乡土中国的分析，提出与西方社会"团体格局"完全不同的"差序格局"理论。因为费老既掌握西方理论,又熟悉乡土中国,才会提出这么精妙的理论,从而极大地丰富了社会学理论。我辈固然不能与费老相提并论,但追逐费老的愿望是可以有的。

在对于中国乡村教育进行 20 多年的关注后,我也慢慢开始希望寻找具有中国本土情境的现象与问题,本研究算是一个尝试。我发现,在教育观念方面,中国人普遍重视教育,即使在条件较差的农村(包括农村的"寒门"),也会对教育抱有高期望,希望"读书改变命运",希望子女"成龙成凤",愿意"砸锅卖铁供娃读书"。中国人还特别崇尚吃苦精神,相信努力就能成功、就能改变命运,"世上无难事,只要肯登攀""朝为田舍郎,暮登天子堂,将相本无种,男儿当自强"等都反映了这种观念。复旦大学的张乐天教授在一次学术会议上说,中国农村与农民有中华文明中的优秀内容,要挖掘乡村生活实践、乡村文化及乡村教育中的中华民族的优秀基因。我想,这种对子女的教育与子女前途命运的重视,这种愿意吃苦、面对困境不放弃以及希望通过自身努力改变命运的精神,可能就是一种中国文化基因吧。正是这种文化基因帮助许多人走出了困境,帮助底层家庭的孩子实现了跨越田野的向上社会流动,我们应该予以关注和尊重。当然,任何事情都有两面性,当不顾其他因素过于执念于"努力就会成功",也会造成过度的竞争或内卷。

以上这些文化观念,既反映了中国人自身的特点,也反映了面对结构制约的能动力量。结构与能动是社会学中最常见的一对矛盾,强调结构的作用是传统社会学最基本的特征,吉登斯关于人在房间里行走的比喻,生动地解释了结构对人的限制作用。但随着人们对结构与能动相互关系认识的深入,绝对的结构论者已经很少,大多数都同时承认结构的限制性和行动的能动性,如吉登斯所提出的"结构二重性"思想。后现代社会的到来,结构的限制更加松动,正如丹尼尔·贝尔所说,脱离社会属性的随意性行动增加。在客观结构与文化观念之间,常常是前者决定后者,如布迪厄虽然不承认自己是结构决定论者,但认为人们会通过早期社会化,将基本的社会存在条件(如对于特定社会群体而言什么是可能的、什么是不可能的这些社会客观机会)内化成一种惯习,因而法国工人阶级中的青年人在教育迅速扩张的20世纪60年代并不期望能够接受高等教育,自我淘汰是底层人群学业失败的重要原因。中国农村的情况与布迪厄理论所描绘的并不相同,中国农村的教育观念虽然也呈现了一定的结构制约性,但还呈现了一种超越结构限制的"弱者非弱"现象,处于相对弱势的农村家庭却可能持有高教育期望、强教育投资意愿及强教育价值需求。这种"弱者非弱"现象既与中国历史、政府政策、时代变迁等原因造成的社会结构松动有关,也与强调吃苦努力的中国文化相关,反映了中国农村家庭在结构不利情境下的主观能动性,反映了一种跨越田野的希望,我们应从优势视角看到其对于突破结构限制的积极意义。对目前还处于相对弱势处境的农村家庭及农村学生主观能动性的重视,其目的不是否定社会结构的作用,不是否定外部支持,更不是责怪未取得学业成功者的不努力,而是提醒农村人在面临不利处境时也不能放弃对教育的信任和希望,不放弃努力,不能因为过于敏感和觉悟所谓的命运而陷入布迪厄所说的自我淘汰。

从比较机械地运用国外理论解释中国现象,到在与国外理论对话中讲述中国人自己的故事,我想这应该是当前中国学者的追求。从结构到行动的转向,则是我自己多年来所持结构论的松动,希望在看到农村人所面临的结构制约的同时,也关注农村人自身的能动性及其意义。在互联网技术飞速发展及共同富裕的国家政策背景下,我愿意相信农村人会有更多能动性的空间。

本课题的完成首先要感谢国家社科基金课题(教育学)的资助,本书得以顺利出版要感谢南京师范大学出版社给予的机会,感谢责任编辑所做的辛勤劳动;其次,感谢南京大学教育研究院及商学院学生帮助我一起收集资料,最难忘的是2018年暑假,我带着教研院的7名女生从河南农村到贵州农村的实地调研,特别感谢孙世轩、陈文文二位及其家庭为我们的调研和生活提供的帮助,感谢教研院的博士曹志峰为我们贵州调研提供的帮助;再次,感谢我的研究生们,与你们的互动让我体会到教学相长;最后,要感谢我的先生,他不仅是最好的陪伴者与倾听者,更是最日常的讨论者,我的很多想法都是在与他的讨论中产生,我完成每一篇论文后都希望先听听他的意见。感恩所有的遇见!

余秀兰
2023年6月
于南京大学鼓楼校区